세계를
뒤흔든

바다의
역사

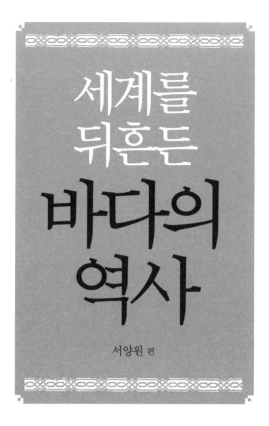

세계를 뒤흔든 바다의 역사

서양원 편

RHK
알에이치코리아

바다를 통해 미래를 제시하다

인류 역사를 살펴보면 바다를 지혜롭게 이용했던 나라들이 강력한 해양 국가로 성장하여 세계를 제패해 온 것을 알 수 있다. 지중해를 주름잡았던 로마, 전 세계의 바다를 누비며 해가 지지 않는 대제국을 건설했던 영국, 그리고 세계 최강의 해군력을 기반으로 초강대국으로 부상한 미국에 이르기까지 바다를 지배하는 국가가 역사의 주인공이 되어 세계사의 흐름을 주도했다고 해도 결코 과언이 아니다.

안타깝게도 우리나라는 해양 강국으로 발전할 수 있는 천혜의 요건을 갖추고 있으면서도, 이를 제대로 활용하지 못해 외부 해양 세력에게 국권을 빼앗기는 비운의 역사를 겪어야 했다. 그러나 광복 직후 손원일 제독을 비롯한 우리의 선각자들이 '바다에 조국의 미래가 있다'는 강력한 해양 개척 정신과 불굴의 신념으로 해군을 창설하여, 6.25 전쟁의 위기에서 조국을 구하고, 오늘날의 눈부신 경제 성장을 해군력으로 뒷받침할 수 있었다.

6.25전쟁 직후, 세계에서 가장 가난한 나라 중 하나였던 우리나라는 바다를 통한 무역의 확대와 수출 주도형 산업 정책으로 세계 제8위의 무역 대국이자, GDP(국내총생산) 기준 세계 제15위의 경제 대국으로 성장했다. 이제 우리나라는 전 세계 선박의 48퍼센트 이상을 건조하는 세계 제1위의 조선 대국이자, 수출입 물동량의 99.7퍼센트 이상을 해로에 의존하는 해양 국가이다. 그러나 환경 문제와 자원 고갈로 한계에 봉착한 많은 국가들이 해양 영토와 자원을 확보하기 위해 치열한 경쟁을 벌이게 되면서, 해양 국가 대한민국의 생존과 번영을 위협하는 거센 파도가 또다시 밀려오고 있다.

특히 동북아에서는 주변 강대국들이 해양에서의 국가 이익을 확대하기 위해 경쟁적으로 해군력을 증강하고 있어, 해양 관할권과 자원을 둘러싼 군사적 위협이 현실화되고 있는 실정이다. 이런 패권 경쟁의 심화는 동북아 지역의 해양 안보는 물론, 우리의 해상 교통로까지도 위태롭게 할 것으로 우려되고 있다. 대한민국이 이 같은 격랑을 헤치고 해양 강국으로 계속 발전해 가기 위해서는 해양을 중시하는 정책의 추진과 국민들의 지지가 절실히 필요하다. 이러한 점에서 해양의 중요성을 일깨우고 우리나라가 나아갈 방향을 제시하는 책이 출간된 것은 큰 의미가 있다고 하겠다.

이 책은 인류가 바다와 함께한 역사를 소개하고, 해양력이 어떻게 발전하여 역사의 흐름에 영향을 미쳤는가를 일반 대중도 쉽게 이해할 수 있도록 서술하고 있다. 과거 노선 시대부터 현대에 이르기까지 세계사에 중대한 영향을 미쳤던 바다에서의 주요 사건들을 소개하면서, 바다에서 미래를 찾을 것을 역설하고 있다. 또한 우리 역사 속에서의 해양 활동과 해군이 수행해 온 역할을 정리하여, 우리나라의 바다 경영과 해군력 운용에 필요한 교훈을 제시하고 있다.

저자인 서양원 제독님은 해군사관학교 28기생으로 2함대사령관, 작전사령관, 교육사령관, 참모차장 등 해군의 핵심 보직을 역임한 해군 작전과 전략 분야의 전문가이다. '해양력'이라는 다소 생소한 주제를 알기 쉽게 서술한 책이 출간된 것을 기쁘게 생각하며, 해군 장교로서 40여 년간 근무하면서 체득한 경험과 전략적 식견을 담아 귀중한 책을 집필해 준 서양원 제독님의 노고에 깊이 감사드린다.

이 책을 통해 우리 국민들이 바다의 중요성과 해양력 증강의 필요성을 더 깊이 이해하고, 해양 강국 대한민국의 희망찬 미래를 위해 뜻을 하나로 모으는 계기가 되기를 충심으로 바란다. 대한민국과 바다를 사랑하는 국민 여러분의 일독을 권한다.

해군참모총장
대장 황기철

바다를 지배하는 나라가
세계를 지배한다

지구 궤도 위의 인공위성에서 우주인들의 눈에 비친 지구의 모습은 온통 파란색이라고 한다. 지구 표면의 대부분이 바다이기 때문일 것이다. 실제로 지구 표면에서 바다가 차지하고 있는 면적은 지구 표면적의 약 71퍼센트이고, 바다의 평균 수심은 3,790미터에 이른다. 우리나라에서 가장 높은 백두산의 높이 2,744미터보다도 더 깊다. 지구상에서 가장 깊은 바닷속은 마리아나 해구로 알려져 있는데, 그 깊이가 무려 1만 923미터나 된다고 한다. 이는 지구에서 최고 높은 봉우리인 에베레스트 산의 높이 8,444미터보다도 훨씬 더 깊다.[1]

이렇듯 넓고 깊은 바닷속에는 23만 종류에 달하는 수많은 생물체가 살고 있다. 지구에서 살고 있는 생물들의 역사는 바다에서 시작되었다고 추정된다. 인류가 숨 쉬고 살 수 있는 별로 지구가 바뀌게 된 것도 바다 생물의 광합성에서 비롯되었다고 한다. 이처럼 바다는 지구 표면의 거의 대부분을 차지하며 인류 탄생의 역사를 담고 있다.

인류는 바다와 매우 밀접한 관계를 유지하며 살아왔다. 사람은 거의 모두 땅에서 살고 있지만, 인류 문명의 대부분은 바다와 가까운 곳에서 발생했고 바다를 이용하면서 더욱 발전해 왔다. 오늘날 사람들이 많이 살고 있는 대도시의 대부분이 바다와 가까운 지역에 있는 것은 바로 그 때문이다. 바다는 우리 인류에게 식량 자원의 공급지로서, 전 세계를 연결시켜 주는 통로로서, 그리고 에너지와 광물 자원의 공급지로서 대단히 많은 이용 가치를 제공해 왔다. 이처럼 바다의 이용 가치가 증가하면서, 바다를 국가 부(富)의 원천으로 활용하려는 요구가 커지게 되었다. 바다를 한 나라의 소유로 만들려는 노력이 시작되었고, 바다 이용을 독점하려는 국가가 생겨났다. 이런 배경하에 해양 경영이 국가 경영의 주요 이슈가 되었다.

해양력(海洋力)이 발전하고 그 운용 체제가 어느 정도 정착되면서부터 세계의 역사 속에서 해양 세력과 대륙 세력 간에, 그리고 같은 해양 세력 간에도 경쟁과 충돌이 계속되어 왔다. 세계사의 대표적인 패권 경쟁이라고 할 수 있는 그리스와 페르시아의 경쟁, 로마와 카르타고의 경쟁, 스페인과 영국의 경쟁, 제1, 2차 세계대전에서의 미국·영국 연합과 독일·일본 동맹의 대결, 그리고 전후 미국과 소련의 대립 등은 이를 잘 설명해 준다.

미국의 해양 전략가 앨프리드 마한(Alfred T. Mahan) 제독은 그의 저서에서 "바다를 지배하는 자가 세계를 지배한다"라고 말했다. 일련의 세계적인 해양 패권 경쟁에서 우세한 해양력을 가진 나라가 언제나 승리했고, 그 결과로 쟁취한 해양 이용의 자유는 그 나라를 한층 더 부강하게 만들고 나아가 전 세계를 제패하는 밑거름이 되었다.

앞에서 열거한 패권 경쟁 외에도 세계사의 전환점에는 바다와 관련된 사건들이 등장해 왔다. 살라미스 해전, 포에니 전쟁, 콜럼버스의 아메리카 대륙 발견, 트라팔가르 해전, 노르망디 상륙작전, 미드웨이 해전 등이 그 대표적인 예이다. 세계사의 큰 부분을 바다와 관련된 사건들이 끊임없이 만들어왔다고 해도 과언이 아닌 것이다.

우리나라의 경우를 봐도 그렇다. 장보고 대사(大使)의 청해진 건설, 한산해전, 운요호 사건, 인천 상륙작전 등을 살펴보면, 바다와 관련된 사건들이 우리 역사에 얼마나 큰 영향을 미쳤는가를 알 수 있다. 또한 바다에서 벌어진 이야기들의 마지막을 결정하는 것은 언제나 해양력의 한 부분인 해군력이 강한가, 약한가가 중요한 요소가 되어왔다. 많은 해전에서 해군력이 강한가, 약한가는 함선 수에서만 결정된 것이 아니었다. 무기의 질적 수준이나 전투원의 자질, 무엇보다 전투를 준비하고 지휘하는 사람의 능력에 의해 결정되었다고 해도 과언이 아니다. 세계의 역사를 좌우한 해전이었던 살라미스 해전, 포에니 전쟁, 레판토 해전, 스페인 무적함대의 영국 원정작전, 러일전쟁 해전 등이 그러했다.

바다에서의 성패가 국가의 장래를 좌우한다고 믿었던 국가 지도자들은 국가의 미래를 결정짓는 과정에서 항상 강력한 해군력을 국력을 부흥시키는 주축으로 활용했다. 세계의 해양을 제패함으로써 쌓을 수 있었던 국가의 부를 바탕으로, 그들의 국가를 세계적인 패권 국가로 만들었다는 것을 우리는 역사를 통해 잘 알 수 있다.

예를 들면 처음에는 도시국가였던 로마가 해양 국가인 카르타고를 무너뜨리고 강력한 해양 국가로 발돋움하여, 결국 세계적인 패권을 차지하게 된 주요 원인을 살펴볼 필요가 있다. 로마는 강력한 카르타고 해양력의 위협을 직시하고 자국의 해양력 강화를 최우선 정책으로 삼았다. 짧은 기간 동안 해양력을 강화해 해군력 건설에 총력을 기울여 성공한 것이 로마가 카르타고를 상대로 싸워 이길 수 있었던 핵심적인 요인이었다.[2]

이와 같이 이 책은 인류가 바다를 이용해 온 이야기들을 엮어 그 역사 속에서 해군력이 어떻게 발전했고, 어떻게 세계 역사를 만들어왔는가를 정리했다. 노선(櫓船) 시대부터 범선(帆船) 시대를 거쳐 철선(鐵船) 시대에 이르기까지 군함과 무기 체계의 발전 과정도 살펴보았다. 특히 시대별로 세계사에 중요한 영향을 미쳤던 바다와 관련된 중요 사건들을 제시하고 그 시대 해군의 역할을 소개했다.

한편 한반도 역사 속에서의 해양 활동과 해군의 발전 과정, 그리고 해군이 수행했던 역할을 세계 역사 속의 바다에서 벌어진 사건들과 비교함으로써, 앞으로 우리나라의 바다 경영과 해군력의 운용에 참고할 수 있도록 했다.

이 책을 쓰기 위한 대부분의 자료는 해군의 해양 전략 분야 전문가들과 여타 군 전문가들이 집필한 저서들을 참고했다. 또한 인류의 바다 이용, 세계 해군력의 역사, 해양력의 운용 등에 관한 정보를 수집하는 데 인터넷상의 자료도 많은 도움이 되었다.

과거에서 근래에 이르기까지 바다에서 일어난 수많은 사건들 중에서 세계사의 흐름에 큰 영향을 끼쳤던 바다 이야기들을 나의 주관적인 관점에서 정리했기에, 몇몇 다른 중요한 사건들에 대한 언급이 누락되었을 가능성이 높다. 지면의 한계와 역사를 보는 나의 지식에 한계가 있음을 이해해 주기 바란다.

차례

1장 인류의 바다 이용과 선박의 기원

2장 노선 시대의 바다의 사건들

7장 한국의 해양 이용 역사

1장

인류의 바다 이용과
선박의 기원

바다는 태곳적부터 인류의 생활에 많은 도움을 주어왔다. 바다는 자원의 보고로서 인류의 생존에 필요한 자원을 품고 있고, 인류는 바다가 가지고 있는 그 가치들을 이용하며 살아왔다. 고대부터 현대에 이르기까지 바다는 인류의 생존과 번영에 엄청난 영향을 끼치며 중요한 역할을 해 왔다.

01

바다의 역사가
곧 인류의 역사다

바다에서 살고 있는 생물체는 지구 전체 생명체의 80퍼센트[3]에 달할 만큼 매우 많은 생명체가 바다를 터전으로 살아가고 있다. 아주 오랜 고대부터 바다는 인류에게 중요한 식량 공급원이 되어왔다.《세계 어업 및 양식업 백서 2012》에 따르면, 2011년 연간 어업 생산량은 1억 5,400만 톤이다.[4] 그중 해조류 생산량에 해당하는 약 2,000만 톤을 제외하더라도, 2010년의 연간 전 세계 돼지고기 소비량 1억 113만 톤, 닭고기 7,330만 톤, 소고기 5,640만 톤[5]과 비교하면, 우리 인간은 동물성 단백질 소비의 가장 많은 양을 바다에서 충당하고 있다고 볼 수 있다.

또한 바다는 세계 곳곳을 연결시켜 주는 통로이다. 지구상 6개의 모든 대륙은 바다로 연결되어 있다. 심지어 카스피 해와 미국의 오대호처럼 대륙 가운데에 있는 바다들도 강과 운하를 통해 대양과 연결되어 있을 정도로, 바다는 지구상 대부분의 대륙과 대륙, 국가와 도시들을 연결시켜 주는 통로 역할을 한다.

고대 석기시대의 인류는 산과 골짜기를 넘고 강을 건너야 하는 육지를 이동하는 것보다는, 평탄하고 장애물이 많지 않은 바다를 건너 이동하는 편이 훨씬 더 쉽고 시간이 단축된다는 사실을 알게 되었다. 이에 그들은 비교적 쉽게 모든 곳을 이동하기 위한 운송 수단으로서 배를 만들어 항해하기 시작했다.

배를 이용하면 세계 곳곳의 지역에 다다를 수 있고, 한꺼번에 많은 물량을 나를 수 있다는 장점 때문에 운송 수단으로서의 배는 점점 더 발전하기 시작했다.

지난 2009년 대우중공업에서 건조하여 이스라엘의 한 선박 회사에 인도한 대형 컨테이너선 'MSC 대니트(MSC Danit)'는 1만 4,000TEU급에 달하는 엄청난 규모의 선박이다. 여기서 1만 4,000TEU급이란 20피트(1피트는 약 30센티미터이므로, 약 6미터) 길이의 표준 컨테이너 1만 4,000개를 한꺼번에 실어 나를 수 있다는 것을 의미한다. 이 숫자의 컨테이너를 고속도로에 일렬로 늘어놓는다면 서울에서 대전까지 당도할 수 있을 양이다.

많은 양의 화물을 한꺼번에 실어 나를 수 있는 운송 수단으로서의 선박 발전에 힘입어, 오늘날 세계의 해상 물동량은 84억 톤에 달한다.[6]

그림 1.1 **MSC 대니트와 동급인 1만 4,000TEU 컨테이너선 라스페치아**(La Spezia)[7]

한국 수출입 물동량의 경우, 전체 수출입 물동량의 99퍼센트를 선박을 이용하여 수송하고 있다. 이처럼 세계 경제 발전에 해상 교역이 기여한 정도가 매우 크다는 것은 명확하다.

오늘날 세계는 에너지 및 광물 자원의 고갈로 인해 큰 문제를 겪고 있다. 바다는 이 같은 에너지 문제를 해소할 수 있는 대안을 제공한다. 바다는 광물 자원의 생산 기지로서 점점 더 그 가치가 증가하고 있다. 여전히 많은 양의 석유와 천연가스 같은 화석 연료를 육지에서 얻고 있지만, 화석 연료의 40퍼센트 정도는 바다에서 생산되고 있다고 한다. 앞으로는 메탄 수화물(methane hydrate)처럼 석유나 천연가

그림 1.2 **심해저에 분포되어 있는 망간단괴**(망간, 철, 니켈, 구리, 코발트 따위를 함유한 검은 갈색의 덩어리)[8]

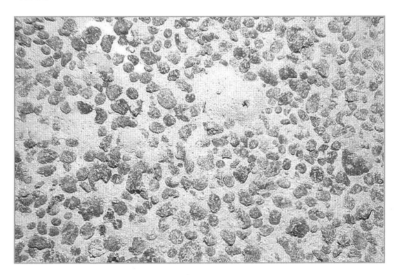

스가 아닌 새로운 연료의 발견과 채굴이 늘어날 것이다. 또한 바다 자체가 가지고 있는 엄청난 양의 에너지를 활용하는 조력발전, 파력발전 등의 대체 에너지 생산이 늘어날 것이다.

육지에서 점점 고갈되어 가는 광물 자원은 육지보다 넓은 면적을 차지하는 바다의 광구에서 채굴함으로써 그 문제의 해법을 찾을 수 있다. 망간, 니켈, 코발트와 같은 전략 금속들은 심해저에 망간단괴와 같은 형태로 발견되고 있어서, 앞으로 오랜 기간 인류가 필요한 만큼의 양을 채굴할 수 있다.

이외에도 엄청난 양의 바닷물 속에는 인류가 필요로 하는 수많은 종류의 광물들이 용해되어 있다. 생산 방법의 발전에 따라 앞으로 바다에서 생산할 수 있는 연료와 광물의 양은 더욱 증가될 것으로 보인다.

자원의 보고로서의 혜택 외에도 바다는 인류에게 다양한 측면에서 크나큰 도움을 주고 있다. 바다는 지구상의 생명체가 생존을 유지하는 데 절대적인 기여를 하고 있다. 바닷물의 순환은 지구의 기후를 조절하는 중요한 역할을 하고 있는데, 지구에 도달하는 태양에너지의 대부분을 흡수하여 급격한 기온 변화를 방지하고 생존 환경을 유지하는 거대한 열에너지 저장고로서의 역할을 수행한다.[9]

바다는 지구에 산소를 공급하고 대량의 이산화탄소를 흡수하여 대기 중의 산소 농도를 안정적으로 유지한다. 바다의 이산화탄소 함량은 대기 중에 있는 이산화탄소 함량의 60배에 달한다. 또한 바다는 오염 물질을 정화하여 지구 생태계의 건강성을 유지시켜 주는 기능을 한다. 특히 갯벌은 탁월한 오염 정화 능력을 가지고 있다. 갯벌 10제곱킬로미터의 오염 정화 능력은 인구 10만 명의 도시가 배출하는 오염 물질을 정화하는 하수처리장과 같다.[10]

이 같은 바다의 생태적 가치는 매년 세계 모든 국가 GDP의 1.3배인 21조 달러에 달한다[11]는 연구 발표가 있다.

인류는 어떤 하나의 이유만으로 바다를 이용한 것은 아니었다. 인류는 바다 자체가 가지고 있는 두 가지의 속성, 즉 자원의 보고, 수송로의 속성 이외에도 정보의 확산과 지배 수단으로서의 속성 등과 관련된 다양한 이유로 바다를 이용해 왔다. 이런 네 가지의 속성들은 서로 긴밀하게 연결되어 있으며, 그 각각은 국제 관계의 협력적이고 분쟁적인 경향의 특징을 동시에 보여주고 있다.[12]

바다를 상업적인 수송과 무역의 수단으로 이용하는 수준에 따라 해양 국가들의 경제 수준이 결정되었다. 또한 결정적인 규모의 해군력을 전개하고, 이를 지상으로 투사함으로써 얻는 해양력의 이점을 이해하고 활용하는 정도에 따라 그들 국가 전략의 성공 여부가 결정되었다. 이런 해양 세력들은 일반적으로 평상시에는 번영을 누렸고 전시에는 승리했으며, 그 결과 강대국이 될 수 있었다.[13]

문명 발달에 원동력이 된
고대의 배[14]

고대 인류에게 바닷길은 문명 발전에 커다란 원동력이 되었다. 원시인들은 육지를 거치는 것보다 훨씬 쉬운 이동 또는 수송 방법으로써, 그리고 이웃과의 교역 방법으로써 물 위를 이동하는 방법을 지속적으로 발전시켜 왔다. 초기에는 물 위에 떠다니는 나무토막을 타고서 물 위를 이동하거나, 나중에는 이런 나무토막을 모아 뗏목을 만들어 이동했다. 또한 지금 남미 지역의 호수에 사는 사람들처럼 물에 쉽게 뜨는 갈대 다발을 엮어 배를 만들었을 것이라고 추정된다. 남미의 티티카카 호수에서는 원주민들이 갈대로 만든 배를 타고 다니는 것을 볼 수 있다.

그림 1.3 **고대인들이 카누를 만드는 모습**[15]

기록에 의하면, 고대의 태평양 북서부 사람들은 나무를 조각하는 기술이 아주 발달했으며, 위 그림에서처럼 카누를 만들어 타고 다녔다고 한다. 또한 고대 호주 원주민들은 지금으로부터 4만 5,000년 전에 바다를 항해할 수 있는 배를 만들어 해상 이동과 식량 조달 수단으로서 이용했다고 한다. 그들은 배를 타고 고래잡이에 나섰으며, 고래를 잡기 위해 창, 활 등의 무기를 선박에 실었을 것으로 추정된다.

지역별로 선박 형태의 변화와 발달 시기에는 차이가 있지만, 인류 문명이 발달하면서 이 같은 소형 배들은 점차 대형화되었다. 그리고 좀 더 강한 추진력을 얻기 위해 선박에 돛을 사용하기 시작했다. 다른 나라와의 교역이 증가하면서 점차 이동 거리가 길어지고 수송량이

그림 1.4 **고대 이집트 최초의 돛을 단 선박 상상도**(기원전 1420년)[16]

증가하게 되자 보조 수단으로서 돛을 선박에 장착하게 되었다. 이는 고대 이집트에서 처음 시작되었다고 한다.

목재로 용골(龍骨 : 선박 바닥의 중앙을 받치는 길고 큰 재목)과 늑골(肋骨 : 선체의 겉모양을 이루고 있는 늑골 모양의 골격) 등의 골격을 만들고, 그것에 판자를 붙인 대형 선박이 출현한 것은 그 무렵이었을 것으로 추정된다. 이때부터 지중해 해안에서 활약한 해양 민족 페니키아인들은 이 목선으로 연안 항해를 하며, 다른 지역 사람들과 물자 교역을 하며 크게 번성한 것으로 알려져 있다. 당시의 선박은 주로 노를 저어 추진하는 방식이었고, 돛은 뒤에서 바람을 받을 수 있을 때에 간혹 사용되었다.

페니키아에 이어 그리스 · 로마 시대로 접어들면서 이 목선은 점차

그림 1.5 **고대 갤리선의 일부 그림**(아테네 선박 트라이림Trireme, 기원전 400년)[17]

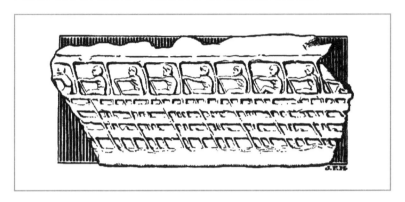

크고 견고해진 지중해형선(地中海型船)으로 불리는 선박으로 발전했다. 그 대표적인 예로 많은 수의 노를 배치하여 배를 젓게 한 갤리선(galley)이라는 배가 등장했다.

육로로 이동하는 것보다 쉽고 빠른 바다 항해에 익숙해진 사람들은 선박의 크기와 용도를 점차 확대해 갔다. 많은 사람들과 화물을 동시에 싣고 비교적 먼 거리를 항해할 수 있게 되자, 사람들은 배를 더욱더 유용한 수송 수단으로 사용하게 되었다. 그러나 바다 수송의 이점을 확대하고 수송로의 이점을 독점적으로 향유하기 위한 경쟁이 시작되면서, 선박을 이 경쟁에서 승리하기 위한 전투 수단으로도 사용하게 되었다. 수송 물량과 이동 거리가 확대되면서 선박은 점차 커졌고, 선박을 만드는 기술이 발달하면서 선박의 형태도 변화되어 갔다.

선박의 추진 방법과 건조 형태에 따라 선박의 운용 시대는 크게 세 가지로 구분된다. 선박의 추진을 주로 사람의 힘에 의존하던 '노선 시대', 바람의 힘을 이용하여 돛으로 추진하던 '범선 시대', 그리고 선체 구조를 철재를 사용하여 건조하고 기관의 동력으로 추진하는 '철선 시대'로 구분할 수 있다.

해군의 역사도 선박의 역사와 같은 맥락으로 구분할 수 있다. 선박의 활동과 함께 해군의 역할도 같은 변화를 거쳐 왔기 때문이다. 바다에서 이루어진 해군의 전투 양상은 선박의 운용 양상에 따라 변화되어 왔다. 실제로 해군의 역사를 시대적으로 구분하는 중요한 요소는 선박 건조 형태의 변화와 밀접한 관련이 있다. 그렇지만 세계 각국이 해군에 부여한 역할은 선박의 역사가 시작된 이후로 현대에 이르기까지 크게 변화되지 않았다. 해군이 창설되면서 부여받은 임무인 '해상 교통로 보호', 해양의 독점적 사용을 보장하기 위한 '해양 통제의 확보', 적국의 해양 사용을 거부하기 위한 '해상 거부', 그리고 좀 더 소극적인 역할이었던 '해상 방어'는 고대부터 현재에 이르기까지 거의 모든 국가의 해군에게 전통적으로 부여되어 왔던 역할이었다.

이러한 전통적인 임무들을 수행하는 과정에서 바다의 역사에는 수많은 사건들이 등장했다. 특히 바다 역사의 대부분을 형성해 온 선박과 관련된 사건들은 인류의 역사에 큰 영향을 미쳤다. 고대부터 인류는 배를 이용하면서 바다와 떼려야 뗄 수 없는 관계를 맺어 왔기 때문이다. 세계의 패권 경쟁 과정을 살펴봐도, 인류의 역사는 바다에서 벌어진 사건들의 결과로서 형성되어 왔다고 해도 과언이 아니다.

2 장

노선 시대의
바다의 사건들

노선 시대는 최초로 선박이 등장한 때부터 범선이 본격적으로 항해를 하기 시작한 15세기까지로 구분된다. 이 시대의 선박은 주로 사람들이 '노'를 저어 항해하는 방법을 사용했다. 노선의 주된 추진 동력원인 노는 배의 측면으로 노출되어 밀고 끌어당기는 서양식 노와 노를 수직으로 내려 젓는 동양식 노의 두 종류가 있었다. 인류가 돛을 사용하여 바람의 힘으로 배를 추진한 것은 선사시대부터였고, 범선 시대가 되기 전까지는 주로 노를 사용하면서 보조 추진 수단으로만 돛을 함께 사용했다. 이 시대의 바다는 사람들이 전혀 가보지 못한 곳들이 많았으나, 용감하게 바닷길을 개척한 사람들에게 바다는 많은 이익을 주었다. 페니키아인들과 그리스인들의 경우가 그랬다. 그들은 지중해를 중심으로 활동 영역을 넓혀 가며 부를 축적하고, 그들의 찬란한 문화를 만들었다.

01

해적을 물리치기 위해 해군을 조직한 페니키아인들

기원전 20세기경 이집트인들은 최초로 수군을 운용하기 시작했다. 이집트의 수군은 나일 강과 지중해 연안에서 활동했는데, 해상에서의 군사적인 활동보다는 연안 지역의 치안을 유지하기 위한 경찰 활동을 했을 것으로 추정된다.

진정한 의미의 해군을 운용하기 시작한 때는 기원전 15세기에서 5세기 사이로 페니키아인들에 의해서였다. 지중해를 중심으로 활발한 해상 무역 활동을 해온 그들은 최초로 원양 항해를 시도했다. 페니키아인들은 지중해를 벗어나 멀리 영국과 네덜란드에까지 진출했으며, 아프리카 대륙을 한 바퀴 돌아 항해한 기록이 있다. 페니키아인들이

그림 2.1 **페니키아인들의 무역로와 페니키아 동전**[18]

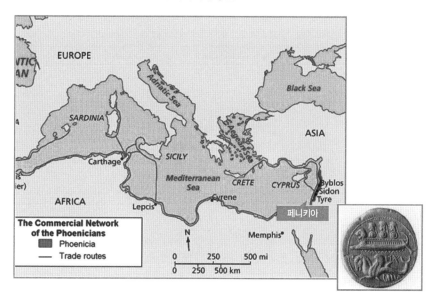

원양 항해를 했다고는 하나, 당시의 항해술과 선박의 규모로는 육지
로부터 크게 벗어나지 않는 연안 부근의 항로를 따라 계속 항해하는
수준이었을 것이다. 그렇게 육지에 근접하여 항해를 하다 보니 연안
부근에 근거지를 둔 해적들로부터 많은 공격을 받았을 것이다.

　이에 페니키아인들은 해적들로부터 선박, 화물, 선원들을 보호하기
위해 먼 거리의 항해를 할 때에는 선박에 무장한 군인들을 태우기 시
작했다. 이것이 바로 인류 역사에 최초의 해군이 등장한 것이다. 당시
에 그려진 아시리아(현재의 아시아 서남부 지역) 벽화와 페니키아 동전에
는 페니키아인들이 건조한 것으로 추정되는 선박에 타고 있는 무장
군인들의 모습을 볼 수 있다.[19]

그림 2.2 **페르시아 전쟁 당시 페르시아군의 이동로**[20]

페니키아 외에도 바다에 인접한 국가들이 바다를 이용하려는 노력을 계속하면서 해군의 역할이 점차 확대되기 시작했다. 또한 초기 해군의 역할이었던 원양 항해 선박을 해적으로부터 보호하는 활동 이외에 해군에게 다양한 역할이 부여되기 시작했다. 많은 병력과 물자를 한꺼번에 이동시킬 수 있다는 선박의 이점을 활용하여, 해군에게는 적국을 침공하는 데 필요한 병력과 군수 물자를 수송하고, 적을 공격하는 지상군에게 바다를 통해 지속적인 군수 지원을 제공하는 임무가 부여되기 시작했다. 기원전 500년에 시작된 페르시아 전쟁의 양상은 이 시대 해군의 역할을 잘 보여준다.

당시 페르시아군은 그리스를 침공하면서 해안에 가깝게 육군을 진격시키고, 그들의 지상 진격로나 전쟁터로부터 가까운 바다에 해군 선박을 함께 이동시켜 필요한 지원을 받도록 했다. 해군으로부터 병력을 보충하고, 필요한 군수 지원을 받으며 이동하도록 한 것이다. 페르시아 전쟁 말기인 기원전 480년, 살라미스 해역에서 있었던 그리스 함대와 페르시아 함대의 해전에서 지상군을 지원하던 페르시아의 대함대가 그리스의 유인작전에 속아 패하면서, 그리스가 해상을 장악하게 되었다. 해군으로부터 지원을 받지 못한 페르시아군은 원정을 중단하고 되돌아갈 수밖에 없었고, 결국 전쟁에서 패하게 되어 페르시아 제국이 멸망하는 결과로 이어지게 된다.

당시 해군의 역할은 군수 지원과 병력 수송에 그치지 않았다. 그리스처럼 적의 침공을 방어하려는 국가는 적의 수송선과 군수 지원을 차단하기 위해 적이 침공해 오는 해안을 방어하는 임무가 부여되었다. 한편 공격하는 측에서는 자국 수송선의 피해를 막고 상대 방어 세력을 무력화하기 위한 엄호의 임무가 공격 임무로 도입되기 시작했다. 이 같은 임무를 확대하여 아군의 해양 사용은 보장하고, 적의 해양 사용을 거부하기 위한 '해양 통제' 임무가 고대의 노선 시대부터 해군에 부여되기 시작했다.

02

노선 시대의
대표적인 군함 갤리선

　노선 시대 초기의 해군 활동은 페니키아인들이 해 왔던 것처럼 일반 선박에 무장한 군인들을 탑승시켜 전투를 하거나, 필요에 따라 선박에 군수 물자를 탑재하고 군수품을 수송한 것이 전부였다. 여기서 나아가 해군의 임무가 확대되면서 별도로 해군 전용으로 건조한 군함이 등장한 것은 기원전 7세기경이었다. 이 군함은 뱃머리에 충각(衝角 : 적의 배를 들이받아 파괴하기 위해 뱃머리에 단 뾰족한 쇠붙이)을 설치하여 상대방 함선에 충돌하여 적선을 부수는 전투에 사용되었으며, 살라미스 해전에서는 40미터 길이의 3단 노선인 트라이림이 동원되었다.[21]

　이후 로마 시대를 거쳐 중세에 이르기까지 전투용 선박들은 갤리선

그림 2.3 **고대의 40미터급 3단 노선 트라이림**[22]

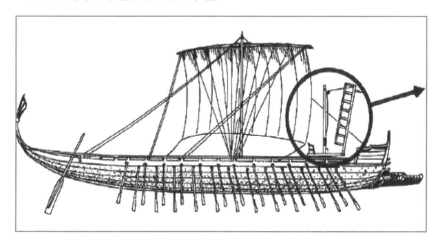

으로 발전했다. 당시의 해군은 청동으로 만든 충각으로 수면 아래 위치해 있는 적선에 구멍을 내어 침몰시키거나, 활과 창, 돌 등을 상대방 함선에 쏘거나 던져서 군인들을 살상시켰다. 또한 상대방 함선에 군인들을 보내 적선을 빼앗거나 불태우는 등의 전투를 벌였다. 당시에는 선박 뒤에서 바람을 받을 때는 돛을 사용하고, 바람이 없거나 전투를 할 경우에는 노를 사용하는 군함이 주종을 이루었다.

위의 트라이림 그림 선수 부분에 보이는 다리 모양의 구조물은 로마 해군이 고안한 것으로 보딩(Boarding : 적의 배를 공격하기 위해 적선에 올라타는 것) 공격을 쉽게 하기 위해 만든 것이다. 그것은 '코르부스(Corvus)'로 불리던 적 함선 공격용 다리(assault bridge)로, 상대방 함선에 아군의 무장 병력이 재빨리 건너갈 수 있도록 한 장치이다.

그림 2.4 **노선 시대 군함 갤리선**[23]

화포를 처음 사용한 것은 1200년대의 중국이었으며, 몽골과 조선에서도 사용되기 시작했다. 서양의 역사에 화포가 처음 등장한 것은 영국과 프랑스의 100년 전쟁 중이던 1346년의 크레시 전투였다. 군함에 화포를 탑재한 것은 범선 시대가 시작되기 직전인 13세기에서 15세기이다. 명나라 시대의 선박에도 화포를 탑재한 흔적이 발견된 바 있고, 고려시대인 1380년에 우리 함선에도 화포를 탑재한 기록이 있다.[24]

갤리선은 주로 노로 젓는 방식의 군함으로, 노가 위아래층으로 된 구조의 2단 노선과, 노가 3층으로 된 3단 노선으로 발달되었다. 후대에 들어서는 5단 노선도 등장했지만, 대부분의 군함은 3단 노선이었다. 당시의 갤리선은 돛을 사용하고는 있었으나, 주로 노예들이 젓는 노를 주된 추진 동력으로 사용했다. 돛은 순풍이 불 때 보조 추진 수단으로만 사용했다. 갤리선의 노를 젓기 위한 사람 수는 보통 20명 정도였으며 50명을 넘지 않았다. 노를 제거하고 인력을 완전히 탈피한 범선은 13세기경부터 등장하기 시작했고, 이후 15세기에 이르러서는 범선 시대에 접어들게 된다.[25]

03

포에니 해전의 승리로
패권 국가가 된 로마[26]

로마 시대 이전까지 세계는 이렇다 할 패권 세력이 등장하지 않았다. 마케도니아와 페르시아 등이 세계 제패를 시도했으나 그 뜻을 이루지 못했고 국부적인 세력 팽창에 그쳤다. 카르타고와 패권 다툼을 하던 도시국가인 로마는 카르타고를 물리치고 지중해를 제패한 것을 계기로, 200년 동안 지중해 연안과 유럽 대륙, 아시아 지역 일부와 아프리카 북부 지역을 세력권에 둔 거대 로마제국을 건설하고, 그들 중심의 평화, 즉 '팍스로마나'를 이룩한다.

기원전 264년에서 241년 사이에 있었던 카르타고와의 1차 포에니 전쟁에서 로마는 시실리 섬 부근에서 있었던 해전을 승리하며 지중해의 해상 통제권을 장악했다. 로마인들의 주식인 밀의 주산지 시실리 섬의 관할권을 두고 벌인 1차 포에니 전쟁은 두 번의 해전에서 그 결과가 판가름 났다. 기원전 260년, 1차 해전인 리파리제도(Lipari Islands) 해전에서 카르타고 해군에 패한 로마 해군은 불과 두 달 만에 해군의 재건에 성공했다. 로마는 해군을 재건하면서 그동안 관례적으로 채용해 왔던 함선과 함선끼리의 충각 전투(Ramming) 전술에서 벗어난 새로운 전술을 개발했다. 군함의 수적인 면에서 불리한 로마 해군에게 충각 전투는 적합하지 않다는 것을 알게 된 것이다. 이에 로마 해군은 새로운 전술, 즉 보딩 전투를 중심으로 하는 전술로 전환한다. 아군의 병력을 적선에 쉽고 빠르게 옮겨 태울 수 있도록 만들어진 코르부스라 불리는 공격용 다리를 갤리선에 설치한 것이다.[27] 로마 해군은 근접 지상전에 우수한 로마 병사들이 재빠르게 적선에 옮겨 타 카르타고 선을 제압하는 전투 방식을 채용함으로써, 2차 해전인 튀니스(Tunis) 전투에서 일방적인 승리를 거두고 1차 포에니 전쟁을 승리하게 된다.

1차 포에니 전쟁의 승리로 로마는 상당한 보상금을 받고 시실리 섬으로부터 카르타고군을 철수시키며, 시실리를 로마의 관할하에 두게 되었다. 그러나 이런 직접적인 전쟁의 보상보다 더욱 큰 효과는 '지중해의 해상 통제'라는 커다란 이점을 얻게 되었다는 것이다. 로마 해군에 대항할 만한 해군 세력이 없어진 지중해는 로마의 내해가 되었다. 그 결과 로마는 바다로부터의 위협을 느끼지 않고 그들의 지배 영역을 확대해 나갈 수 있었다. 로마는 지중해 연안국들과의 교역을 확

그림 2.5 **2차 포에니 전쟁에서 로마와 카르타고 양측의 원정로**[28]

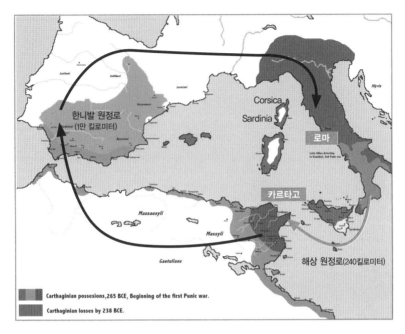

대하고, 육지보다 이동이 쉬운 바다를 접근로로 선택하여 다른 국가들을 침공할 수 있게 되면서 바다를 장악하고, 그로부터 누릴 수 있는 모든 이점을 향유하게 되었다.

　지중해에 대한 로마의 해상 통제 장악 효과는 2차 포에니 전쟁에서 확실하게 드러난다. 로마에게 복수를 꿈꿔 왔던 카르타고의 한니발 장군은 코끼리를 포함한 대규모 부대를 이끌고 로마를 공격하기 위한 원정작전에 나섰다. 한니발 장군은 로마의 해상 위협 때문에 스페인, 피레네 산맥, 알프스 산맥을 거쳐야 하는 멀고 험난한 육지로의

그림 2.6 **알프스 산을 넘고 있는 한니발 부대**[29]

원정을 택할 수밖에 없었다. 240킬로미터밖에 되지 않는 해상 접근로를 이용하지 못하고 무려 1만 킬로미터에 달하는 먼 거리를 우회하여 이동한 것이다. 많은 어려움을 겪으며 이탈리아반도를 기습 공격하는 데 성공한 한니발은 칸네(Cannae) 전투와 같은 여러 전투에서 승리하며, 이탈리아반도의 거의 대부분을 점령하고 로마를 굴복시킬 수 있는 단계에까지 이르게 되었다. 그러나 카르타고군은 오랜 원정작전의 최대 문제인 군수 지원과 병력 보충에 어려움을 겪게 되었다. 로마의 스키피오 장군이 해상 이동로를 이용하여 카르타고의 중간 공급 기지인 스페인 공격에 성공하고, 로마 해군이 카르타고 수도를 향해 직접 공격을 하여 카르타고군의 군수 지원을 차단한 것이다. 이 때문에 한니발은 결국 카르타고로 돌아올 수밖에 없었다. 한니발이 돌아온 후, 아프리카 북부에서 벌어진 자마(Zama) 전투에서 로마의 스키피오 장군에게 한니발이 패하면서 2차 포에니 전쟁은 끝이 났다.

3차 포에니 전쟁은 로마의 원정작전에 의한 카르타고 점령작전이 었다. 스키피오 장군의 이 원정작전이 성공하며 120년 동안 가깝게 계속되었던 포에니 전쟁은 로마의 승리로 끝이 났다. 물론 로마 원정부대는 그들의 통제하에 있던 해상 접근로를 사용했다.

이후에 계속된 로마의 지중해에 대한 해상 통제는 지중해와 그 부근 지역의 패권이 오스만 터키제국으로 변경될 때까지 로마제국의 번영을 유지하는 중요한 기반이 되었다. 기원전 27년 로마 아우구스투스 황제 시대의 로마의 해양 패권의 범위는 북쪽으로는 영국 도버해협과 북해, 서쪽으로는 스페인과 포르투갈 해안, 동쪽으로 흑해에까지 이르고 있었다.[30] 로마에게 카르타고가 점령을 당하게 된 포에니 전쟁의 역사는 후일 미국이 세계 최대의 해양 국가로 발전하는 데 이론적인 배경을 제공하게 된다. 이 전쟁의 역사를 우연히 읽은 해양전략가 앨프리드 마한은 이 같은 사실에 깊은 감명을 받아, 미국의 국민들에게 바다와 해군의 중요성을 일깨워주는 역할을 수행한다.[31]

마한이 해군 장교 시절 함정 승조원으로 근무하는 동안, 그가 승조하고 있던 함정이 중남미 지역의 어느 항구에 정박하게 된 적이 있었다. 당시 마한은 그 항구에 외출을 했다가 들른 도서관에서 포에니 전쟁의 역사를 우연히 읽게 되었다. 마한은 포에니 전쟁 역사를 탐독한

그림 2.7 **로마제국 전성기의 지배 영역**[32]

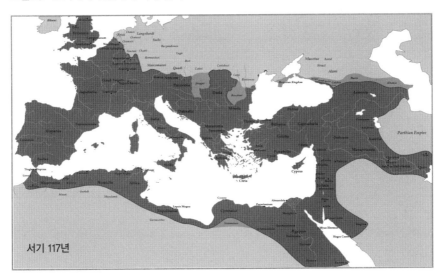

서기 117년

것을 계기로 국가 번영에 있어서 해양력의 중요성과 이를 이용하여 얻게 되는 해상 통제의 필요성을 깨달았다. 포에니 전쟁 역사에서 무려 1만 킬로미터의 거리를 우회할 수밖에 없었던 한니발의 원정작전에 대한 생각을 토대로, 그는《해양력이 역사에 미친 영향*The Influence of Sea Power upon History*》이라는 책을 집필했다. 이 책은 이후 미국인들의 해양 사상을 일깨우는 이론적 토대가 되었으며, 미국을 세계 유일의 초강대국으로 발전할 수 있도록 만든 국가 전략의 기반이 되었다. 마한 제독의 이 일화는 삼면이 바다로 둘러싸여 있고, 바다 활용의 확대를 추구하고 있는 우리나라 국민들에게 시사하는 바가 크다.

04

영국의 해양사상에
영향을 준 바이킹의 활동

노르웨이의 바이킹선은 북유럽의 거친 해안 및 파도가 높은 북해 근방의 바다에 적합하도록 견고하게 건조되었다. 바이킹은 이 선박을 이용하여 유럽의 해안 지방을 공격하고 영국의 바닷가 지역을 차지했다. 바이킹은 유럽 대륙 깊숙한 곳까지 그 영향을 미쳤으며, 콜럼버스에 앞서 아메리카 대륙에 다다르기도 했다.

바이킹은 7세기에서 11세기 사이에 북유럽의 스칸디나비아반도에 살던 사람들이다. 노르웨이의 고어로 '비크(vik)'는 피오르드(fjord)를, 그리고 '잉(ing)'은 누구의 아들이라는 뜻인데, 이 두 단어가 합쳐져서 이루어진 것이 바로 '바이킹(Viking)'이다. 즉 바이킹은 '피오르드의

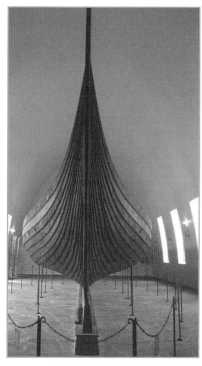

아들'이라는 뜻이다.

바이킹이 살던 지역은 높은 산들과 내해로 둘러싸인 거친 곳이었기 때문에 일찍부터 신속한 이동 수단으로서 배를 이용해 왔다. 게다가 바이킹이 거주하는 땅의 대부분은 농사를 짓기에 척박한 곳이었기 때문에 그들은 자연스럽게 바다에 눈을 돌리게 되었다. 어른이 된 바이킹의 지도자들은 바이킹선을 배정받았는데, 그 지도자는 먼저 지도자로서의 자질을 추종자들에게 보여주어야 하는 것이 통과의례였다. 이런 경우 그 지도자들은 북해를 가로질러 영국의 해안가 농경지

그림 2.9 **바이킹의 이동로**[34]

를 습격하여 식량을 확보하거나, 대륙의 항구들을 공격하여 약탈함으로써 지도자로서의 능력과 자질을 과시했다.[35]

강한 폭풍이 잦은 북해를 횡단하거나, 먼 거리의 유럽 항구들을 습격하기 위해서는 빠르고 강한 배들이 절대적으로 필요했다. 이런 요구에 부합하기 위해 바이킹의 조선 기술은 크게 발전할 수밖에 없었다. 바이킹선은 길이가 길고 깊이가 얕으며, 선미와 선수가 같은 형태이다. 바이킹선은 여느 지중해 선박들처럼 외판을 맞대어 붙이지 않고, 그 대신 판자들을 포개어 잇는 클링커(clinker) 방식[36]을 사용했다. 판자를 끼워 맞춰서 쌓아 올린 방식을 사용(조선의 판옥선과 비슷한 방식)

그림 2.10 **바이킹의 정착 지역 및 습격 대상 지역**(파란색 부분)[37]

했기 때문에 매우 단단한 구조를 가지고 있었으며, 폭풍 속의 대양 항
해에도 손상을 받지 않도록 만들어졌다.

　바이킹은 정확한 항로를 따라 항해한다거나 위치 측정 기술을 보유
하지는 못했다. 그들은 태양과 별, 그리고 조류의 흐름 등을 보고 대
충 경험에 의해 판단하거나 추측하여 항해했다. 대체로 바이킹은 철
새들의 이동을 보며 봄철에 항해를 나가서, 추분이 될 무렵 고향으로
돌아와 월동을 했다.

　하지만 바이킹은 항로도 없는 바다를 개척해 나가며 유럽의 거의
모든 해안 지방을 습격했다. 바이킹은 당시 아일랜드를 공격하여 점

령했고, 세느 강을 따라 파리까지 들어간 후 노르망디에 정착했다. 노르망디(Normandie)라는 말 자체에 '북유럽인'이라는 의미가 내포되어 있는 것은 이 사실을 단적으로 말해 준다.[38]

물론 바이킹이 노략질과 약탈만을 일삼았던 것은 아니다. 그들은 미개척지를 탐험하여 많은 땅을 발견했을 뿐만 아니라 유럽 전역을 누비면서 상업을 발전시켰으며, 러시아와 시실리 섬에 도시국가를 건설하기도 했다. 특히 바랑고이족(Varangian)으로 불리는 스웨덴의 바이킹은 침략과 약탈보다 무역에 더 관심이 많았다. 그들은 러시아 강들을 따라 발트 해와 흑해, 카스피 해에 이르는 무역로를 개척했다. 바랑고이족의 류리크(Ryurik : 러시아의 건국자로 불림)라는 인물은 862년 오늘날의 러시아 서북부 지역에 정착하여 한 마을을 건설했는데, 훗날 이곳은 노브고로드(Novgorod)[39]가 되어 러시아 국가 탄생의 기틀이 마련되었다. 또한 어떤 바이킹은 키예프에 정착했고, 어떤 바이킹은 흑해 연안의 콘스탄티노플까지 가서 비잔틴제국의 경호원 역할을 하기도 했다.[40]

이처럼 바이킹이 인류 역사에 미친 영향은 크다. 또 하나의 예로 덴마크의 바이킹과 접촉이 많았던 영국 동부 지방에 살던 색슨(Saxon)족은 그들을 본보기로 삼을 정도였다. 프랑스에서는 바이킹이 정착한 노르망디 지방이 가장 발전한 지역이었다. 노르만계 바이킹의 후예인 정복자 윌리엄(William I)[41]은 1066년에 영국을 침공하여 왕이 됨으로써, 영국인들은 해양력의 중요성을 뼈저리게 느끼게 된다. 영국인들은 그 교훈을 잊은 적이 없었다.[42] 오랜 기간 동안 계속되어 온 바이킹과 영국인과의 접촉은 바이킹의 해양 중시 사상이 영국인의 마음속에 지속적으로 주입되기에 이른다.

이러한 역사적 사실은 영국인의 해양 사상을 고취시키고, 그들이 결국 '해가 지지 않는 제국'을 건설할 수 있도록 하는 데 가장 큰 영향을 끼쳤을 것이다.

배가 산으로 간
콘스탄티노플 전투

기원전 27년, 로마 아우구스투스 황제 이후 로마제국은 약 200년 동안 지중해를 중심으로 흑해에 이르기까지 광대한 해역에서 패권을 장악함으로써 로마의 전성기를 구가했다. 그러나 서기 180년 이후, 로마제국은 점차 내륙 영토 확장에 치중하고, 중앙 정치 내분과 함께 찾아온 중앙집권제 붕괴에 따라 쇠퇴의 길로 접어들었다. 특히 강력한 해양 패권을 바탕으로 세력을 확대시켜 왔던 로마제국의 영향력이 바다로부터 중앙아시아, 중국, 아프리카 등의 내륙으로 옮겨가면서 로마제국의 위정자들은 해양 패권 유지를 위한 함대 건설보다는 내륙 국경을 방어하기 위한 육군의 증강에 치중하게 되었다. 그 결과

로마제국의 힘을 유지해 왔던 해양력은 점차 약화되었고, 결국 로마제국이 동서로 분할되는 국면을 맞이하게 된다.

시기별로 좀 더 구체적으로 살펴보자. 서기 306년, 로마제국은 콘스탄티누스 황제에 이르러 흑해 입구에 콘스탄티노플을 건설하여 이슬람 세력의 침입을 막기 위해 노력을 기울였다. 그러나 395년 테오도시우스 황제 사후에 로마제국은 서로마와 동로마로 각각 분열되는 형국을 맞는다. 그 결과 410년 로마제국은 고트족 알라리크(Alaric : 서고트족의 왕)에 의해 함락되기도 했다. 그 후 476년 서로마제국이 멸망하면서 로마의 전성기는 종말을 맞게 되었다.[43]

동로마제국의 다른 이름인 비잔틴제국의 콘스탄티노플을 점령하기 위한 전투에서 오스만 터키(Ottoman Turkey) 해군은 승패를 결정하는 중요한 역할을 수행했다. 1453년 오스만제국의 메흐메드 2세(Mehmed II) 황제는 콘스탄티노플을 점령하기 위해 포위망을 구축한다. 콘스탄티노플 외곽을 따라 축조된 성벽을 이용하여 강력하게 저항하는 비잔틴군의 방어력을 약화시키기 위해 다양한 방법을 동원했다. 우선 콘스탄티노플 건너편에 루멜리 성을 축조하여 보스포루스 해협을 통제하고, 콘스탄티노플에 대한 외부의 지원을 차단하는 데 활용했다. 또한 장거리포를 동원하여 성벽을 무너뜨리려 했다. 그러나 당시 장거리포의 발사율이 매우 낮고[44] 부정확해서 성벽 돌파에 크게 영향을 미치지 못했다. 포격으로 부서진 성벽을 다음 포탄이 떨어지기 전에 수리할 수 있을 정도였기 때문이다. 성벽 밑으로 터널을 만들어 병력을 투입하려던 계획도 도중에 발각되어 실패했다. 결국 메흐

그림 2.11 **오스만 해군 함정을 육지로 이동시키는 상상도**[45]

메드 황제는 골든 혼(Golden Horn, 금각 만灣) 내해에 오스만 해군을 투입하여 그곳에 위치한 해안 성벽에 대해 상륙작전을 실시하기로 결정한다.[46]

마르마라(Marmara) 해로부터 골든 혼 내해로 진입할 수 있는 입구에는 오스만 해군의 진입을 차단하기 위해 비잔틴군이 쳐 놓은 철책이 가로막고 있었다. 그리고 비잔틴 해군이 이곳을 지키고 있었기 때문에, 이를 해결하기 위해 메흐메드 황제는 오스만 해군 함정 72척을 골든 혼 북쪽의 육지 위로 이동시켜 골든 혼 내해로 진입시키게 했다. 그는 기름칠을 한 통나무들을 바닥에 깔고, 인력과 말 등을 동원하여

그림 2.12 **오스만의 콘스탄티노플 점령 경로**[47]

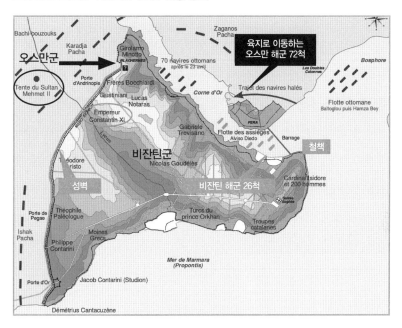

72척의 함정을 골든 혼 내해로 진입시켰다. 대규모의 해군 부대를 육지를 통해 이동시킨 것은 세계 전체의 역사를 살펴봐도 전무후무한 일이다. 비잔틴 방어군은 갑자기 내해에 등장한 오스만 해군의 많은 함정들에 놀라 혼란에 빠지고 사기가 크게 떨어졌다.

또한 내해로 접근한 오스만 함정을 화공으로 공격하려던 비잔틴 해군의 계획도 실패로 돌아갔다. 비잔틴군은 이곳 지역 자체가 그동안 자연적인 방벽 역할을 해 주었기 때문에 방어를 위해 적은 수의 해군 병사들밖에 배치하지 않았었다. 그러나 내해로 들이닥친 오스만 해군으로 인해 골든 혼 내해 부분의 해안 성벽에도 오스만 해군의 상륙에 대비하여 방어 부대를 배치할 수밖에 없었다. 오스만 해군이 내해에 진입한 것만으로 비잔틴 병사들이 심리적으로 위축되었음은 물론이다. 무엇보다 콘스탄티노플 방어 계획에 변화가 필요했다. 이에 8만 명의 오스만 지상군과 직접 대치하고 있는 5,000명에 불과한 성벽 방어 병력에서 일부를 전환하여 내해에 접해 있는 해안 방벽에 지상군 방어 병력을 배치할 수밖에 없었다. 적은 수로 버티고 있던 성벽 방어 병력이 어쩔 수 없이 분산될 수밖에 없게 된 것이다. 그로부터 한 달 후인 5월 29일 자정을 기하여, 터키군의 전면적인 공세 작전이 시작되었다. 결국 방어력이 약화된 성벽을 돌파한 터키군에게 콘스탄티노플은 함락되었고, 이 도시의 이름은 '이스탄불'[48]로 바뀌게 된다.[49] 비잔틴제국의 멸망으로 찬란했던 로마제국은 그렇게 세계무대에서 사라지게 되었다.

사실 오스만제국의 해군은 이 전투에서 성벽 돌파에 직접적인 역할을 수행하지는 않았다. 골든 혼 내해에서의 해군에 의한 상륙작전이 성공하지도 않았다. 그러나 오스만제국의 해군력은 전쟁 승패에 큰 영향을 미쳤다. 오스만 해군 함정의 내해 진입만으로도 적의 육상 성벽에 대한 방어 능력의 약화를 불러왔고, 적을 심리적인 공황에 빠뜨릴 수 있었다. 비잔틴 방어 부대는 오스만 함정들이 진입한 해안 지역으로 방어 부대를 분산 배치함으로써, 다른 지역 방어 부대의 강도가 약화되었고, 결국 약화된 방어선이 돌파됨으로써 단 하루 만에 콘스탄티노플은 함락되었다. 이 같은 메흐메드 2세의 전략적인 통찰은 해군력을 지상작전의 교착을 타개하기 위한 수단으로 사용됨으로써 전쟁을 승리로 이끄는 데 결정적인 기여를 했다.

오늘날에도 해군력은 적의 후방 지역에 대한 상륙작전과 후방 해역에 대한 교란작전을 통해 전략 환경을 유리하게 조성하는 역할을 수행한다. 해군이 상륙작전 능력을 보유하고 있는 것만으로도 적의 방어력을 후방 해안 지역에 분산, 고착시키고 후방 방어 부대를 공세작전에 전환할 수 없도록 만든다. 그뿐만 아니라 상륙작전은 적을 심리적으로 공황에 이르게 한다. 예를 들면 6.25전쟁에서 인천 상륙작전을 감행한 것이 전쟁의 국면을 방어에서 공세로 바꾼 중대한 전환점이 되었다는 것은 이를 잘 뒷받침해 준다.

06

노선 시대 최후의
해전인 레판토 해전[50]

노선 시대의 전투 양상을 잘 보여주는 해전은 1571년의 레판토 해전이다. 이는 스페인 함대가 주축인 기독교 연합 해군과 오스만 터키 해군 사이에 벌어졌던 해전이다. 오스만제국이 콘스탄티노플을 점령한 후의 상황을 살펴보면, 당시 지중해의 패권을 차지하기 위해 주변의 기독교 국가들과 쟁탈전을 계속하면서 오스만제국이 우세를 유지하고 있었다. 오스만제국의 공격을 받아 코르시카 섬으로부터 철수하게 된 베네치아공화국을 지원하기 위해 기독교 연합의 함대가 구성되었다. 역사적으로 기독교 연합의 대규모 함대가 그리스 남부의 레판토에서 오스만 함대를 만나 벌인 이 해전이 지중해에서의 노선 시대를 종결짓는 마지막 대규모 해전이 된다.

레판토 해전은 노선 시대 전투의 대표적인 전투 양상을 보여준다. 노선 시대의 해상 전투는 지상 전투 양상과 크게 다르지 않았다. 전투 진형도 지상 부대의 편성 개념처럼 형성되었고, 로마 육군의 군단처럼 양측이 서로 마주보며 길게 늘어진 횡대 편성을 하고 동원된 함선 수에 따라 예비 부대를 따로 배치했다. 레판토 해전에서도 양 군은 함대를 각각 중위, 좌익, 우익으로 구분하여 세 개의 부대로 나누어 편성하고, 횡대로 배치했다.

함대의 규모는 기독교 연합 측이 갈레아스(Galleass)라 불리는 6척의 대형 갤리선과 206척의 중형 갤리선으로 구성된 212척, 오스만 터키 측은 206척의 중형 갤리선과 45척의 갈리엇(Galliot)이라 불리는 소형 갤리선으로 구성된 251척으로서 수적으로는 크게 차이가 나지 않는 비슷한 규모였다. 다만 기독교 연합의 함선에는 모두 1,815문의 화포가, 오스만 함대에는 모두 741문의 화포가 탑재되었다는 차이가 있었다.

양측의 배진에도 약간의 차이가 있었다. 기독교 연합 측은 38척의 예비대를 별도로 편성하여 그중 30척은 중위 제대의 후방에 배치했고, 각각 4척을 좌익과 우익 제대의 후방에 배치했다. 그리고 각 제대의 전방에는 화포를 다수 탑재한 대형 갈레아스 2척씩을 각각 위치하도록 했다. 한편 오스만 함대는 스페인군에 비해 소수의 예비대를 운용했다. 8척의 갤리선과 22척의 소형 갈리엇만을 중위 부대 후방에 예비대로 운용했을 뿐이었다.

전투가 개시되면 해전의 양상은 지상 전투에서 보병들이 육박전을
전개하는 것과 다름없이 진행된다. 마주 보고 있던 양측의 함선들은
서로 접근을 시작하면서 근접하여 포를 쏘고, 소총과 화살로 전투병
들을 살상하며 충돌을 시도하고, 마지막에는 병사들이 상대방 함선에
뛰어들어 개별 전투를 벌였다.

레판토 해전에서의 승패는 함선이 접근하기 시작했을 때 오스만 해
군의 오판에서부터 기울기 시작했다. 오스만의 해군 함선들은 기독교
연합 함대의 전방에 배치한 갈레아스를 비무장 상선이며 속임수라고

판단하고 이 함선을 공격하지 않고 지나쳤다. 그러나 양옆으로 지나치는 오스만 함선들에 대한 갈레아스선 현측의 화포 공격이 주효하면서, 70척의 오스만 갤리선들이 초전에 손실을 입어 진형에서 이탈하게 되었다. 전투를 위한 접근 시작과 동시에 3분의 1에 달하는 전력이 일시에 이탈하게 된 오스만 함대는 혼란에 빠졌으며, 그로 인해 진형이 와해된 오스만 함대의 패배는 당연한 것이었다.

레판토 해전이 스페인 해군이 주축인 기독교 연합 함대의 일방적인 승리로 끝이 나면서, 오스만 터키 제국의 해군은 지중해에서의 해상 우세를 더 이상 유지하지 못하게 되었다. 15세기 이후 단 한 번의 해전에서도 패한 적이 없던 오스만제국의 해군은 전투에 참가한 총 251척의 함선 중에서 무려 187척의 함선을 잃었다. 전쟁이 끝난 후 오스만제국은 1572년까지 아주 짧은 기간 동안에 250여 척의 함선을 다시 건조하는 데 성공했다. 그러나 2만 명의 우수한 해상 전투원을 잃은 것은 오스만 해군에게 재기할 수 없게 만드는 타격이 되었다.[52]

갈레아스의 위력에 놀란 오스만 해군은 그들의 해군을 재건하면서 갈레아스를 비롯한 대형 함선의 건조에 중점을 두었다. 화포를 탑재한 강한 공격 능력을 갖춘 함선이 해전에서 중요한 역할을 한다는 사실을 깨닫게 된 것이다. 조선의 임진왜란에서도 거북선과 판옥선에 탑재한 화포의 위력으로 다수의 왜선을 제압한 것에서 증명되듯이, 무기 체계의 질적 차이가 해전의 승패에 결정적인 영향을 미친다는 것은 고대부터 현대에 이르기까지 변하지 않는 진리가 되어왔다.

레판토 해전의 영향으로 화포를 비롯한 함선의 무장과 함상의 전투

그림 2.14 **레판토 해전을 스페인의 승리로 이끈 갈레라스선**
(포구 밑으로 별도의 노를 젓는 창이 보인다)[53]

병력의 증가는 선박의 대형화로 이어지게 되었다. 이처럼 15세기를 전후하여 시작된 대양 항해 시대의 등장과 함께, 세계의 바다는 노선 시대로부터 범선 시대로 바뀌게 된다.

1957년 레판토 해전에서 유럽 연합의 승리는 다음과 같은 역사적 의미가 있었다. 우선 오스만 터키 제국의 유럽 진출 실패였다. 레판토 해전 이후 유럽 연합은 오스만제국의 지중해를 통한 유럽 진출을 저지함으로써 이슬람들의 유럽 진출을 차단했다. 다음으로 유럽 사회의 변화를 가져왔다. 레판토 해전에서 승리한 유럽인들은 바다의 중요성에 더욱 눈을 돌리게 되었다. 그들은 해양 진출을 통해 국가 발전을 이룰 수 있다는 것을 인식함으로써 바다 진출의 경쟁 시대인 대항해 시대를 열게 되었다.

오스만 터키 제국은 레판토 해전의 패배 이후 지중해보다 인도양 쪽으로 해양 진출의 중심을 옮겨 해상 교역을 시도하게 되었다. 이 같은 활동은 아이러니하게도 유럽인들로 하여금 서쪽으로의 탐험, 즉 신대륙 개척을 시도하는 계기가 되었고 유럽 대항해 시대의 도래를 가져왔다.[54] 하지만 오스만 터키의 해양 진출 방향이 지중해에서 동쪽으로 전환됨에 따라, 다른 유럽 국가들의 인도양 진출이 오스만 터키와 중복되면서 서로 간에 방해를 받게 되는 양상을 띠었다. 결국 유럽 국가들은 이를 극복하기 위한 시도로서 대서양을 통한 서쪽으로의 새로운 항로 탐험과 해양 진출을 모색하게 된다.

07

지중해를 장악하기 위해 패권 경쟁을 벌이다

노선 시대의 해양력 경쟁은 주로 유럽 국가들을 중심으로 이루어졌다. 유럽 지역 외에 아시아, 아메리카 대륙, 아프리카 등지에서의 해양력 경쟁은 그다지 중시되지 않았다. 노를 저어 추진력을 얻는 당시 선박의 특성상 유럽을 제외한 다른 지역에서는 해양 진출을 노리는 수준의 해양력 경쟁보다는 인접한 국가들끼리 연안 무역을 중심으로 하는 교역이 이루어지고 있었다.

고대부터 활발하게 진행되어 온 세계 해양력 경쟁의 중심은 지중해였다. 그리스와 페니키아인들이 중심이 되어 지중해에서의 활발한 해상 무역이 이루어졌고, 점차 해상 교역이 증가함으로써 바다의 사용을 독차지하려는 시도가 생겨났다. 그들이 활동하던 지중해를 대상으로 해양력 경쟁이 시작된 것이다.

따라서 노선 시대의 해양 전략 개념은 지중해의 해양 패권 장악을 위한 치열한 결전 양상으로 나타났다. 고대 도시국가 간의 군사적 대결은 주로 지중해를 중심으로 지상전과 해전이 혼합되는 양상으로 전개되었다. 당시 해전에서의 승리는 지상전에 결정적인 영향을 미쳤을 뿐만 아니라 지중해에서의 해상 교역의 장악을 의미했다. 고대 도시국가들에게 지중해의 해상 교역 장악은 보다 지속적인 정치·사회적 영향력을 보장하는 해양 패권을 의미했으며, 이는 도시국가 간 국력의 우위를 결정하는 주된 기준이 되었다.[55]

당시 지중해 연안 국가들이 바다를 바라보는 시각은, 바다는 육지에 비해 쉽고 빠른 이동 통로였기 때문에 육지의 교역보다는 바다를 통해 이웃 국가와 교역하는 것이 더 유리하다는 것이었다. 그렇기 때문에 그리스와 페니키아, 그리고 그들의 영향을 받은 지중해의 다른 연안 국가들의 지도자들은 국가 발전을 위해서는 바다로 진출해야 하며, 바다로 진출하지 않고서는 국가의 생존과 발전이 불가능하다는 것을 일찍이 깨닫게 되었다. 또한 지중해 연안 국가들의 지도자들은 바다로 진출하려면 언제든지 바다에서의 현실적인 위협에 직면하게 될 것임을 깨달았다. 그들은 바다로의 진출과 이에 대응하려는 상대방을 제압하기 위해서 강한 해양력, 특히 강한 해군력을 갖춰야 한다고 생각했다.

페니키아와 그리스는 각각 지중해의 남쪽과 북쪽의 연안을 중심으

그림 2.15 **고대의 지중해 지배 현황**
(회색 박스는 그리스의 식민지, 흰색 박스는 페니키아의 식민지이다)[56]

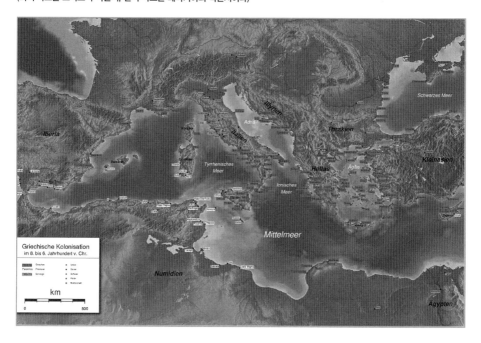

로 해양력을 키워가기 시작했다. 페니키아인들은 지중해의 남쪽 해안 지역, 즉 아프리카 북부 해안 지역을 중심으로 세력을 확장하며 식민지를 확장했다. 한편 그리스를 중심으로 지중해의 북부 연안 지역인 유럽 대륙의 남부 해안과 에게 해 지역을 장악한 그리스는 찬란한 헬라(Hellas : 그리스의 옛 이름) 문명을 꽃피우며 성장했다. 당시 항해술의 제한 때문에 영역이 다른 이들 두 세력 간의 충돌은 발생하지 않았고, 각 국가의 활동 영역에서 해양 이용의 자유를 누리며 번창했다.

이 국가들이 바다의 이용을 독점적으로 향유할 수 있었던 것은 우세한 해군력을 확보하여 자국의 해양 활동을 보호하고, 경쟁 세력이 출현하면 그들과의 해상 결전을 통해 상대 세력을 제거함으로써 절대적인 해상 통제, 즉 완벽한 제해권을 확보했기 때문이다. 그리스가 페르시아의 해군을 살라미스에서 격파하고, 에게 해의 해상 통제를 장악함으로써 바다 이용에 제한을 받은 페르시아제국은 점차 쇠약의 길로 접어들었다.

남과 북 지중해의 패권 세력 간 해양 경쟁이었던 로마와 카르타고의 포에니 전쟁[57]에서도 이는 증명되었다. 카르타고의 해군력을 격멸시킨 로마 해군이 지중해를 완벽하게 장악함으로써 한니발의 원정작전이 짧고 쉬운 해상 접근로를 택하지 못하고, 멀고 험한 지상 원정로를 거쳐야 했던 결과를 야기했다. 반면에 완벽한 제해권을 확보한 로마는 대응 세력이 없어진 바다를 통해 그들로부터 방해받지 않고 지중해를 이용할 수 있게 되었다. 로마는 해상 결전을 통해 적국의 바다를 통로로 이용할 수 있었으며, 내선의 이점을 활용한 용이한 군수 지원 경로를 확보함으로써 지중해와 연안 지역의 패권을 확보하고 세력권을 점차 확대할 수 있었다.

당시의 지중해는 해양력이 우세한 국가에 의해 완벽한 해양 통제가 이루어졌으며, 해양 패권을 차지한 국가에 의해 바다를 독점적으로 이용할 수 있었다. 한편 지중해 밖의 세계는 강력한 해양 패권 국가가 등장하지 않고 있었다. 아시아, 아메리카, 아프리카 연안 국가들은 아직 국가 발전을 위해 바다로 진출하려거나, 바다 이용의 중요성을 인식하지 못했다. 이 지역의 국가들은 연안을 따라 국가 간 또는 지역

그림 2.16 **동로마와 서로마제국의 영역**(위 그림) **및 로마제국 말기의 오스만 터키 제국에 둘러싸인 비잔틴의 영역**(아래 그림의 파란색 부분)[58]

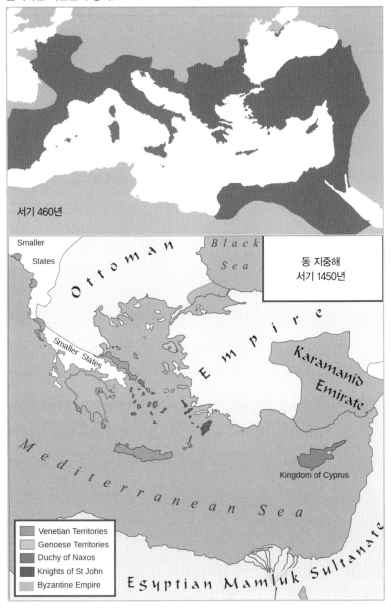

간의 교역을 중심으로 소극적인 바다 이용이 이루어졌다.

어느 국가가 해양력의 우세를 통해 바다를 지배하고, 그 결과로 세계의 패권을 차지하게 되더라도 그 패권의 지속 기간은 한계가 있기 마련이다. 도시국가인 로마가 지중해에 대한 해양 패권을 쟁취한 후 오래되지 않아 로마의 국가 경영 중심은 바다에서 육지로 바뀌게 되었다. 대륙으로의 영토 확장에 관심을 돌리게 된 로마의 후계 지도자들은 로마의 전성기를 가능하게 했던 해양력의 중요성을 점차 잊게 되었다. 해군력보다는 대륙 진출을 위한 육군 군단의 확장에 더 많은 관심을 보임으로써 해양력의 쇠퇴를 불러왔다. 로마제국은 전성기를 지나면서 동로마와 서로마로 분열되었고, 결국 해양력을 중심으로 지중해의 바다를 제패한 오스만 터키 제국에게 멸망을 당한다. 게다가 로마가 전성기를 구가할 당시부터 로마 국민들의 생각에서도 바다의 중요성이 점차 사라지고 있었다. 바다를 국가 생존의 근본으로 여기는 해양 국가였다기보다는 도시국가로 출발한 로마였기 때문에 국민들은 육지 영토 확장을 더 중요하게 여겼을 것이다. 후기의 로마가 대규모의 해양력을 유지시키는 데 소극적이었던 이유는 바로 그런 배경에서 기인한다고 볼 수 있다.

3장

대항해 시대의
해양 활동

바다는 육지와 육지를 가로막는 장애물인 동시에, 대륙과 대륙을 연결시켜 주는 통로로 사용된다. 그렇지만 고대 유럽 국가들 중에서 바다가 대륙을 연결시켜 주는 통로로 사용될 수 있다는 것을 인식한 국가들은 많지 않았다. 그런 가운데 지중해를 중심으로 유럽 국가들의 해양 제패 경쟁은 계속되었다. 특히 이베리아반도의 국가들은 먼 대륙에 이르는 새로운 통로가 있음을 인식하고 그 통로를 개척하기 위한 노력을 기울이기 시작했다.

고대부터 미지의 땅을 탐색하기 위해 항해를 시도한 사례는 적지 않지만, 일찍이 대항해 시대처럼 활발하고 대규모로 탐사했던 시기는 없었다. 여기서 '대항해 시대'란 포르투갈 엔히크(Henrique) 왕자가 아프리카 탐험을 시작했던 15세기 초부터 17세기에 이르기까지 세계 각국을 향한 탐험과 항해가 이루어졌던 시대를 말한다.

01

대항해 시대를 연 포르투갈[59]

대항해 시대에는 유럽 국가들이 아시아, 아프리카, 오세아니아, 아메리카 대륙을 활발하게 탐험했다. 이런 지리적 발견을 통해 유럽 국가의 지도자들은 시야를 넓히고 새로운 세계관을 확립하게 되었다. 이 같은 새로운 지식과 경험을 토대로 유럽 국가들은 유럽 이외의 지역에 대한 정치적 지배와 더불어 교역, 통상 등을 이루어 나가면서 점령한 지역을 식민지화하는 활동을 시작했다. 이 과정에서 좀 더 많은 식민지를 확보하기 위한 유럽 국가들끼리의 경쟁이 시작되었으며, 이는 곧 유럽 국가들끼리의 해양 지배 경쟁으로 이어지게 되었다.

연안 항해를 하던 시대와는 달리 미지의 통로를 개척하기 시작하

그림 3.1 **대항해 시대의 주요 탐험 항로**[60]

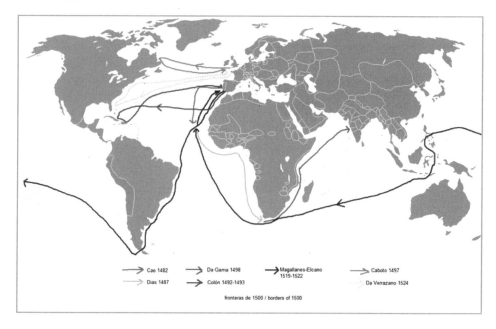

면서 대양을 항해하기 위한 선박이 필요하게 되었다. 항해 거리가 크게 증가함에 따라 선박의 크기도 커지고, 결과적으로 사람의 힘을 동력원으로 하던 노의 운용에는 한계가 있었다. 노를 주된 추진 수단으로 돛을 보조 추진 수단으로 사용하던 노선 시대와는 달리, 대항해 시대에는 바람의 힘을 이용하는 돛을 주된 추진 수단으로 사용하게 되었다. 또한 노를 젓는 인원들 대신에 적과의 싸움에 핵심 전투 장비로 등장한 함포 운용 병력, 그리고 적선에 건너가 싸우는 보딩 전투를 하기 위한 전투 병력들이 함선에 많이 타게 되면서 자연스럽게 군함의 크기가 더욱 커지게 되었다.

1453년 콘스탄티노플이 오스만 터키 제국에 함락되면서 유럽에서 아시아에 이르는 육로가 차단되자, 유럽 국가들은 바다를 통해 동쪽으로 아시아에 접근하는 새로운 항로의 필요성을 느끼기 시작했다.

대항해 시대의 서막을 연 포르투갈의 대항해 시대는 1300년대부터 시작되었다. 포르투갈의 디니스(Dinis) 왕은 해외 무역에 큰 관심을 가지고 있었다. 그는 베니스의 항해사를 고용하여 해군 제독으로 임명하고, 무슬림 해적의 공격으로부터 포르투갈의 무역을 보호하도록 했다.

1418년에는 포르투갈의 엔히크 왕자가 중심이 되어 서아프리카 연안 지역의 탐험을 위한 항해가 시작되었다. 그가 탐험을 시작한 동기는 아프리카 북부의 무슬림 세력을 우회한 황금, 상아, 노예 등의 무역에 관심이 있었기 때문이지만 또 다른 종교적인 목적도 있었다. 엔히크 왕자는 아프리카 대륙의 무슬림 세력권이 어디까지인지 알고 싶어 했으며, 아프리카 남부의 그리스도 세력과 연합을 하고자 했다. 그는 어딘가에 있다고 믿은 그리스도교 프레스터 존(Prester John : 중세 서양에서 아시아와 아프리카에 강대한 기독교 국가를 건설했다는 전설상의 왕)의 국가를 발견하여 그들과 동맹을 맺고, 이슬람교도의 위협에 공동 대응하기 위한 정치·종교적인 열망이 있었다. 탐험의 또 다른 목적은 인도로 가는 항로를 발견하여 고기 위주의 유럽인의 식탁에 빠져서는 안 되는 향신료 수입 루트를 육로가 아닌 해로로 바꾸려는 의도도 있었다.

엔히크 왕자 시대의 탐험선은 1427년 아조레스(Azores)제도까지 항해하여, 이후 대서양 제도 및 그 근해의 답사가 진행되었지만 진출

그림 3.2 **포르투갈의 항해가 바스쿠 다가마의 탐험로**[61]

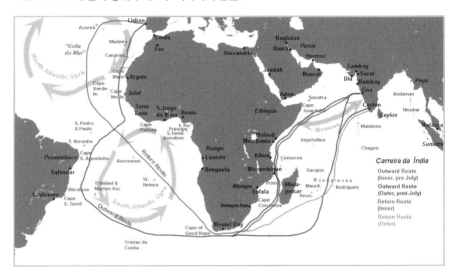

속도는 매우 느렸다. 1434년에야 비로소 서아프리카의 보자도르 곶
(카나리아제도 남부에 위치)[62]을 지났고, 그 후 세네갈 강, 제바 강까지 남
하했다. 1460년 엔히크 왕자가 죽기까지는 코나크리[63] 부근까지의 아
프리카 서해안이 밝혀졌다.

　1469년 포르투갈인 디오구 고메스(Diogo Gomes)의 항해가 다시
시작되어 이른바 상아 해안, 황금 해안 지역 등에 탐험선이 진출했다.
1482년에는 훗날 노예 무역의 중심지가 된 엘미나(Elmina)에 성이 구
축되었다. 이어 1487년 말부터 다음 해 초까지 바르톨로뮤 디아스
(Bartolomeu Diaz)가 아프리카 대륙 남단의 희망봉을 지나 그레이트피
시 강까지 동진하여 인도양에 이르는 항로를 열었다.

디아스의 탐험을 이은 사람은 바스쿠 다가마(Vasco da Gama)였다. 그는 1497년 7월 8일에 리스본을 출발하여 베르데 곶(아프리카 서쪽 끝의 세네갈 중부에 있는 곳) 제도를 경유하여, 11월 초 희망봉 근처의 세인트헬레나 만에 도착했다. 뒤이어 동아프리카의 여러 항구를 경유하여 1498년 5월 20일 인도의 캘리컷(현재 코지코드)에 입항함으로써 육지를 거치지 않고 인도에 이르는 항로를 개척했다.

이렇게 인도 항로를 발견한 포르투갈은 대규모 선단과 해군을 파견하여 인도양 지역의 이슬람 상인 세력을 제압했다. 그리고 1508년 2월 디우(Diu) 앞바다에서 이슬람의 연합 함대를 격멸했다.

02

지중해를 벗어나 세계로 향하게 한 디우 해전[64]

　1498년 바스쿠 다가마가 인도양 지역에 도착한 이래로, 포르투갈은 인도 서부의 코친(Cochin) 왕조와 우호적인 관계를 맺어 나갔다. 포르투갈은 이 지역에 기지를 두고 서아프리카와 인도양 해역의 통제를 위한 21척의 해군 함대를 운용했다. 이 같은 포르투갈의 해군 활동은 이 지역의 다른 세력들에게 반발을 불러일으켰다. 이 지역에서 이집트와 중동의 이슬람 국가들에게 중국의 비단과 향료를 공급하며 해상 교역을 장악하고 있던 인도의 구자라트(Gujarat) 왕조가 포르투갈에게 위협을 느끼고 거세게 반발한 것이다.

　인도의 구자라트 왕조는 향료와 비단 등을 공급받고 있던 베네치아, 이집트, 오스만 등의 이슬람 국가들에게 지원을 요청하여, 인도양에서 포르투갈 세력을 제거하기 위한 전투를 벌이게 된다. 차울(Chaul)[65] 근해에서 있었던 1차 해전에서는 이집트를 주축으로 한 이슬람 연합 세력의 기습이 성공하여 포르투갈 함대가 패했지만 경미한 손실에 그쳤다. 이후 디우 근해에서 있었던 2차 해전에서는 포르투갈 해군이 이슬람 연합 세력에 대해 일방적인 승리를 거두며 디우 해전은 막을 내리게 되었다.

당시 포르투갈 함대는 대형 전함 18척으로 구성되어 있었으며, 대서양의 거친 바다에서 항해할 수 있도록 견고하게 건조되었고 중무장한 함정들이었다. 한편 이에 대항하는 이슬람 연합 함대는 100여척의 소형 함정들로 구성되어 있었다. 이슬람 연합 함대들은 포르투갈 함대의 구경이 큰 화포, 숙련된 항해사와 전투 병력, 우수한 포 요원들의 전투력에 적수가 되지 못했다. 먼 거리에서는 대구경 화포에 의해, 근거리에서는 다수의 소총과 화살 공격에 의해 이슬람 연합 세력은 막대한 피해를 입었다. 양측의 함선 크기에 커다란 차이가 있었기 때문에 소형 함선으로 이루어진 이슬람군은 보딩 전투를 시도했으나, 대형 함선인 포르투갈 선에 오르지도 못하고 오히려 위에서 아래로 던지는 수류탄,[66] 화살 등의 공격만 받고 일방적인 피해를 입었다.

디우 해전은 해상 전투에서 무기 체계의 질적 차이가 승패를 결정하는 핵심적인 요소가 된다는 것을 다시 한 번 보여준 전투라고 할 수 있다. 포르투갈은 이 해전의 승리로 인도양에서 오스만제국, 이집트, 베네치아공화국 등의 해군으로 결성된 이슬람 연합 세력을 격파하고

그림 3.3 **인도양과 디우**[67]

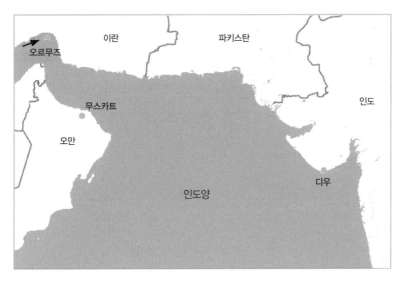

인도양의 해상 통제권을 장악했다. 그 결과 유럽으로부터 아프리카 남단을 거쳐 인도에 이르는 해상 교통로를 장악하게 되었다.

디우 해전은 지중해를 중심이라고 여겼던 서방 국가들의 관심이 지중해를 벗어나 다른 지역으로 향하고 있음을 잘 설명해 준다. 디우 해전의 승리를 통해 포르투갈은 인도양의 주요 항구들을 점령하고, 이 해역의 해상 교역을 장악함으로써 포르투갈의 발전에 큰 도움을 주었다. 디우 해전은 나아가 유럽 국가들의 아시아 지역에 대한 식민지 시대를 여는 계기가 되기도 했다.

03

콜럼버스의
신대륙 발견[68]

　대항해 시대 당시 유럽인들의 육식을 위주로 하는 식탁에 반드시 필요한 향료는 실크로드를 통해 아라비아 상인들과 거래가 이루어지고 있었다. 하지만 육로인 실크로드를 이용할 경우 오스만 터키 등 유럽의 적대 세력인 아랍 국가들을 거쳐야만 했다. 실크로드는 이동 경로가 멀고 험한 탓에 동양의 물품들이 매우 비싼 가격에 거래되었다. 육로 이동의 어려운 조건 때문에 많은 유럽인들은 배를 타고 바다를 가로질러 짧은 기간에 동양으로 갈 수 있는 바닷길을 찾았다.

　그들 중 한 명인 크리스토퍼 콜럼버스는 1484년 포르투갈의 왕 주앙 2세에게 대서양 항해 탐험을 제안하고 지원을 요청했다. 그러나

그림 3.4 **콜럼버스의 탐험 항로**[69]

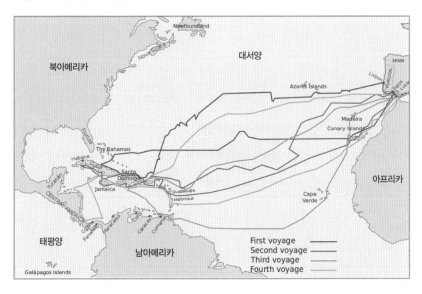

희망봉 루트를 준비 중이던 왕이 허락하지 않아 콜럼버스는 스페인으로 향했다. 당시 스페인은 카스티야 여왕 이사벨 1세와 아라곤 왕 페르난도 2세가 카스티야를 공동으로 통치하고 있던 상태였다. 정치, 지리, 종교적 통일을 이룩하고 국가의 비상을 꾀하던 이사벨과 페르난도 부부는 해외 진출에 큰 관심을 갖고 있었다. 하지만 콜럼버스가 기사와 제독 작위, 발견한 땅을 다스리는 총독의 지위, 얻은 총수익의 10분의 1을 갖는다는 등의 조건을 제시하자 포르투갈에서와 마찬가지로 제안이 받아들여지지 않았다. 당시 스페인 교회의 성직자들은 포르투갈 교회에 대한 경쟁의식으로 더 넓은 선교지를 필요로 했다. 이에 성직자들은 이사벨 여왕을 설득하여 결국 여왕은 콜럼버스를 지원하기로 결정한다. 그렇지만 계약 후에도 이사벨 여왕이 계속 지원을 미루었기 때문에 실질적인 항해가 이루어지는 데 6년이라는 시간이 걸렸다.

콜럼버스의 제1차 항해의 출범은 1492년 8월 3일이었으며, 같은 해 10월 12일에 현재의 바하마제도의 과나하니(Guanahani)로 추정되는 섬에 도달했다. 콜럼버스는 이 섬을 산살바도르(San Salvador : 구세주의 섬)라고 칭했다. 이어서 그는 쿠바에 도달하여 이곳을 인도의 일부라고 생각하고, 원주민을 인디언이라 칭했다. 그 후 항해 도중에 산타마리아호가 파손되어 배를 옮기면서 어느 한 섬에 약 40명의 선원을 남기게 되었는데, 이곳을 '작은 스페인'이라는 뜻의 '에스파놀라(Española)'라고 이름 지었다.

제1차 항해 후 1504년까지 콜럼버스는 총 네 차례의 항해를 하며 스페인의 식민지를 넓히는 역할을 했으며, 스페인을 세계무대에 우뚝 서게 하는 기틀을 마련했다. 콜럼버스는 1506년 죽을 때까지 자기가 발견한 땅을 인도라고 믿었다. 그러나 그의 새로운 항로 발견으로 인해 식민지 시대가 시작되면서 아메리카 대륙이 비로소 유럽인의 활동무대가 되었다. 이는 현재의 미국이 탄생할 수 있었던 근본적인 토대를 만들었다는 점에서 중요한 의의를 지닌다. 일부 사람들은 선사시대에 아시아인들이 이미 베링 해협을 건너 아메리카 대륙에 정착했고, 그 뒤로도 바이킹이 건너간 바 있다는 점을 강조한다. 하지만 15세기 당시 아메리카 대륙을 전혀 인식하지 못하고 있었던 유럽인들의 세계관이 콜럼버스의 탐험을 통해 송두리째 바뀌었다는 점은 분명하다.

04

중국 명나라 정화의
남해 대원정

유럽 국가들의 활발한 해양 활동에 비해 아시아 국가들의 해양 활동은 비교적 소극적이었다. 전통적으로 아시아 국가들은 영토 확장을 위한 내륙 패권 경쟁에 집착하고 있었으며, 해양 제패 문제에는 소홀히 하는 경향이 있었다. 과거에도 아시아의 가장 큰 국가였던 중국은 주로 북방 이민족의 침입을 물리치기 위해 만리장성 건설과 같은 대륙 중심의 국가 전략을 채택했다.

그런 이유로 연안 항로를 이용하는 소규모 해양 교역만이 이루어졌으며, 송(宋)나라 시대에 이르러서야 동양과 서양을 연결하는 해상 교역이 발전되기 시작했다. 송나라 시대의 주된 교역물은 향신료, 금, 은

그림 3.5 **중국 명나라의 정화 원정 함대의 주력이었던 보선(寶船) 모형**[70]

등의 특산품이었다. 이후 13세기에 들어 유럽까지 세력을 확장해 제국으로 발전한 원(元)나라는 동서양 간 해상·육상 교역을 통해 세계화를 추진했다. 원나라는 육상 교역로인 실크로드와 아울러 '중국-동남아시아-인도-중동'으로 연결되는 해상 교역 루트를 형성했다.

원나라에 이어, 1402년 명(明)나라의 영락제(永樂帝)에 이르러서는 아프리카까지 해양 활동이 크게 확장되었다.[71] 명나라의 환관이자 무장이었던 정화(鄭和)는 영락제의 명령에 따라 남쪽 바다에 대한 대원정을 준비하여 1405년 6월 제1차 원정을 떠났다. 명나라 역사에 따르면, 전체 길이가 44장(약 133미터), 폭 18장(약 55미터)에 이르는 대형 선

그림 3.6 **정화의 원정 항로**[72]

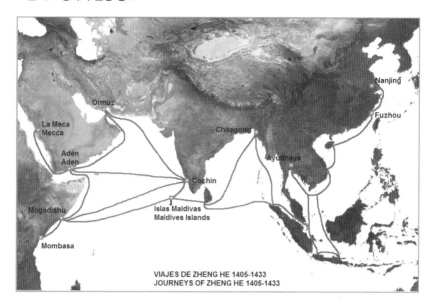

박이 포함된 함선 62척에, 총 승무원 2만 7,800명이 탑승했다고 전해
진다. 훗날 바스쿠 다가마의 함대는 120톤급 3척, 승조원 170명이었
고, 콜럼버스의 함대는 250톤급 선박 3척, 승조원 88명 규모였다. 이
들 함대에 비교하면 명나라 정화의 함대는 엄청난 규모의 대함대라
고 할 수 있다.

소주(蘇州)에서 출발한 함대는 참파(현재의 베트남 중부와 남부에 걸쳐 위
치해 있었다)와 오늘날 인도네시아 지역인 수마트라를 거쳐 팔렘방, 말
라카, 실론 등의 항구를 거쳐 1407년 초쯤 인도의 캘리컷에 도달했
다. 정화 함대의 항해 목적은 방문하는 국가에 대해 명나라에게 조공

을 요구하는 일과 남방 지역의 문물 등을 가지고 돌아오는 일이었다. 원정 중에 말라카 해협의 해적 진조의(陳祖義)라는 중국인을 붙잡아 일시 귀국하기도 했다. 이 항해를 통해 명나라와 교류가 없던 동남아시아의 여러 나라가 명나라에 조공을 바치게 되었다.[73]

정화 함대의 원정으로 중국인들은 남방 해역에 대한 인식을 새롭게 갖게 되었으며, 동남아시아 각지의 화교(華僑)의 수적인 증가에도 크게 기여했다. 정화가 지휘한 명나라 해상 세력의 인도양 진출은 콜럼버스의 아메리카 대륙 발견, 바스쿠 다가마의 인도양 항로 개척보다 80~90년이나 앞서는 것이었다. 하지만 영락제가 죽은 후 정치적 이유로 인해 해상 원정에 대한 강력한 견제에 부딪혀 원정 선단의 함선들이 불태워지고, 해외 교역이 금지되면서 더 이상 해외 원정은 이루어지지 않았다. 정화는 1433년 마지막 원정을 끝낸 이듬해 병으로 사망했다.

그 후 명나라는 수도를 베이징(北京)으로 천도했으며, 북방 이민족의 위협 대응에 우선하는 정책을 펴 대대적으로 만리장성을 증축하는 등의 대륙 지향적인 국가 전략을 채택하고 실행했다. 해양으로의 진출 정책을 주장하는 세력을 새로운 명나라 정부는 정부에 대한 도전 세력으로 간주했으며, 함선 건조를 금지하는 등 철저한 해금(海禁) 정책과 쇄국 정책으로 전환했다.[74]

명나라가 해외 원정을 금지한 배경에는 정치·경제적인 이유도 있지만, 그 근본적인 원인은 해양 진출을 우선하기보다는 대륙 지향적인 중국인들의 근본적인 사상에서 비롯되었다고 볼 수 있다. 한편 중세의 지중해, 대서양, 북해, 인도양에서의 해양 지배권은 국가 발전을 보장하는 필수 조건이자, 유럽이 주도하는 세계 역사 발전의 핵심 개념이었다. 중세의 해양 각축전은 어느 한 국가가 해양 지배권을 장악하면 다른 국가들이 위협을 느끼면서 이를 상쇄하기 위해 동맹을 결성하고, 이에 대응하는 방식을 취했다.

당시 유럽의 해양 지배 경쟁은 동맹을 결성하는 주된 수단으로도 발전되었다. 레판토 해전의 경우와 같이 오스만 터키 제국이 유럽 진출을 시도하자, 스페인과 이탈리아반도의 도시국가들이 연합하여 이를 저지한 것이 그 예이다. 아시아에서는 일본의 침략을 조선과 명나라가 연합하여 격퇴한 경우가 대표적인 사례였다.[75]

당시의 유럽 국가들이 식민지를 확보하고 유지하는 데 필요한 해양 지배를 위해 해양 진출에 적극적이었다면, 아시아 국가들은 영락제 이후의 명나라와 같이 해양 진출에 매우 소극적이었다. 바닷길이 아시아와 유럽을 연결시킬 수 있는 가장 적합한 통로였음에도 불구하고, 아시아 국가들은 해양으로 진출하기보다는 대륙으로 세력을 확장하는 데 더 관심을 가졌다. 그로 인해 아시아는 바다로의 진출 기회를 놓치고, 결과적으로 국가 발전이 유럽에 비해 뒤처지게 되었다.

정화 제독에 의해 시도된 명나라의 해외 원정이 그가 죽은 후 완전히 단절됨으로써 아시아와 유럽의 운명을 뒤바꿀 수 있었던 기회가 사라지게 되었다. 만일 정화가 시작했던 중국의 해외 원정이 그 후로도 누군가에 의해 계속되었다면, 아시아의 역사는 바다와 관련된 사건들이 좀 더 많이 차지했을 것이다. 그렇게 되었다면 지금과는 다른 아시아의 역사가 만들어졌을 것이며, 아울러 세계의 역사도 아시아의 해양력이 중심이 되어 역사를 주도하는 지금과는 전혀 다른 모습이 펼쳐졌을 것이다.

영락제가 죽은 후 아시아 국가들의 바다에 대한 관심이 멀어지면서, 대항해 시대의 유럽 국가들에 의해 계속되었던 대서양, 태평양 등으로의 해양 활동 범위의 확대는 중세의 국가 발전을 좌우하는 결정적인 요인이 되었다. 나아가 근대 유럽 주도의 국제질서를 형성하는 주된 요인이 되었다.[76]

4장

범선 시대의
식민지 확보 경쟁

지리상의 발견과 더불어 14세기 이후부터는 유럽의 팽창기가 도래했다. 당시의 유럽 국가들은 해외 시장 확대를 위해 식민지의 확장을 적극적으로 추진했다. 이는 스페인과 포르투갈과 같은 이베리아반도 국가들을 중심으로, 유럽의 새로운 항로 개척과 신대륙 발견에 따른 해외 식민지 확장으로 시작되었다. 당시의 국제법 원칙은 "식민지 지역에 대해 어떤 국가에 의해서도 지배되지 않고 있는 땅은 주인이 없는 땅으로 간주되며, 처음으로 실효성이 있는 지배를 한 국가에게 영유권이 인정된다"는 것이었다. 이 같은 원칙은 유럽의 식민지 지배에 대한 논리적 근거가 되었다.[77]

해외 식민지 확장에 가장 적극적인 국가는 이베리아반도의 국가들이었다. 16세기 이후 스페인은 콜럼버스에 의해 개척된 항로를 따라 북아메리카와 중남미 대륙에서 해외 식민지를 적극적으로 개척했다. 한편 포르투갈은 엔히크 왕자와 바스쿠 다가마에 의해 개척된 항로를 따라 아프리카, 남아메리카, 아시아로 진출했다. 이후 뒤늦게 해외 식민지와 해외 무역의 중요성을 인식한 영국 등의 다른 유럽 국가들도 해외 식민지 확장에 나섰다.

이와 같이 여러 유럽 국가들이 각각 식민지 확장에 나서기 시작하면서 범선 시대는 이 국가들 간의 식민지 확대를 위한 해양 지배 경쟁의 시대라 부를 수 있을 정도로 해양력 경쟁이 심화되어 갔다.

01

식민지 개척사의 상징이 된 범선

해외 원정 작전을 통한 식민지 확보와 원거리 해상 교통로의 유지를 위해 범선 시대의 함선들은 장거리 항해 능력을 갖추어야 했다. 따라서 자연스럽게 인력이 많이 소요되는 노는 사라졌으며, 그 대신에 많은 종류의 돛이 선박에 설치되기 시작했다.

범선은 바람의 힘으로 항해하기 때문에 여러 방향에서 불어오는 바람을 효과적으로 이용하면서 가고자 하는 방향으로 항해하기 위해 다양한 장치들이 사용되었다.

[그림 4.1]은 범선에 설치된 여러 종류의 돛대(mast)와 장치들의 명칭을 보여준다.

그림 4.1 **범선의 주요 부분 명칭**[78]

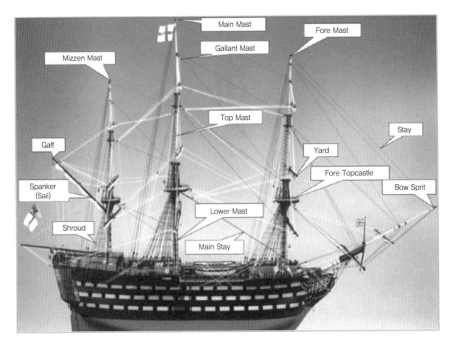

범선은 설치된 돛의 형태에 따라 횡범선, 종범선으로 분류된다. 횡
범선은 대부분 사각형의 돛을 가로로 단 배로서, 횡범은 뒤에서 바람
이 불어올 때 사용한다. 종범선은 사각 또는 삼각의 세로돛을 단 것으
로, 이 돛은 역풍이 불 경우에 사용한다. 종범선은 주로 소형선이 많으
며 유람이나 경기 등에 사용되는 요트가 대표적인 예이다.

범선의 형태를 좀 더 세부적으로 분류하면 다음과 같다.[79]

 **십형**(ship type) : 3개의 마스트를 가지며, 주로 횡범을 단다. 선수의 바우 스프릿(bow sprit)과 각 마스트 사이에는 삼각형의 종범을, 미즌 마스트(mizzen mast : 후부後部 마스트)에는 스팽커(spanker : 후장 종범)를 단다. 대형 범선은 대부분 십형이다.

 바컨틴형(barquentine type) : 3개의 마스트를 가지며, 전부(前部) 마스트에 횡범을 달고, 다른 마스트에는 종범을 단다.

 브리그형(brig type) : 2개의 마스트를 가지며, 전부 마스트에 횡범을 달고, 메인 마스트에는 종범인 스팽커를 단다.

 **브리갠틴형**(brigantine type) : 브리그형과 비슷하나, 메인 마스트 아래에 돛을 달지 않은 형태이다.

 스쿠너형(schooner type) : 2개 이상의 마스트에 모두 종범을 단다. 통상 마스트 수를 앞에 붙여 부른다.

 톱세일 스쿠너형(top sail schooner type) : 2개의 마스트를 가지며, 전부 마스트의 톱 마스트에 횡범을 달고 하부에 종범을 단다. 또한 메인 마스트에도 종범을 단다.

 케치형(ketch type) : 2개의 마스트를 가지며, 전부 마스트에 비해 메인 마스트가 짧고, 모두 종범을 단다.

커터형(cutter type) : 1개의 마스트 전후에 종범을 단다.

 정크형(junk type) : 중국에서 독자적으로 발달한 종범선으로, 모두 종범을 단다.

그림 4.2 **범선에 탑재된 함포와 함포 발사 모습**[80]

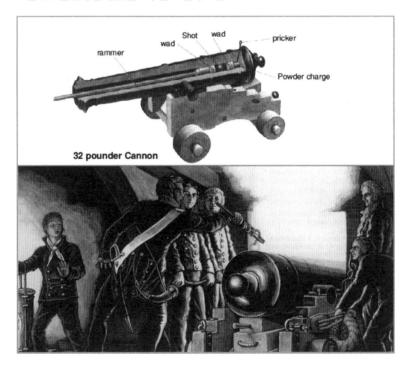

그림 4.3 **범선 시대의 대표적 전투 모습인 함포전 및 보딩 전투**[81]

노선 시대 말기부터 많은 군함들이 포(砲)를 사용하기 시작했으며, 16세기부터는 포가 군함의 주요 무기가 되었다. 범선 시대가 시작되면서 인력이 많이 소요되는 노는 사라지고, 이 시대의 전투는 포격전이 주로 이루어졌다. 포격전을 한 후에는 함선이 서로 접근하여 전투원들을 상대 함정에 건너가게 하여 싸우도록 했다. 그렇기 때문에 범선에는 노를 젓는 노수들 대신에 많은 수의 전투 병력을 태웠다. 전투 병력은 포격전에서는 포수로 싸우다가, 어느 정도 포격이 진행되면 적함에 건너가 백병전을 벌이는 임무를 수행했다.

범선 시대가 시작되면서 각국의 해군은 여러 유형의 군함 및 다양한 크기의 범선을 편성했다.

주로 탑재된 포의 수에 따라 함선을 구분했는데, 18세기 중엽에 접어들면서 전열함(戰列艦, line-of-battle ship) 전투에 참가하는 함선들

표 4.1 **시대별 영국 해군의 함선 종류별 총톤수의 변화**[82]

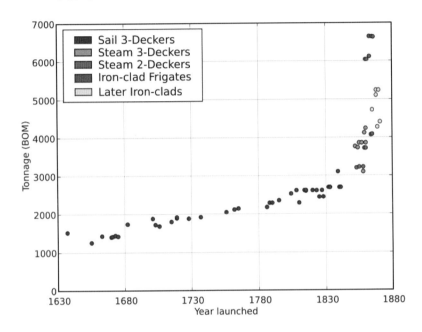

은 몇 가지 표준 함선으로 구분하여 건조되기 시작했다. 예를 들면 비교적 소형의 50문형 함은 상선단 호위용인 프리깃함(frigate)으로, 64문에서 90문의 포를 탑재한 함선은 전열함 전투의 주력으로 운용되었다. 98문에서 140문의 함포를 탑재한 대형 함선들은 제독들이 탄 지휘함으로 운영되었다.

전열함으로 가장 많이 운용되었던 함의 유형은 프랑스 군함형인 74문형이었으며, 대부분의 군함은 500~1,000톤 내외였다. 18세기 말~19세기 초의 군함은 전열함, 호위함(프리깃), 화선(fire ship)[83]으로 구

성되었다. 전열함은 주력 전투함으로서 지금의 전함에 해당되며, 프리깃은 순양함으로 발전했다.[84]

이때까지의 범선 시대 군함은 전부가 목조(木造)에 돛으로 추진하는 함선이었다. 이후 19세기 중반 무렵이 되어서는 추진 동력으로 증기 기관이 탑재되기 시작했다.

02

스페인의 해양 패권 경쟁의 계기가 된 아조레스 해전[85]

유럽 대륙의 서쪽 이베리아반도에 위치한 스페인과 포르투갈은 국왕의 지원과 이탈리아반도의 베네치아 및 제노바로부터 유입된 해양 인력에 힘입어 새로운 항로 개척과 식민지 확장에 적극적이었다. 이러한 스페인과 포르투갈의 해외 식민지 확장은 1494년에 체결한 토르데시야스 조약(Treaty of Tordesillas)에 의해 더욱 확대되었다. 이 조약의 내용은 대서양 베르데 곶 제도를 중심으로 서쪽은 스페인의 해외 식민지로, 동쪽은 포르투갈의 식민지로 인정한다는 것이었다.

이 같은 스페인과 포르투갈의 해외 식민지 확장 경쟁에 따른 갈등은 1579년 스페인령 네덜란드의 독립선언과 1580년 포르투갈의 왕

그림 4.4 **아조레스제도의 위치**[86]

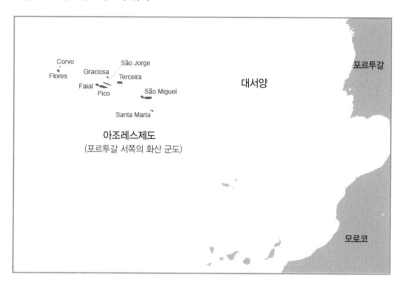

위 계승에 대한 이견 발생으로 더욱 표면화되었다. 1578년에 포르투갈의 국왕 세바스티앙이 모로코의 알카사르(alcázar) 전투에서 패배해 사망하면서, 그의 숙부인 엔리코 추기경이 왕위를 이었는데 그 역시 후손을 남기지 않고 사망했다.

그러자 이미 1521년에 사망한 포르투갈의 왕 마누엘 1세의 손자와 손녀들 넷이 계승권을 주장했다.

스페인의 왕 펠리페 2세(Felipe Ⅱ) 역시 계승권을 놓고 다툰 그들 중 한 명이었다. 많은 포르투갈 백성들이 포르투갈 크라투의 영주인 안토니오의 왕위 계승을 지지했지만, 포르투갈의 도백(道伯) 회의는 펠리페 2세에게 계승권이 있다고 결정했다. 당시 펠리페 2세는 군사를 이끌

그림 4.5 **펠리페 2세 시대의 스페인과 포르투갈의 지배 영역**[87]

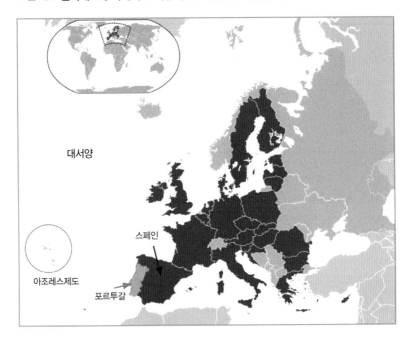

고 포르투갈로 진격하여 안토니오군을 무찌르고 포르투갈의 왕이 되
었다.

1582년부터 1583년까지 대서양에 위치한 아조레스제도의 포르투
갈 식민지에서 내란이 일어나자, 이를 진압하기 위해 출동한 스페인
함대와 포르투갈·프랑스 연합 함대 간에 2차에 걸친 해전이 벌어졌
다. 이 전투에서 수적으로는 적었지만 화포 수와 함선 크기 등에서 우
세했던[88] 스페인 함대가 승리함으로써, 스페인은 대서양에 대한 절대
적인 해양 지배권을 장악하게 되었다.

아조레스 해전은 대서양의 외해에서 치러진 최초의 해전이었으며, 유럽과 스페인 해군력 사이의 최초의 전투였다. 이 전투는 지중해에 한정되었던 유럽 국가들의 해양 진출 범위가 확대되고 있음을 보여준다. 이 같은 상황을 알아차린 스페인은 아조레스 해전 이후 해군력 강화의 필요성을 절감했으며, 당시 세계 최강의 무적함대인 레알 아르마다(Real Armada) 함대를 건설했다.

03

해양 패권 쟁탈을 위한
영국과 스페인의 격돌[89]

15세기 말 대항해 시대가 시작된 후, 유럽의 바다는 막강한 해군력을 확보한 스페인에 의해 통제되고 있었다. 스페인은 정복자(Conquistador)[90] 코르테스(Hernán Cortéz)와 프란시스코 피사로(Francisco Pizarro) 등을 동원하여 1521년에 아즈텍족(멕시코 고원에 살던 고대 인디언의 한 부족)을 점령하고 중앙아메리카 전체를 지배했다. 또한 잉카제국의 황제 아타우알파를 살해하여 잉카제국을 멸망시키고, 이 지역에 스페인의 총독부를 세웠다. 이때 스페인의 식민지는 중앙아메리카 전역과 남미의 대부분이 포함되었다.

아울러 포르투갈의 왕위 계승 전쟁에서 안토니오를 물리치고 포르투갈 왕이 된 스페인 왕 펠리페 2세는 신성 로마 황제 카를 5세의 독자였던 것을 이용하여, 유럽 대륙의 거의 모든 합스부르크가(오스트리아를 비롯한 중부 유럽을 중심으로 막강한 세력을 가졌던 명문 왕가) 영토를 스페인에 속하게 했다.

한편 영국의 국력은 스페인에 비교할 상대가 되지 못했다. 백년전쟁에서 영국의 상대였던 프랑스와 비교해도 영국은 그리 강한 나라가 아니었다. 당시 영국의 인구가 약 300만 명인 것에 비해 프랑스의 인구는 1,500만 명에 달했다. 16세기까지만 해도 영국은 해외 영토가 별로 없었다. 영국의 영토를 보더라도 잉글랜드와 웨일스만 자국 영토에 속했으며, 스코틀랜드는 아직 영국의 영토에 속하지 않았었다.

스페인과 영국의 국력 차이는 당시 정부의 예산 차이에서도 잘 나타난다. 당시 스페인의 정부 수입은 평균적으로 영국의 6~8배에 달했다. 이는 스페인 국내에서의 재정 수입만을 말하는 것이었으며, 아메리카 식민지에서 들어오는 막대한 양의 수입을 합한다면 영국과 스페인의 경제적 격차는 더욱 컸을 것이다. 1545년에서 1560년에 이르기까지 스페인 함대가 바다를 통해 운반한 황금의 무게는 무려 5.5톤에 달하며, 백금은 246톤에 이른다. 16세기 말에는 스페인이 세계 황금 채굴량의 83퍼센트를 차지했을 정도다.[91]

이처럼 국력의 차이가 컸던 스페인과 영국이 해양 패권 경쟁을 벌이며 대립하게 된 것은 어떤 이유 때문일까?

첫째, 당시 원양 항로가 발견되면서 증가하기 시작한 해상 무역을 둘러싼 갈등 때문이었다. 스페인은 해외 무역을 독점함으로써 다른 국가들과는 비교가 되지 않을 정도로 국가의 부를 늘렸고, 획득한 부를 이용하여 해군력을 증강했다. 그리고 또다시 이 무력을 이용하여 다른 국가들의 해상 무역을 제한하려 했기 때문에 섬나라 영국과의 충돌이 불가피했다.

둘째, 종교개혁 운동 때문에 시작되었던 구교(가톨릭)와 신교(프로테스탄트) 간의 종교적 갈등도 두 국가 사이의 갈등을 키운 원인이었다. 성공회 노선을 따르고자 했던 영국의 엘리자베스 여왕과, 교황의 아들이었기 때문에 넓은 유럽 영토를 차지할 수 있었던 가톨릭교도로서의 펠리페 2세와의 종교적 갈등은 불가피한 것이었다.

셋째, 스페인으로부터 독립하고자 했던 네덜란드를 영국이 앞서서 지원했던 것이 두 국가의 갈등을 증폭시킨 원인이었다.

엘리자베스 여왕이 왕위에 오를 당시 영국은 세계무대에 처음 발을 들여놓은 신흥국이었다. 섬이라는 지리적 위치 때문에 원양 항해를 통한 무역이 늘고 있던 시기였다. 영국 왕실은 15세기 말에 지오반니 카보토(Giovanni Caboto : 15세기 후반 이탈리아의 항해가이자 탐험가)[92] 등을 고용해 아메리카를 탐험하게 하며 대외 식민지 건설을 시작하고 있었다. 당시 대부분의 영국인들은 해군력 위주로 섬을 방어하는 전략을 선호하고 있었다. 해상 무역을 보호하기 위해 해군력 건설을 장려하고, 육군의 전력은 브리튼 섬 내부 문제를 해결하는 정도만 있으면 충분하다고 생각했다. 유럽 대륙의 분쟁에는 가급적 개입하지 않는 것이

좋다는 사상을 가지고 있었다. 따라서 이제 막 바다에 눈을 뜨고 해상 무역으로 부를 축적하고자 했던 영국 정부에게, 자국이 발전시킨 아메리카 대륙 항로와 함께 포르투갈이 개척하여 장악하고 있던 아시아 쪽 동쪽 항로의 교역망까지 흡수하여 장악한 스페인의 독점은 단순한 걸림돌 정도가 아니었다. 당시 영국이 해외 무역에 중점을 두었던 이유는 인구와 토지가 적어 농업 생산력 자체가 높지 않았던 까닭도 있었지만, 항만을 통한 관세 수입이 국가 재원의 상당 부분을 차지했기 때문에 해상 교역에 대한 스페인의 바다에 대한 독점은 영국 국가 경제에 매우 큰 위협 요인이었다.

엘리자베스 여왕이 무장 선박을 소유한 자들에게 나포 면허장을 내주고, 그 사략선(私掠船)들로 하여금 외국 선박을 공격해 약탈한 물품을 가지게 한 것은 재원이 빈곤한 영국 정부가 나름대로 해군력을 대체할 수 있는 세력을 유지하기 위한 방책이었다.

04

영국 정부에서 허가한
사략선의 활약

　스페인의 해양 통제가 이루어지고 있는 유럽의 바다에서 가장 피해를 입고 있던 국가는 영국이었다. 섬나라라는 지리적 특성상 영국은 국가의 생존을 위해 바다로 진출할 수밖에 없었다. 그러나 스페인의 막강한 해양력은 바다로 진출하려는 영국에게 큰 장애 요소로 작용했다. 스페인은 식민지로부터 축적한 부를 활용하여 해군력을 더욱 확대했고, 이를 통해 전 세계의 바다를 통제할 수 있게 되면서 바다의 사용을 독점하기 위한 노력에 더욱 힘을 쏟았다. 이 같은 스페인의 해양력에 도전하기 위해 영국은 많은 노력을 기울이기 시작했다. 하지만 국력의 차이가 큰 스페인에게 영국이 도전하기 위해서는 색다른 방법이 필요했다. 해군력 규모 면에서의 커다란 차이를 극복하기 위해 영국의 엘리자베스 1세 여왕은 사략선을 동원하기로 결정한다.

사략선이란 영국 정부에서 허가한 해적선을 말한다. 영국 정부는 선박의 선주에게 해적 면허장을 내주고 해적 활동을 한 결과로 얻은 약탈물을 모두 선주와 선원들이 갖도록 하되, 약탈의 대상을 스페인 선박만을 하도록 제한했다. 스페인의 해상 활동은 제한하고 그럼으로써 영국의 해상 활동 비중이 더 커질 수 있도록 하기 위한 영국 여왕의 이 같은 전략은 성공을 이끌어냈다.

해군력이 부족한 영국에게 사략선이라는 제2의 해군력이 등장한 것이다. 사략선 선주로서 잘 알려진 대표적 인물은 프랜시스 드레이크(Francis Drake)를 꼽을 수 있다. 당시 기사 작위까지 얻은 드레이크는 스페인 선단의 통항로(通航路)를 누비며 임무를 훌륭하게 수행했다. 후일 드레이크는 스페인의 영국 침공에 대항하여 싸운 칼레 항 화공 전투에서 영국이 스페인의 막강한 해양력을 물리치고 강력한 해양 국가로 발돋움하는 기틀을 마련하는 데 큰 역할을 수행한다.

사략선의 활동이 활발해지면서 스페인 선박들의 활동이 위협받게 되자, 스페인은 무역선과 수송 선박들을 사략선으로부터 보호하기 위해 수송 선단을 호송하는 작전을 펼치기 시작했다. 식민지로부터 스페인 본국으로 향하는 막대한 양의 보물을 싣고 있는 수송선, 즉 보물선들이 중요한 보호 대상 선박들이었다. 그러나 쿠바의 하바나(Havana)에 모인 수송선들을 스페인까지 호송하는 작전이 시작되면서 수송비용의 증가가 따르게 되었다. 영국이 노리던 사략선 운용의 효과가 나

그림 4.6 **스페인 세비야 항에 집결한 보물선단**[93]

타나기 시작한 것이다. 그렇게 해상 수송비용이 증가하면서 자연스럽게 스페인의 해양력 운용이 위축되기 시작했다.

　사략선의 활동에 대응하기 위한 스페인의 재정적 압박이 심해지고 있는 가운데, 네덜란드의 독립 전쟁이 발발함에 따라 독립을 선언한 북부 네덜란드[94]의 사략선은 발트 해, 지중해, 프랑스 등 유럽과 아메리카 일부 지역에 이르기까지 활동하며 스페인에 대항했다. 네덜란드의 독립 활동이 거세지면서 영국의 사략선들과 같이 네덜란드인들도 사략선 함대를 만들어 스페인의 선단을 공격하기 시작했다. 이에 스페인의 영국에 대한 적대감은 더욱 깊어졌다.

05

스페인 무적함대의 몰락[95]

영국과 스페인과의 관계가 결정적으로 악화된 것은 스페인이 발트해의 한자동맹(Hanseatic League)[96]과 조약을 맺어 유럽 북부의 물품을 계속 공급받는 동시에, 영국과 북부 네덜란드의 무역망을 약화시키려고 했기 때문이다. 이때의 한자동맹은 펠리페 2세의 제안을 거부할 상황이 아니었다. 한자동맹과 조약을 맺은 펠리페 2세는 1585년에 전면적인 금수조치를 단행함으로써 영국의 강력한 반발을 불러일으켰다. 영국(잉글랜드)은 스페인의 금수조치에 맞서 북부 네덜란드와 넌서치 조약(Treaty of Nonsuch)을 체결하고 공식적인 군사 동맹을 맺게 된다.

영국이 넌서치 조약을 통해 네덜란드에 지원해 준 병력은 스페인의

그림 4.7 **스페인의 무적함대**[97]

병력에 비하면 실질적인 위협이 되지 못했다. 네덜란드에게 실질적인 도움이 되는 것은 무력이 아니라 영국이 매년 제공하기로 한 60만 플로린의 재정적 원조로서, 매년 전쟁비용의 4분의 1에 해당되는 막대한 양이었다. 무엇보다 넌서치 조약은 스페인에 대한 영국의 선전포고 같은 것이었다. 네덜란드 지역의 전쟁에 영국이 개입하자, 펠리페 2세는 영국에 대한 전면적인 침공을 결심하게 된다. 당시의 '해가 지지 않는 제국'인 스페인과 섬나라 영국과의 피할 수 없는 전쟁의 길로 접어들게 된 것이다. 스페인의 계획은 본국에서 출항한 무적함대로 하여금 영국 근해로 접근하여 영국 함선을 공격하면서 자국의 상륙 부대를 엄호하고, 그 사이에 상륙 부대는 도버 해협을 통해 영국에 상륙작전

그림 4.8 **스페인과 영국의 그라블린**(Gravelines) **해전**[98]

을 실시하여 영국 본토를 공격하는 것이었다. 이때 스페인은 네덜란드에 주둔하고 있는 스페인 주둔군 중의 일부를 영국에 상륙하는 부대로 운용하도록 했다.

스페인이 이 같은 전쟁을 준비하는 동안 영국의 엘리자베스 여왕은 사략선 선주인 드레이크에게 기동 함대의 지휘권을 주었다. 여왕은 드레이크에게 스페인군의 준비 상태를 정찰하고 스페인 함선과 항구에 대한 기습 공격, 그리고 보급품에 대한 약탈 등의 임무를 수행할 것을 명했다. 드레이크의 함대는 4척의 정규 해군 함정과 20척의 무장 상선으로 구성되어 있었다. 드레이크의 함대는 영국을 공격하기 위해 동원된 스페인의 함선과 보급품이 집결되어 있는 카디스(Cadiz) 항을 공격하여 많은 함선들과 엄청난 양의 보급품을 불태웠다. 당시 침몰한 상선들의 숫자는 33척에 달했으며, 침몰한 상선들의 톤수는 1만 톤이 넘었다. 드레이크의 카디스 공격으로 인한 손실로 인해 스페인은 1587년에 영국을 공격하려던 계획을 연기해야 했다.

스페인이 카디스에서의 손실을 복구하고 영국에 대한 공격 준비를 완료한 것은 그 이듬해인 1588년이었다. 디우 해전을 지휘했던 유능한 해군 지휘관인 산타크루스 후작의 사망으로, 시도니아 공작이 지휘를 맡게 된 스페인 무적함대는 1588년 5월 28일 마침내 출항했다. 무적함대는 132척의 함선과 선원 8,766명, 함상 전투원 2만 1,556명, 노를 젓는 인원 2,088명으로 구성되었다. 많은 수의 함선들로 구성된 스페인의 무적함대였지만 문제점도 적지 않았다. 특히 함선 구성 면에서 문제가 많았다. 원양 항해에 적합하도록 건조된 함선이 있었지만, 비교적 풍랑이 심하지 않은 지중해를 운항하던 상선들과 노선들도 포함되어 있었기 때문이다. 이처럼 전력의 질적인 면에서 매우 다른 수준의 함선들로 구성된 스페인 무적함대는 이동 단계에서부터 어려움에 처했다. 또한 스페인 함대를 처음 출항 항해부터 마지막 귀항할 때까지 괴롭힌 것은 다름 아닌 함선들의 대양 항해 능력의 부족이었다. 스페인 함대는 비스케이(Biscay) 만[99]을 통과하면서 폭풍으로 흩어진 함선들을 다시 집결하는 데에만 무려 1개월이 걸렸다.

스페인의 무적함대가 영국과 프랑스 사이의 해협에 도착한 것은 1588년 7월 19일이었다. 당시 영국 해군의 지휘관은 찰스 하워드(Charles Howard) 백작이었으며, 34척의 군함과 사략선, 무장 상선 164척을 합하여 총 197척이 영국 해안을 따라 분산 배치되었다. 영국의 해안 부근에서 영국 함선에 의해 무적함대가 발견되어 교전을 거

그림 4.9 **스페인 무적함대의 원정 이동로**[100]

치는 동안, 스페인은 교전에 의한 피해보다는 스페인 함선들끼리의 충돌로 많은 손실을 입기도 했다. 스페인의 지휘 체계에도 문제가 있었다. 스페인의 펠리페 2세는 합동작전을 수행할 해군의 메디나 시도니아(Medina Sidonia) 공작과 육군사령관인 파르마(Parma) 공작에게 구체적인 상봉과 이송 계획은 명하지 않았다. 이 때문에 스페인 해군과 육군의 전쟁 계획이 서로 맞지 않았다. 네덜란드와의 지상전을 중시하고 있던 파르마 공작은 상륙작전에 투입할 지상군을 차출하여 보내려 하지 않고 있었다. 무적함대가 영국 해안에 도착했지만 상륙군 부대가 계획된 일정에 맞춰 도착하지 않았다. 영국 남해안에서 기다리던 스페인의 함대는 엄호해 줘야 할 상륙작전 부대가 도착하지 않자, 그들을 태우기 위해 결국 프랑스 해안의 칼레 항으로 입항하게 되었다. 파르마와 시도니아 간의 상륙군 투입에 관한 협의가 계속되고 있는 동안, 칼레에 입항해 있던 많은 수의 무적함대는 밀집해서 정박하고 있었다.

영국 해군은 밀집해 있는 스페인 무적함대를 향하여 8척의 선박으로 화공을 감행했다. 무적함대는 닻줄을 끊고 영국의 화공으로부터 피하는 데는 성공했지만 급하게 피하느라 함선의 대형이 유지되지 못했고, 일부 함선은 서로 충돌하여 큰 피해를 입었다. 이에 영국 함선들은 바다로 나온 스페인 무적함대가 재집결하기 전에 공격을 가했다. 이때 무적함대의 함선 2척이 격침되고, 3척이 나포되었으며, 나머지 함선들도 크고 작은 피해를 입은 상태에서 북해로 도주하게 되었다.

북해로 피한 스페인 무적함대가 영국과 네덜란드의 군함들을 뚫고 파르마의 육군과 상봉하는 것은 불가능했고, 무적함대가 할 수 있는 것은 오로지 영국의 섬들을 돌아 스페인으로 복귀하는 것뿐이었다. 영국 함대가 적극적으로 추적하지는 않았지만 스페인 무적함대는 영국 함대와의 전투에서보다는 스코틀랜드와 아일랜드를 돌아 스페인 본국으로 돌아오는 과정에서 더 많은 피해를 입었다. 일부 함선은 거친 바다에서의 항해를 견디지 못하고 침몰했고, 일부는 칼레에서 급하게 출항하느라 닻을 끊어버려서 파도치는 해안에서 암초를 피하지 못하고 부딪혀 침몰 또는 해안에서 나포되었다. 기록에 의하면, 출항 당시 133척에 달했던 무적함대의 함선 수는 1588년 9월 11일에 스페인의 라코루냐(La Coruña) 항에 도착했을 때는 65척으로 줄어들어 있었다고 한다. 원정작전의 목적이었던 영국 상륙은 시도해 보지도 못하고 절반이 넘는 함선과 승조원, 병사들을 잃은 것이다.

어떻게 보면 스페인 무적함대의 패배는 영국 해군의 공격이 성공했기 때문이라기보다는 스페인군의 내부적인 문제에서 비롯되었다고 할 수 있다. 함대의 구성, 작전 계획과 지휘 체계의 문제, 지휘관의 상황 판단의 미숙 등이 대규모 해전이 발생하지도 않았지만 함대를 참담한 패배에 이르게 한 것이다.

스페인 무적함대의 패배로 대서양에서의 해양 지배권 행사에 다음과 같은 변화가 일어났다. 우선 세계의 바다에서 스페인의 영향력이 감소되었고, 영국의 영향력이 증대되었다. 특히 영국 함대는 네덜란드 함대와 협력하여 스페인 상선단을 지속적으로 공격함으로써 스페인 왕실에 재정적인 타격을 주었다. 이 같은 재정적인 문제로 스페인은 더 이상 영국과의 전쟁을 수행할 수 없는 상황에 이르렀다.

또 다른 변화는 영국의 해외 식민지 확장이었다. 무적함대의 격파 이후 영국은 적극적인 해외 식민지 확장을 추진했으며, 이를 위해 함대 건설에 박차를 가했다. 1595년 드레이크와 존 호킨스(John Hawkyns) 제독은 대규모 영국 함대를 편성하여 토르데시야스 조약[01]에 의해 스페인에게 분할되었던 대부분의 스페인 해외 식민지를 장악하면서, 영국이 그 식민지를 차지하게 되었다.[102]

한편 무적함대의 참담한 패배를 지켜본 스페인 정부는 스페인 해군 함선들의 대양 작전 능력이 매우 취약하며, 그 결과로 해상 교통로의 통제 능력이 위험할 정도로 취약하다는 것을 느끼게 되었다. 그 교훈을 토대로 스페인은 대양 작전이 가능한 함대를 건설하게 되었다. 그리고 신대륙에 있는 미국 식민지 및 푸에르토리코와 포르토벨로 (Portobelo : 파나마의 카리브 해 쪽의 작은 항구로, 식민지 시대에는 남미에서 가장 중요한 항구였다)와 같은 해외 자산들을 연결해 주는 카리브 해의 거점 기지들을 갖추게 했다.[103]

06

해군력의 열세로 인해
영국에게 패한 네덜란드[104]

    스페인의 해양 지배를 견제하기 위해 손잡았던 네덜란드와 영국의 밀월은 17세기에 들어 끝이 나고, 양국은 해양 강국 스페인의 자리를 이어받기 위한 해양 지배 경쟁에 나서기 시작했다. 네덜란드는 스페인의 세력 확대를 꺼리던 프랑스, 영국, 심지어 오스만제국과도 손잡고 끈질기게 저항하여 마침내 스페인으로부터 독립을 이루었다. 수십 년에 걸친 저항의 중심에는 네덜란드의 대(大)상인을 비롯한 자본가들이 있었다. 그들은 스페인 상선을 공격하고, 스페인 세력권인 아프리카, 인도, 동남아시아 지역의 자산을 빼앗아 막대한 전쟁비용을 제공했다. 그리고 스페인 육군의 위협을 받으면서도 해상 무역의 바탕이 되는 해군에 더 많이 투자했다. 그 결과 독립이 거의 달성된 1634년 무렵에 네덜란드는 전체 유럽 상선의 4분의 3을 가진 유럽 최대의 해운 국가로 성장하면서 영국의 해외 무역을 위협했다.[105]

그러나 네덜란드의 해양력은 불균형적인 문제를 안고 있었다. 네덜란드의 해양력이 크게 발전한 만큼 그에 합당한 해군력의 뒷받침이 없다는 점이었다.

청교도혁명(1642~1649년) 전쟁 중에 잃은 영국의 해운과 무역 체제를 회복하고자 올리버 크롬웰(Oliver Cromwell)은 1651년 항해조례(航海條例)를 발표했는데, 이는 "영국에 입항하는 모든 화물은 영국 이외의 선박을 이용할 수 없다"는 것이었다. 즉 영국의 무역과 어업으로부터 네덜란드인과 그 선박을 배제하려는 것이 직접적인 목적이었다.

악화된 양국의 관계가 전쟁으로 발전된 것은 1652년의 굿윈(Good-win) 해전[106]이었다. 영국의 해군 함정과 조우하는 모든 함선들은 대함경례[107]를 하여 경의를 표시하도록 정한 항해조례를 시행하도록 요구한 것에 대해 네덜란드 함선이 거부함으로써 발발하게 되었다. 네덜란드 해군의 마르턴 트롬프(Maarten Tromp) 제독은 던지니스(Dungeness) 해전[108] 등에서 대승을 거두며 한때 지중해와 영국 해협을 장악하기도 했다.

1653년 겨울부터 진형 전술(Line of Battle)과 같은 우수한 전술과 무기를 갖춘 영국 해군은 스헤베닝겐(Scheveningen) 전투에서 승리했다. 유능한 지휘관인 트롬프 제독을 잃고 사기가 저하된 네덜란드 해군을 영국 해협에서 몰아내며, 1654년 4월 5일 웨스트민스터 조약을 맺음으로써 1차 전쟁이 끝났다. 1차 전쟁에서 영국에 패한 네덜란드는 재정을 정비하고 해군 함정을 증강[109]하며 무역을 중흥시켰다. 한편 영국은 1660년의 왕정복고 후 찰스 2세가 항해조례를 갱신하고, 1664년에는 아메리카 대륙의 네덜란드 식민지인 뉴네덜란드를 침략하여 뉴암스테르담을 점령하고, 그 이름을 '뉴욕(New York)'으로 고쳤다.

다음 해인 1655년에 영국의 선전포고로, 영국과 네덜란드 간에 2차 전쟁이 개시되었다. 당시 영국은 로스토프트(Lowestoft) 해전[110]에서 승리를 거두었다. 이후 프랑스가 네덜란드와 동맹을 맺어 참전하고, 뮌스터 공국도 영국과 동맹을 맺고 참전하지만 프랑스에게 패배했다. 2차 전쟁 중에 1665년의 페스트 창궐, 1666년의 런던 대화재로 영국이 해외 문제에 대해 주춤하는 사이, 1667년에 채텀(Chatham) 전투에서 네덜란드의 미힐 더 라위터르(Michiel de Ruyter) 제독이 템스 강에 침입하여 하구를 봉쇄하는 등의 전과를 올렸다.

1667년 7월 브레다 조약(Treaty of Breda)으로 2차 전쟁은 종결되었다. 이 조약 내용은 양국의 영토는 대략 현 상태를 유지하며, 영국은 뉴암스테르담을, 네덜란드는 수리남을 확보하고 항해조례를 수정하며, 1662년의 통상조약을 재확인한다는 평화 협정의 내용이었다. 이와 동시에 영국과 프랑스 간에도 조약이 체결되어 영국은 아카디아를 프랑스에 양도하고, 서인도제도의 영토를 얻게 되었다. 1666년 이후 영국 해군의 공백 상태에서 네덜란드의 무역은 회복되었고, 그로 인해 영국의 해상 지배력은 큰 손상을 입게 된다.

이후로 계속된 네덜란드의 해양 지배를 지켜본 영국 해군은 재빠르

그림 4.10 **네덜란드 해군의 템스 강 침입**(채텀 전투)[111]

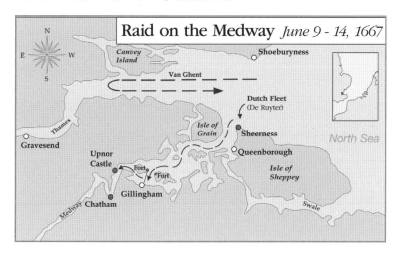

게 전력을 재건하고, 도버 조약(Treaty of Dover)[112]에 따라 네덜란드와 전쟁을 벌이고 있는 프랑스를 지원했다. 그러나 네덜란드와 유럽 국가들 간의 화해를 위한 1678년의 네이메헌 조약(Treaties of Nijmegen)이 맺어지면서 네덜란드는 한동안 평화를 유지하게 된다.

17세기 말 네덜란드의 해양 우세를 지켜본 영국은 그 분노를 잃지 않고 해군력의 증강에 힘써 왔다. 반면에 평화로움에 안주해 있던 네덜란드는 해군력의 유지에 관심을 가지고 있지 않았다. 당시 대부분의 네덜란드 상인들은 그들의 상업 기지를 영국의 런던에 두고 있었으며, 네덜란드 해군은 영국 해군에 비해 60퍼센트의 전력밖에 되지 않았다. 왕위에 오른 영국의 오렌지(William III of Orange) 공은 모든 영국과 네덜란드 상선단을 영국의 지휘에 둔다고 선언했다. 이후 영국은 네덜란드가 반란을 일으킨 아메리카 대륙의 식민지들과 교역하고 비밀리에 협상을 하고 있다는 것을 알게 되었다. 이에 영국은 1780년 12월 20일 네덜란드에 전쟁을 선포하고, 네덜란드 해안을 봉쇄한 뒤 동인도제도와 서인도제도를 점령했다.

1781년 8월 네덜란드는 도거뱅크(Dogger Bank : 영국 동부의 북해에 있는 얕은 바다) 해전에서 승리하기도 했으나,[113] 20척의 함선밖에 보유하고 있지 못한 네덜란드 해군은 영국 해군의 봉쇄를 견디지 못하고 결국 1784년 5월 영국에 항복함으로써 전쟁은 종결되었다.

4차에 걸친 전쟁 결과, 해군력이 뒷받침되지 못한 상선 위주의 해양력을 유지하고 있던 네덜란드는 해양 강국으로서의 지위가 상실되었다. 반면에 강한 해군력을 유지하고 있던 영국은 명실상부한 해양 강국으로 부상하게 되었다.

07

미국의 독립전쟁에 결정적 역할을 한 체서피크 해전[114]

콜럼버스에 의해 유럽인들에게 새로운 땅의 존재가 알려진 후, 유럽인들은 끝없이 새로운 아메리카 땅으로 몰려들었다. 새로운 땅에 대한 야망과 황금에 대한 탐욕에 사로잡힌 스페인인들은 먼저 아즈텍과 잉카제국을 멸망시키고 그 땅을 '누에바-에스파냐(Nueva España : 스페인 통치 기간 동안의 멕시코 이름으로, '신新에스파냐'라는 뜻이다)'라는 거대한 식민지로 만들었다. 영국인들이 스페인인들의 뒤를 이어 아메리카 대륙의 바다로 나왔을 때는 이미 스페인인들이 지금의 멕시코에서 칠레에 이르는 광대한 지역을 선점하고 있었다. 그래서 하는 수 없이 영국인들은 다른 곳으로 눈을 돌릴 수밖에 없었다.

새로운 대륙에서 영국인들이 처음으로 닻을 내린 곳은 지금의 미국 동부 노스캐롤라이나 해안이었다. 1584년에 월터 롤리(Walter Raleigh)[115]가 엘리자베스 1세 여왕으로부터 '버지니아(Virginia)'라고 불리는 땅에 식민지를 세우는 조건으로 개발 허가를 얻어낸 것이다. 1584년 4월에 월터 롤리는 함대를 보내 지금의 미국 동부를 탐험하게 했고, 1585년에는 로어노크(Roanoke)에 107명의 영국인들을 상륙하게 하면서 북아메리카 최초의 영국 식민지가 세워졌다. 이후 다수의 영국인들이 신대륙으로 이주를 시작했다. 1620년에 청교도들을 태우고 영국에서 미 대륙으로 온 메이플라워(Mayflower)호도 한 예이다.

한편 자유롭게 장사할 자유를 원하는 식민지의 상인들과 무역으로 인한 이익은 국부(國富)로 전환해야 한다는 영국 본국의 이해는 충돌할 수밖에 없었다. 독립전쟁의 원인은 영국의 식민지 정책과 미 대륙 거주인들의 시각 차이에서 이렇게 싹트고 있었다.

전쟁을 일으키게 된 결정타는 1765년의 인지조례(Stamp Act), 즉 인지세 때문이었다. 이 인지세는 북아메리카에 주둔하는 영국군의 주둔 비용을 충당하기 위해 제정된 세금이었다. 일부 물품에 붙는 관세와는 달리 인지세는 모든 출판물에 일괄적으로 적용되는 것이기 때문에 13개의 식민지 전체가 크게 반발했다. 식민지 주민들은 대표들을 런던에 파견하여 영국 의회에 인지세의 부당함을 알렸다. 아울러 13개 식민지 주민들은 영국 본국의 물품을 사지 않기로 했다. 식민지 전체가 불매운동에 참여한 것이다. 대륙 주민들의 청원 문서가 웨스트민스터에 도착하자, 일부 영국 의회 의원들은 군대를 움직여 인지세를 강제로라도 시행해야 한다고 주장했다. 그러나 대다수 의원들이 식민지 주민들의 청원을 받아들여 인지세는 폐지되었다.

그러나 1773년에는 보스턴 차 사건(Boston Tea Party)이 발생했다. 영국의 압박에 성난 군중은 보스턴 항구에 정박하고 있던 무역선 다트머스(Dartmouth), 일리노어(Eleanor), 비버(Beaver)에 강제로 올라타 배에 싣고 잇던 324개의 차 상자를 모두 바다에 던져버렸다. 그러자 보스턴 차 사건을 일으킨 매사추세츠에 대한 징벌 법안이 영국 의회에서 통과되었다. 이에 반발한 미국의 열성 독립분자들과 아울러 중립적인 인물들까지도 영국 정부에 등을 돌리게 되었다. 결국 영국 의회의 법안에 반대하여 1774년 9월 5일 첫 대륙회의(Continental Congress : 독립혁명 당시 미국 13개 식민지의 대표자 회의)가 열렸다.

이제 전쟁은 피할 수 없게 되었다. 미국의 각 주들은 민병대를 소집하기 시작했고, 영국은 민병대들의 움직임에 촉각을 곤두세웠다. 1775년 4월 식민지 주민들과 영국군 사이에 전투가 발생했고, 이는 미국 독립의 신호탄이 되었다. 마침내 필라델피아의 대륙회의에 모인 주 대표들은 토머스 제퍼슨(Thomas Jefferson), 존 애덤스(John Adams), 벤자민 프랭클린(Benjamin Franklin) 등에 의해 작성된 독립선언문을 1776년 7월 4일에 공식적으로 채택했다. 그리고 '아메리카의 13주'들이 영국으로부터 독립하여 새로운 '합중국'을 만들기로 하였음을 선포한다.

독립을 위해서는 넘어야 할 산이 너무 많았다. 영국군은 3만 2,000명의 대군으로 대륙군이 집결해 있던 뉴욕을 공격했다. 독립군 사령관인 워싱턴은 영국군의 뉴욕 포위를 뚫고 수천의 병력을 바다로 탈출시키는 데 성공했다. 그러나 롱아일랜드 전투에서의 패배를 비롯하여, 대륙 전체에서 연이어 전투를 패배하며 어려운 전쟁을 치르고 있었다. 하지만 대륙군은 영국군에 비해 불리한 여건 속에서도 트렌턴, 새러토가 전투에서 승리하며 전쟁의 추이를 지켜보고 있던 프랑스를 우군으로 만들었다.

미 대륙군은 이렇다 할 만한 해군 전력이 없었던 데 비해, 영국군은 10~12척의 전열함을 비롯하여 프리깃 및 소형 전투함 등 약 90척의 해군 전력을 미국 대륙에서 운용하고 있었다.[116] 미 대륙에 배치된 영국 해군 함선들은 뉴욕을 기지로 작전하고 있었는데, 대륙에 주둔한 영국 육군들은 이 함선들을 지상작전 지원에 최대한 활용했다. 그러나 미국 해군은 1775년 10월 13일에야 대륙회의의 승인이 되면서 정식으로 창설되었다. 2척의 상선을 개조한 14문형 브리그(Brig) 안드레아 도리아(Andrea Doria)와 캐벗(Cabot)함이 최초의 미국 해군 함선이었으며, 곧이어 또 다른 상선 2척이 24문형 프리깃급 군함으로 개조되었다. 미군 해군에게는 영국의 상선을 공격하고 포획하는 임무가 주어졌다. 같은 해 12월에는 함대 사령관 에섹 홉킨스(Esek Hopkins)를 비롯한 함선 4척의 함장과 승조원 등 15명의 최초 미국 해군 장교들에 대한 임관이 이루어졌다.[117] 당시의 미국 해군 전력은 대륙에 주둔한 영국 해군에 비해서는 매우 부족한 전력이었다.

프랑스는 1778년 2월 신생 미합중국과 동맹 조약을 맺고, 다음 달인 3월에 영국에 선전포고를 했다. 프랑스는 곧이어 미국 정부에 대규

그림 4.11 **체서피크 해전도(오른쪽이 영국, 왼쪽이 프랑스 해군이다)**[118]

모 차관을 제공했고, 프랑스의 군함과 상선들은 미국으로 많은 물자들을 실어 날랐다. 프랑스와의 동맹은 미국 대륙군이 가장 바라고 있던 프랑스 해군력의 지원을 받을 수 있다는 것을 의미했다. 영국 해군의 지원과 공격에 많은 피해를 입고 있던 미 대륙군에게 프랑스와의 동맹은 직접적이며 매우 큰 도움이 되었다.

프랑스 해군의 지원이 대륙에서 작전 중인 영국군에게 큰 장애 요소로 작용했다. 하지만 영국 본국에서는 대륙에 주둔한 영국 해군력의 증강을 시도할 수 없었다. 당시 유럽의 상황에 따라 프랑스가 영국 본국에 대한 상륙작전을 감행할지도 모른다는 우려 때문에, 영국은 대륙에 대규모의 해군 증원 전력을 파병할 수가 없었다.

미국 대륙 전역에서 전투가 진행되고 있던 1781년 9월 5일 체서피크(Chesapeake) 만에서는 미국 독립전쟁의 승패를 결정하는 중요한 해전이 벌어졌다. 영국군의 찰스 콘월리스(Charles Cornwallis) 장군이 요크타운에서 미국과 프랑스 연합군을 맞아 전쟁의 승패를 결정지을 수 있는 전투를 벌이려 준비하고 있었다. 그는 요크타운에 항구를 만들고 해군의 병력과 함포 지원을 받아 이 전투에서 결정적인 승리를 쟁취하려 했다. 영국 해군의 새뮤얼 그레이브스(Samuel Graves) 제독이 지휘하는 19척의 전열함은 콘월리스 장군을 지원하기 위해 요크타운에 접근하던 중 요크타운 외곽의 체서피크 만에서 프랑스의 그라스(François Joseph Paul de Grasse) 제독이 지휘하는 24척의 전열함과 조우하여 전투를 벌였다. 당시 영국의 전력은 프랑스 함대에 비해 수적으로 열세였다. 그런데 전투 지휘 중에 발생한 두 개의 상반된 전술 신호[119]로 인해 한 차례의 교전에서 피해를 입고 패했다고 판단한 영국 해군의 그레이브스 제독은 콘월리스 장군을 지원하는 임무를 포기하고 뉴욕으로 철수해 버린다.[120]

영국 함대로부터 병력과 함포의 지원을 받아 요크타운에서 미국 대륙군에게 결정적 타격을 가하려던 콘월리스 장군은 영국 함대의 철수로 해상 지원을 받지 못하게 되었다. 오히려 프랑스 해군으로부터 공격 장비를 지원받아 더욱 강해진 워싱턴 장군의 대륙군 육군의 포위 공격과 프랑스 함대의 지원 사격을 견디지 못하고 영국 해군은 10월 19일에 항복하게 된다. 뒤늦게 영국군의 그레이브스 제독은 프랑스

그림 4.12 **요크타운 전투에서 패한 콘월리스 장군의 항복**[121]

함대의 전력이 그다지 강하지 않고, 요크타운에 대한 해상 지원이 절실함을 인지하게 되었다. 그레이브스 제독은 7,000명의 증강 병력을 싣고 10월 23일에 다시 요크타운 외곽에 도착했지만 이미 요크타운은 함락된 후였다.[122]

이 해상 전투는 18세기에서 19세기까지 200년 동안 영국 함대가 패배한 유일한 해전이었다.[123] 체서피크 해전에 의해 승패가 결정된 요크타운 전투는 사실상 미국 독립전쟁을 종결시킨 전투였다. 요크타운 전투 패배 이후 영국은 파리 평화 협상을 시작하게 되었고, 드디어 2년 후인 1883년에 영국이 미국의 독립을 인정하고 미합중국이 정식으로 탄생하게 된다. 미국 해군력이 참여하지는 않았으나, 미국의 독립은 사실상 이 체서피크 해전에서 결정된 것이다.

08

트라팔가르 해전으로
최강의 해양 국가로
도약한 영국

대륙 국가인 프랑스와 해양 국가인 영국은 중세 이후부터 현대에 이르기까지 지속적인 대립 관계에 있었다. 그 기간 중 영국에 대한 대륙 세력의 침공이 있었던 1688년 이후부터 120년 동안이 지중해와 대서양에 대한 해양 지배 경쟁이 가장 심각한 기간이었다.[124] 영국이 스페인과 네덜란드와의 해양 지배 경쟁에서 성공하여 그 영향력이 점차 확대되자, 서측 지중해의 해양 지배를 장악하고 있던 프랑스와의 충돌이 불가피하게 되었다.

1688년부터 127년 동안 영국과 프랑스는 7번의 큰 전쟁을 치렀으며, 적어도 62년 동안 전쟁 상태에 있었다. 게다가 서인도제도 및 북아

그림 4.13 **1754년 유럽 각국의 식민지 지배 현황**[125]

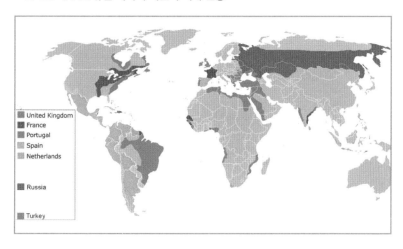

United Kingdom
France
Portugal
Spain
Netherlands

Russia

Turkey

메리카 대륙에서 영국 식민지와 프랑스 식민지 간에, 그리고 이들의 인디언 연합 세력 간의 크고 작은 전쟁은 거의 매일 계속되었다. 이 오랜 기간의 주요 전쟁을 열거하면 1688~1697년의 9년 전쟁, 1701~1713년의 스페인 왕위 계승 전쟁, 1740~1748년의 오스트리아 왕위 계승 전쟁, 1756~1763년의 7년 전쟁, 1778~1783년의 미국 독립전쟁 기간 중의 프랑스가 참여한 전쟁, 1793~1802년의 프랑스 대혁명 전쟁, 1803~1815년의 나폴레옹 전쟁 등이다.[126]

19세기 초의 대영제국 해군은 바로 1세기 전과는 전혀 다른 모습으로 발전되어 있었다. 18세기의 영국 해군은 국가의 정책을 수행하는 하나의 도구로서 역할을 수행했지만, 한편으로는 제독들이나 권력자의 사적 이익을 위한 도구이기도 했다. 당시 영국 해군의 실상을 살펴

그림 4.14 **트라팔가르 해전 당시 영국 해군의 기함 HMS 빅토리**[127]

보면, 나무벌레가 선체를 갉아먹고 괴혈병으로 선원들이 죽어가는 배들을 운영하고 있었으며, 파괴력이 매우 낮은 포들이 탑재되었다. 또한 지휘관들은 매우 경직된 전술을 운영하고 있었다.

범선 시대의 기초적인 과학기술이 변하지 않았음에도 불구하고, 영국은 100년도 채 안 되는 기간 동안에 대영제국 해군이라는 전천후로 운용할 수 있는 범세계적인 군사 도구를 갖추었다. 특히 세 가지 분야에서 영국 해군의 혁신이 눈에 띈다. 1778년까지 모든 함정을 구리로 외장한 점, 선원들에게 레몬주스를 보급하여 괴혈병을 일소시킨 점, 얇고 짧으면서도 비교적 가벼운 별도의 함정 파괴용 함포를 만든 점이 그것이다.[128]

오랜 기간 동안의 영국과 프랑스의 해양 경쟁을 종결지은 것은 트라팔가르 해전이었다. 1805년의 유럽 대륙은 나폴레옹 황제가 이끄는 프랑스제국의 지배하에 놓여 있었지만, 바다는 여전히 영국이 지배하고 있었다. 영국은 대륙에 대한 해상 봉쇄를 통해 프랑스 해군의 도발을 억제하고, 영국 본토에 대한 침공을 막고 있었다.

나폴레옹은 이런 상황을 타파하기 위해 영국 본토 상륙작전을 시행하려 했다. 그리고 상륙 부대를 엄호하기 위해 프랑스 해군에게는 영국의 봉쇄를 돌파하라는 명령을 내렸다. 프랑스 해군으로 하여금 당시 나폴레옹의 지배하에 있던 스페인 해군과 연합 함대를 편성하여, 영국의 해상 봉쇄를 돌파하고 35만 원정군의 영국 본토 상륙을 지원하라는 명령이었다.

영국은 이를 저지하기 위해 허레이쇼 넬슨(Horatio Nelson) 제독의 함대를 편성했다. 영국 함대는 넬슨 제독의 기함 HMS 빅토리(HMS Victory)를 포함하여 모두 27척으로 구성되어 있었다. 영국 함대는 대서양에서 활동하고 있을 프랑스 해군을 탐색하고 있었다. 한편 프랑스의 피에르 샤를 빌뇌브(Pierre-Charles Villeneuve) 제독이 인솔하는 프랑스와 스페인 연합 함대는 뷔상토르(Bucentaure)를 기함으로 하는 33척의 함대로 구성되어 있었다.

바람의 힘으로 항해하던 범선 시대의 해전은 양측이 종렬진을 형성하고 평행으로 항진하며 함포를 교환하는 방식으로 전투가 진행되는 것이 관례였다. 서로 종렬진을 형성하고 있었기 때문에, 어느 한 측이 상황이 불리하다고 판단되면 전투에서 쉽게 이탈할 수 있었다. 프랑스 함대를 발견한 넬슨 제독은 프랑스와 스페인 연합 함대를 이번 해

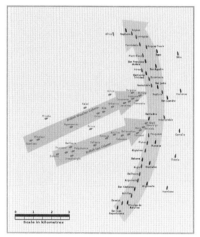

전에서 격멸하여 다시는 영국 해군에 도전하는 일이 없도록 하기 위해 '함대 결전'이 가능한 전술을 택했다. 넬슨 제독은 관례가 되어왔던 '병진 전투' 개념을 채택하지 않았다. 그는 길게 늘어진 적의 대열 가운데를 돌파하여 적을 양분시키고 분리된 적을 포위하여 각개 격파할 수 있도록 적진의 중앙을 2열 종대로 돌파하는 전법을 사용했다.[130]

연합 함대는 수적으로는 우세했지만, 프랑스 해군과 스페인 해군이 섞여 있었기 때문에 지휘 체계도 복잡하고 사기와 숙련도가 낮았다. 함포를 발사하는 속도도 3분에 1발로 영국에 뒤떨어지고 있었다. 반면에 영국 해군은 사기가 높았을 뿐만 아니라 함포 발사 속도도 1분 30초에 1발로서 전투 기량 면에서 프랑스 연합 함대에 비해 훨씬 우

그림 4.16 **트라팔가르 해전 시 스페인 군함의 처참한 피해 상황**[131]

수했다. 해전이 진행되는 동안 바람의 속력이 너무 낮았기 때문에 영국 해군 두 개 열의 선두에 위치한 기함들이 적 진형을 재빠르게 돌파하지 못하고 연합 함대 함정들의 집중 포격을 받는 위험에 처하기도 했다. 하지만 영국 해군 함장들은 우수한 함 운용술과 전투 기량을 발휘했다. 넬슨 제독의 돌파[132]에 따라 후위 전대와 분리된 프랑스 연합 함대의 전위 전대는 후위 전대가 공격을 받는 동안 전투에 참여하지 못하고 지원작전도 이루어지지 않았다. 해전 결과, 연합 함대는 침몰 1척, 나포 또는 파괴 18척, 전사 4,000명, 포로 7,000명의 피해를 입었고, 빌뇌브 제독도 포로가 되었다. 후위 제대에 편성되었던 함선들의 거의 전체에 달하는 함선과 병력이 손실을 입은 것이다. 반면에 영국

그림 4.17 **1898년 각국의 식민지 지배 현황**(파란색 부분이 영국의 식민지이다)[133]

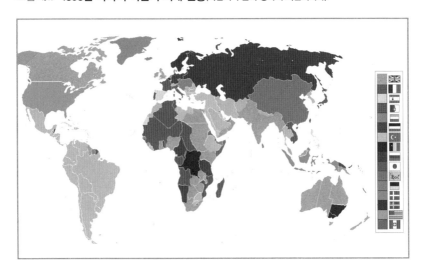

함대는 1척의 손실도 없었고 전사 400명, 부상 1,200명이라는 비교적
가벼운 피해를 입었다. 그러나 이 전투에서 넬슨 제독은 프랑스 저격
병의 총탄에 쓰러졌다.[134]

트라팔가르에서 영국 해군이 완벽한 승리를 거둠에 따라, 이후부터
프랑스 해군은 다시는 영국 해군에 대해 대규모 전투를 벌이지 못하
게 되었다. 나폴레옹의 영국에 대한 침공 계획은 취소되었고, 영국의
해양 지배에 대한 프랑스의 도전은 트라팔가르 해전을 마지막으로 끝
이 나게 된다.

1789년 프랑스는 71척의 전열함과 64척의 프리깃을 보유하고 있었
으며, 7만 5,000명의 수병을 포함하여 5,000명의 포수, 1만 4,000명의
소총병을 운용하며 바다 건너의 영국 해군을 능가하는 해군력을 건설

하려 했다. 그러나 영국은 그보다 훨씬 많은 99척의 전열함을 유지하며 프랑스 연안을 봉쇄하고 프랑스 해군의 부활을 견제했다. 나폴레옹은 부족한 해군력을 사략선을 이용해서라도 보강하려는 노력을 했다.[135] 그러나 영국 해군의 해상 우세를 극복하려던 나폴레옹의 꿈은 그의 멸망과 함께 끝이 나고 만다.

영국의 제해권에 도전하는 나라가 없어진 바다는 20세기 초에 이르기까지 영국이 지배하게 되었다. 도전 세력이 없을 정도의 강력한 해양력을 바탕으로 식민지를 확대해 나간 영국은 그 영토에 '해가 지는 일이 없다'는 제국을 건설하기에 이르렀다.

09

범선의 종말과
증기선의 출현

　1815년 나폴레옹 전쟁이 끝났을 때 영국은 세계에서 유일하게 강력한 해양 세력이었다. 대폭적인 군 감축이 있었으나 그럼에도 불구하고 영국의 해군력은 독보적이었다. 1810년에 전함 152척, 구축함 183척에서 1820년에는 각각 112척, 101척으로 감소되었지만, 세계의 해군 함선 톤수에서 영국이 차지하는 비율은 압도적이었다. 또한 함선의 성능 개선을 통한 전력 향상을 통해 어떠한 경쟁 국가에 대해서도 안정적인 전력 우세를 유지하게 되었다.[136]

　정치적 격변과 경제 문제로 인해 대부분의 유럽 국가들은 해군력 강화를 기피했으나, 1815~1830년에 직접적으로 위협을 받았던 터키

그림 4.18 **1870년 전쟁에 참가한 프랑스 함정**(그림에서 보이는 함정은 모두 증기기관을 장착한 기범선들이다)[137]

와 스페인의 경우 유일하게 해군력에 관심을 가졌다. 그리스의 반란은 오스만 터키제국의 해상 교류에 직접적인 위협 요인이 되어 터키는 이에 대한 대응책으로 자체 함대를 구축했다. 그 결과 범선 함대 간의 마지막 전투인 나바리노(Navarino) 해전[138]이 발발했다.

1815년 이후 수년간 역량이 증대된 유일한 해군력은 미국 해군이었다. 1816년 해군법(Naval Act)에 의해 전함 9척, 구축함 12척으로 이루어진 함대가 창설되었고, 연방 세입 예산에 의해 함선 유지 자금이 마련되도록 했다. 해군력 건설에 대한 유럽의 관심이 1840년대까지는 가속화되지 않음으로써 어느 국가도 해양 경쟁력 강화에 관심이 없었다.

범선 군함들이 1860년대까지 세계적으로 이용되었지만 목재 군함들은 유럽 전쟁에서 점차 사라지고 있었다. 1855년 프랑스와 영국 함대가 발트 해에 전개[139]되었을 때부터 이미 증기선과 범선이 혼합되어 있었다. 주도적인 해양 세력인 영국은 함선 설계와 건조 분야에서 세계를 주도했다. 이 시기에 건조된 함선들은 수십 년간 활용되었지만, 15년 후 1870년 전쟁[140]에서는 증기선이 영국의 해군 원정 부대를 이끌었다. 1850년대부터 범선 군함의 지배력은 그 마지막 단계에 이르고 있었다.[141]

10

근대 국가 전략의
핵심 요인이 된 해양력[142]

고대의 지중해를 중심으로 적용되었던 해양 전략 개념은 범선 시대에 이르러 전 세계 해양에서의 절대적인 해양 우세 개념으로 발전되었다. 또한 산업혁명에 성공한 유럽 국가들이 해양 진출을 통한 강대국으로의 국가 발전을 지향함으로써 '해양 우세'는 국가 전략의 핵심 요인이 되었다. 이를 증명한 국가는 1814년 이후 국가 전성기를 이룬 영국이다. 이 시대의 해양 전략 개념은 곧 전 세계 해양에서의 절대적 해양 우세를 차지한 영국의 국가 전략을 의미하는 것이 되었다.

영국은 강력한 해군력을 동원해 경쟁국을 차례로 패배시키고 전 세계 해양에서의 절대적 우세를 차지함으로써 영국의 국가 전성기를 이

그림 4.19 **나폴레옹 전쟁 시 영국의 연합국**(짙은 회색 부분)**과 프랑스의 연합국**(파란색 부분) **영역**[143]

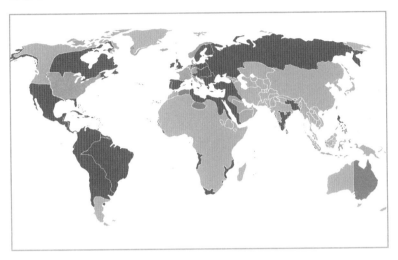

끌었다. 이는 영국의 지리적인 제한이자 장점인 바다와 위협의 근원지인 유럽 대륙을 상호 보완적으로 활용하는 '집중 전략'[144]을 채택한 것에 따른 결과였다. 이러한 전략 개념의 채택은 결과적으로 영국의 주도로 유럽 대륙의 세력 균형을 이루고, 영국이 해외 식민지를 확장하고 국력을 증진시키는 데에 전념할 수 있도록 했다. 유럽 대륙 국가들과의 동맹을 통해 전략 환경을 영국에 유리하게 조성함으로써 유럽 대륙으로부터의 도전을 극복하고, 영국 주도의 세계적인 세력 균형을 유지하려는 국가 전략이 성공한 것이다.

영국이 집중 전략을 채택한 결과 트라팔가르 해전에서 승리하고, 이어진 워털루 전쟁을 승전으로 매듭지음으로써 영국은 국가 전성기를

그림 4.20 **대영제국 최대 번영기의 지배 영역**(파란색 부분)[145]

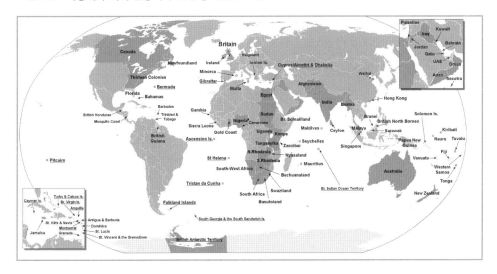

맞이하게 되었다. 트라팔가르 해전의 승리 이후 영국은 전 세계 해양에 대한 절대적인 해양 우세를 장악하여, 세계 바다에서 큰 전쟁 없이 최고의 부흥기를 유지할 수 있었다. 이러한 전성기는 영국이 그 영향력을 바다를 통해 밖으로 투사함으로써 이룩한 것이었으며, 영국이 지향하는 자유주의와 자본주의 이념을 전 세계로 확산시키는 계기가 되었다.

영국의 집중 전략에 의해 국가 전성기를 형성한 주역은 다름 아닌 영국 해군이었다. 당시 영국 해군은 해전에서의 승리를 보장하는 것만이 아니라 최일선에서 실질적으로 국가 전략을 수행하는 정치·외교적 역할을 담당했다. 실제로 영국 해군은 정치권의 변화에도 불구하고 윌리엄 피트(William Pitt) 수상의 집중 전략을 변함없이 추진했다. 영

그림 4.21 **영국 해양력 발전의 주역인 엘리자베스 1세 여왕과 집중 전략론을 채택한 윌리엄 피트 수상**[146]

국 해군은 전 세계 주요 바다와 해협에 해군 기지를 건설하고 강력한 함대를 배치하여 전 세계 바다에서의 절대적인 해양 우세를 차지했다. 이처럼 영국의 국가 전성기는 해군이 이룩한 전 세계 해양에서의 절대적인 해양 우세 확보로 이룰 수 있었다.

영국 해군은 바다를 통해 국가의 힘을 나타냄으로써 국가의 발전을 뒷받침하는 역할을 훌륭하게 수행했다. 영국의 예와 같이 근대의 해양 우세는 국가 전략의 핵심적인 요인으로 발전되었다. 해외 식민지 확보와 해외 무역을 주도하는 상선단과 강력한 해군력이 합쳐진 국가 해양력이 곧 국력으로 나타나게 되는 해양 전략 출현의 계기가 되었다.

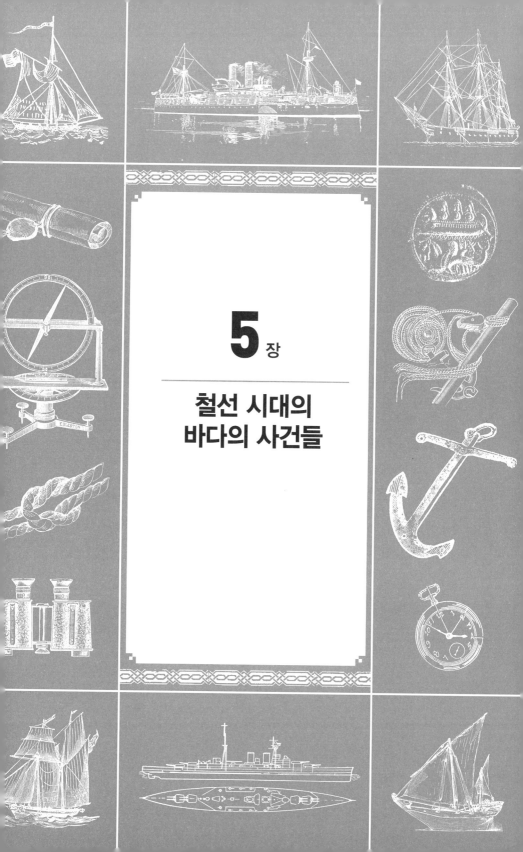

5장

철선 시대의
바다의 사건들

범선 시대의 해전에서 지휘관들이 가장 불편하게 느꼈던 것은 바람의 방향에 따라 함선의 기동이 크게 제한을 받는다는 것이었다. 전투 중에 바람이 멈추거나, 바람의 방향이 바뀌게 되면 전투 계획에 큰 차질이 생기기 때문이다. 영국이 세계의 패권을 차지할 수 있게 해 준 트라팔가르 해전에서도 프랑스와 스페인 연합 함대의 중앙을 신속하게 돌파하려던 영국 함대의 기동이 갑자기 멈춘 바람의 영향으로 인해 큰 위기에 처했었다. 영국 함대의 선두에 섰던 기함 HMS 빅토리가 프랑스와 스페인 연합 함대 함선들에게 둘러싸이게 되는 상황에 처했기 때문이다. 영국 함장들의 훌륭한 조함술에 의해 위험한 상황에서 벗어나 결국 승리를 차지하게 되었으나, 그 승리의 이면에는 영국 함선의 목재 선체 외부에 동판을 입힘으로써 포탄에 쉽게 부서지던 범선의 또 다른 취약점을 극복했기 때문이라는 분석이 있다.

군함 건조에 변화가 나타나기 시작한 때는 18세기부터 19세기 초반이다. 변화된 점은 크게 세 가지로 분류할 수 있다. 돛에 의존하던 추진 동력을 증기기관으로 바꾼 것, 목재 선체의 표면에 철갑을 입힌 것, 포탄에 폭약을 채워 넣어 표적에 맞으면 포탄이 터지도록 만든 것이다.

군함들이 철선으로
바뀌다[147]

군함 건조의 변화 중에서 가장 먼저 시작된 것은 선박에 추진 엔진을 탑재하는 것이었다. 1840년대 중반에 프랑스에서부터 프리깃에 증기기관을 탑재하기 시작했으며, 곧이어 전열함에도 증기기관을 탑재하기 시작했다. 최초의 증기 추진 전열함은 90문 함인 프랑스의 '나폴레옹(Napoleon)'함이었다. 이어 영국도 증기 추진 전열함을 건조하기 시작하면서 영국과 프랑스의 증기 추진 함정 건조 경쟁이 본격화되었다. 하지만 얼마 되지 않아 조선 강국인 영국이 프랑스를 앞지르게 되었다.

탑재 무기에도 변화가 시작되었다. 점점 더 큰 구경의 포를 군함에

그림 5.1 **영국의 철갑 전투함 HMS 워리어**[148]

장착하기 시작한 것이다. 포탄의 종류도 새로 개발되었다. 적함에 떨어졌을 때 포탄의 속도와 무게의 관성에 의한 파괴만 가능했던 무쇠포탄으로부터, 포탄 속에 폭발물을 채워 넣어 소이(燒夷) 기능이 있는 포탄, 즉 포탄이 떨어진 곳에 불이 나도록 한 포탄과 포탄이 표적에 떨어져 폭파하도록 만든 작렬식 포탄 등이 새로 개발되었다.

이 같은 포탄을 발사하는 포 역시 변화되었다. 포구 쪽에서 포탄을 장전하던 전장식(前裝式) 포는 1분에 2~3발 정도의 낮은 발사율을 보일 수밖에 없었다. 이런 문제점을 극복하고 재장전을 빨리할 수 있도록 포탄을 뒤에서 장전하는 후장식(後裝式) 포로 바뀌었다. 또한 포탄

그림 5.2 **다른 형태의 증기 추진 선박들**[149]

그림 5.2 **다른 형태의 증기 추진 선박들**[149]

그림 5.3 **범선용 전장식 함포**(왼쪽 사진)**와 HMS 워리어에 탑재된 후장식 함포**(오른쪽 사진)[150]

에 의해 너무 쉽게 부서질 뿐만 아니라 건조할 수 있는 크기가 제한받을 수밖에 없던 목재 군함의 단점을 보완하기 위해 겉 부분을 동판 또는 철판으로 입히기도 했다. 이런 건조 방식에서 점차 선체의 재질을 아예 철판으로 바꾸어 건조하기 시작했다. 1872년 프랑스에서는 모든 선체의 재질을 철로 만든 최초의 전함 르두타블(Redoutable)이 건조되었다.

1861년에는 철갑 프리깃 워리어(HMS Warrior)함이 건조되었다. 이함의 선체는 목재로 만들어졌으나, 선체 외부에는 11.4센티미터 두께의 철판을 입혔다. 돛은 있었으나 돛을 올리지 않고도 증기기관으로 스크루를 돌려 14노트의 속력으로 항해할 수 있었다. 선미 스크루를 대신해 양 현측 또는 선미에 물레방아와 같은 형태의 차륜형 추진기를 부착한 선박도 등장했다.

1859년 프랑스 해군에서는 5,600톤급 대형 장갑전투함 글루아르(Gloire)를 건조했다. 영국에서도 9,000톤급 HMS 워리어를 건조하는 등 군함들이 대형화되기 시작했다.

범선의 필수 장치였던 돛은 19세기 말까지도 증기기관과 함께 설치되어 보조 추진용으로 운용했다.

1861~1865년 미국의 남북전쟁 기간 중에 북군의 1,200톤 모니터(Monitor)함과 남군의 메리맥(Merrimac)함 간에 최초의 장갑함 전투가 있었다. 당시 장갑 포탑을 갖춘 북군의 모니터함과 비슷한 대형 철제함들이 건조되기 시작했으며, 1만 톤급 포탑식 전함이 등장하기 시작했다. 한편 잠수함이 남북전쟁 때부터 등장하며 전투에 참가했다.

선체 보호용 장갑 철판이 발달함에 따라 이를 뚫고 선체를 파괴하기 위해 전함의 주포도 대형화되었다. 포 구경이 최대 17~18인치까지 커졌으며, 1890년대에는 발사 속도가 빠른 12~13.5인치 포가 주포로 운용되었다. 1900~1910년 러일전쟁 시기의 전함은 1만~1만

그림 5.4 **영국의 장갑전함 드레드노트**[151]

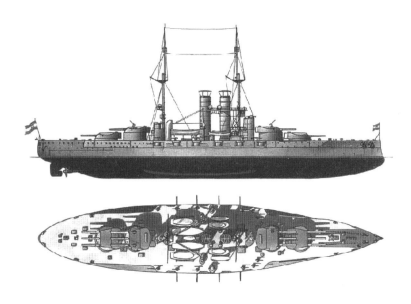

5,000톤의 크기에 16~18노트의 속력을 내면서 12~13인치의 포탑을 함의 전부와 후부에 탑재한 함정들이 많았다. 미국인 헤이워드 하비(Hayward Harvey)가 개발한 하비 갑철(甲鐵)[152]에 이은 크루프(Krupp)식 특수 갑철의 사용에 따라 방호용 갑철도 10~12인치까지 이르렀다.

러일전쟁의 교훈에 따라 영국에서는 종전의 드레드노트(Dreadnought) 1번 함보다 뛰어난 화력을 지닌 드레드노트 2번 함이 건조되면서 거함·거포 시대가 시작되었다. 뒤이어 2만~3만 톤급 전함과 함께 27~30노트 속력의 순양함이 주력함으로 등장했다.

해군력 경쟁 양상의 변화

　19세기 중반 이후 세계 각국의 관심은 "국가가 어떻게 해양을 활용하여 강대국이 될 수 있는가? 역사 발전에 있어서 해양의 역할은 무엇인가?"였다. 많은 국가들이 이 질문에 대한 답을 영국의 사례에서 찾았다. 지정학적으로 유리한 여건인 바다의 이점을 전략적으로 잘 활용한 영국에게 국가적인 전성기가 도래한 것에 관심을 갖게 된 것이다. 이 같은 전략 개념을 국가 전략으로 정립한 사람은 미국 해군의 앨프리드 마한 제독이었다.[153]

　마한 제독은 1660년부터 1783년까지의 영국과 프랑스의 해양 지배 경쟁에서, 그리고 영국의 역사학자이자 저널리스트인 줄리안 코르벳(Julian Corbett) 경은 1854년부터 1905년간의 각종 해전에서 영국이 승리한 역사적 고찰을 통해 서로 다른 해양 전략 개념을 제시했다. 예를 들면 마한 제독은 영국이 전 세계 해양 우세권을 장악하여 전성기를 이루던 시기의 해전에 대한 역사적 인식을 바탕으로 절대적 해양 통제 중심의 해양 전략 개념을 제시했다. 그에 비해 코르벳 경은 마한 제독이 주장한 해양 통제의 의미를 해양에서 해상 교통로를 유지할 수 있는 정도의 축소된 제한적 해양 통제 개념을 반영한 상대적인 해양 전략 개념을 제시했다.[154]

이러한 마한 제독과 코르벳 경의 해양을 중시하는 전략 개념은 대륙 지향적인 국가 전략을 추구하던 독일 등의 유럽 강대국과 일본 등의 신흥 강대국에게 해양 지향적인 국가 전략을 채택하게 하는 주된 논리로 제공되었다.

19세기 말에서 20세기 초, 군비 경쟁의 원인은 프랑스, 영국, 독일 등의 유럽 강대국들이 국가를 부강하게 하기 위해 서로 해외 식민지를 차지하려고 한 데 있었다. 이에 유럽 대부분의 국가들이 해군력 증강 경쟁에 참여하게 되었으며, 이런 현상은 유럽뿐만 아니라 아시아의 중국과 일본에까지 영향을 미쳤다. 특히 영국과 독일의 건함(建艦) 경쟁이 치열했다. 영국의 절대적 해양 우세를 견제하고자 했던 독일의 제국 의회는 1898년 알프레트 폰 티르피츠(Alfred von Tirpitz) 제독이 제안한 함대 건설법을 통과시켰다. 이 법을 시작으로 독일은 해군력 증강에 돌입했는데, 1900년부터 세 차례에 걸쳐 함대 증강을 위한 법령이 제정되었다. 1차 함대 건설법으로 1904년까지 16척의 전함을 주축으로 하는 함대 건설이 계획되었다. 1900년에 제정된 2차 법령에는 1917년까지 36척의 전함과 45척의 순양함을 건조하여 보다 더 강력한 함대를 건설하려는 계획이 수립되었다.[155]

독일의 해군력 증강 목표는 전함의 세력 증강을 통해 독일 해군력을 영국의 3분의 2 수준까지 끌어올리는 것이었다. 이에 독일제국 해군성 장관인 티르피츠 제독은 거함 건조를 강조했다. 그러나 독일이 거함 건조 정책을 펴는 동안에도 최강국인 영국은 독일보다 더 많은 수의 전함을 건조함으로써 독일은 그 목표를 달성할 수 없었다. 영국은 자국이 보유하고 있는 해군력의 우세를 유지하고 독일의 해군력 증강 추격을 허용하지 않기 위해 1902년부터 1910년까지 대대적인 해군력 증강 계획에 착수한다.[156] 특히 1905년의 쓰시마(對馬) 해전에서 일본 함대가 러시아의 극동 함대를 격파한 것을 본 영국은 1906년에 새로운 형태의 거대 전함인 드레드노트급 전함을 건조하면서 전투력 면에서 독일의 해군력에 훨씬 앞서게 되었다.

이 같은 해군력 경쟁으로 인한 독일의 재정 악화는 심각한 정치적 문제를 야기했다. 영국도 사정은 크게 다르지 않았다. 이에 영국과 독일은 과다한 건함 경쟁의 속도와 규모를 조절하기 위한 협상에 나섰으나 별다른 성과를 얻지 못했다.

독일은 1912년 영국과의 해군력 증강 경쟁을 중지했다. 경제적인 어려움이 주된 이유였으나, 영국과의 경쟁으로 인해 독일이 점점 더 외교적인 고립이 심화되었기 때문이다. 더욱이 러시아의 대대적인 육군 증강으로 인해 위협을 느끼면서 독일은 육군 전력 증강에 더 관심

그림 5.5 **해군력 경쟁 시기의 전함 건조 추세**[157]

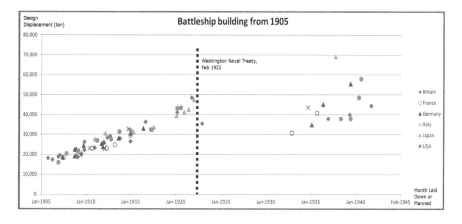

을 기울이지 않으면 안 되었다.[158]

　19세기 중반 이후에는 재정 여건을 고려하여 첨단 군사과학 기술을 접목한 새로운 해군력 건설 방향이 제시되었다. 영국 해군의 예처럼 거함 해군을 지향하는 경우 해군력 건설을 위해 적지 않은 재정적 부담이 초래되자, 각종 첨단과학 기술을 과감히 적용한 비대칭 전력을 보유하려는 추세가 나타났다. 수중 병기가 그 대표적인 무기였다. 그중 하나인 어뢰가 출현한 이후, 각국은 소형 어뢰정에 어뢰를 탑재하여 전함에 대응하려는 시도가 나타났으며, 잠수함은 대표적인 비대칭 전력(상대의 특정 전력의 취약점을 집중적으로 이용하여 대응할 수 있도록 만든 특수한 전력을 말한다. 전력을 확보하는 데 경제성에 중점을 두어 대칭적인 전력을 확보하는 것보다, 비용을 많이 들이지 않고도 상대방의 약점 위주로 전력을 강화하는 특수한 방법을 의미한다)으로 발전했다.[159]

03

수에즈 운하의 개통에 따른 열강의 아프리카 진출[160]

1869년 세계 교통 역사에는 두 가지의 획기적인 사건이 일어났다. 하나는 아메리카 대륙에서 대륙 횡단 철도가 완성된 것이고, 또 하나는 수에즈 운하가 개통된 것이다. 수에즈 운하의 개통은 지중해와 홍해를 연결하는 대운하가 개통되었다는 점 외에도, 이 운하의 개통이 유럽 국가들이 본격적으로 아프리카에 진출하는 계기가 되었다는 점에서 주목할 만하다.

당시 이집트는 오스만 터키의 지배하에 있었다. 이집트의 총독은 터키로부터의 독립을 원했다. 그는 영국과 프랑스의 지원을 받기 위한 방편으로, 1859년에 수에즈 운하 건설이라는 대규모 공사를 일으

그림 5.6 **수에즈 운하의 위성사진 및 운하 개통 전과 후의 항로 비교**[161]

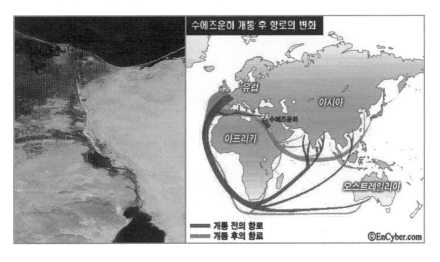

켰다. 그렇게 영국과 프랑스가 수에즈 운하 공사에 참여하게 되었고, 프랑스인인 페르디낭 드 레셉스(Ferdinand de Lesseps)가 수에즈 운하 건설의 총책임을 맡게 되었다.

영국은 지중해와 홍해를 잇는 수에즈 운하가 건설되면, 인도양과 아시아로 가는 항로가 대폭적으로 단축되어 식민지 경영이 훨씬 유리해질 것이라는 생각에서 운하 건설에 매우 적극적인 태도를 보였다. 이집트는 운하의 규모가 영국의 자본만으로는 엄두가 나지 않아 프랑스와도 합작을 하게 된 것이다.

1869년 11월 17일, 착공한 지 10년 만에 수에즈 운하가 완공되었다. 총 길이는 162.5킬로미터로 바다와 바다를 잇는 세계 최대의 운하였다. 수에즈 운하의 개통으로 런던과 싱가포르 간의 항로는 2만

4,000킬로미터에서 1만 5,000킬로미터로 절반가량 줄어들었다. 수에즈 운하는 곧 유럽 열강의 관심거리가 되었다. 영국은 이집트가 재정난에 빠진 틈을 타 운하 회사의 주식을 대거 사들여 사실상 운하의 경영권을 장악했다. 그 다음부터는 서서히 이집트의 내정 간섭을 시작했다. 이에 이집트인들이 반발하여 반란을 일으키자, 영국은 이집트로 군대를 보내 반란을 진압하고 그 기회를 틈타 아프리카 남부로 진출하고자 했다.

이 때문에 1883년 나일 강 상류에 있는 수단에서 이슬람교도들이 이집트와 그 배후를 조종하는 영국에 성전을 선포하게 되었고 전투가 벌어졌다. 그 결과 수단 측이 두 차례에 걸쳐 승리했다. 그러나 그 사건이 일어난 후 영국은 옴두르만(Omdurman : 북아프리카의 수단 중부, 나일 강 왼쪽 기슭에 있는 상업 도시) 전투에서 수단인 1만 1,000명을 무차별 사살하며 복수를 했다. 그 후 영국은 보어(Boer)전쟁을 일으켜 남아프리카 연방을 만들고 식민지로 삼았다. 이를 기회로 영국은 남아프리카의 케이프타운(Cape Town), 이집트의 카이로(Cairo), 인도의 캘커타(Calcutta)를 거점으로 하는 이른바 '3C 정책'을 중심으로 식민지 정책을 추진했다.

영국에 뒤이어 유럽의 열강들은 앞다투어 아프리카로 진출했다. 미지의 세계라 알려졌던 아프리카 내륙에 대한 탐험이 활발하게 진행되었다. 영국인 기자 헨리 스탠리(Henry Stanley)는 벨기에 국왕 레오폴드 2세(Leopold II)의 후원을 받아 중앙아프리카의 콩고를 탐험[162]하고, 그곳 원주민과 협정을 맺어 벨기에를 콩고에 진출하게 했다. 그

소식이 전해지자 유럽 열강은 앞다투어 탐험가를 찾아 후원하면서 아프리카에 진출하기 시작했다. 그렇게 아프리카는 순식간에 서구 열강의 식민지 또는 보호령이 되어갔다.

세계 지도를 보면 아프리카 대륙에 속한 나라들 간의 국경선은 다른 대륙과 달리 일직선으로 곧게 그려져 있는 것을 발견할 수 있다. 이는 유럽 열강이 아프리카를 분할하면서 정복한 국가의 편의에 따라 마음대로 경계선을 그었기 때문이다.

04

청일전쟁의 승리로
세계무대에 부상한
일본의 해양력

　일본이 유럽에 소개된 것은 일본 근해에서 유럽 국가들과 관계를 맺기 시작한 것에서 그 기원을 찾아볼 수 있다. 대항해 시대인 16세기와 17세기에 일본은 유럽 열강과 문물 교류가 활발했다. 에도 시대(1603~1867년)에 쇄국정책을 펼치던 일본은 1854년에 이르러서는 미국의 간섭으로 다시 문호를 개방하게 되었다. 1853년과 1854년 미국의 해군 함대 사령관 매튜 페리(Matthew C. Perry) 제독은 최신 전함으로 일본에 무력시위를 했으며, 마침내 1854년 가나가와 조약(Convention of Kanagawa)을 통해 일본이 개항하게끔 만들었다.

　일본이 외국의 영향을 받아들여 개항을 하자마자, 에도 막부는 서양의 해양 기술을 소화하려는 능동적인 정책을 펴기 시작했다. 네덜란드의 도움으로 일본은 1855년에 첫 번째 증기 범선인 칸코마루(觀光丸)를 손에 넣었다. 일본은 이 함선을 훈련과 나가사키 해군 훈련소를 설립하는 데 이용했다. 1857년에는 첫 번째 증기 동력 추진 전함인 간린마루(咸臨丸)를 구입했다. 일본은 해군 훈련생들을 서양의 해군 학교로 보내 몇 년 동안 공부를 하게 했다. 우리에게도 잘 알려진 도고 헤이하치로(東鄉平八郎), 야마모토 이소로쿠(山本伍十六) 등 해외 유학파 해군 지도자들이 이 시기에 배출되었다.

1863년 외국에 문호를 개방한 지 10년도 채 안 되어 일본은 첫 번째 국내 건조 군함인 치요다가타(千代田形)를 완성했다. 1865년에는 프랑스의 기술자 레옹스 베르니(Léonce Verny)를 고용하여 일본 최초의 근대적 해군 병기창을 요코스카와 나가사키에 건설했다.

1867년에서 1868년 사이에는 리처드 트레이시(Richard Tracey) 함장이 이끄는 대영제국의 해군 사절단이 일본에 보내져 해군 건설과 쓰키지(築地)의 해군학교 설립을 돕는다. 1867년에는 대정봉환(大政奉還)[163]으로 에도 막부가 끝날 때까지 도쿠가와(德川) 해군은 아시아 최대였고, 8척 내외의 증기 동력 전함을 보유했다. 1869년에는 하코다테(函館) 해전[164]에서 도쿠가와 군이 패하고, 메이지(明治) 정부군이 승리했다.

일본은 1868년부터 천황 중심 체제를 출범시켰다. 메이지 천황은 일본으로 쇄도하는 미국과 유럽 열강으로부터 일본을 지키기 위해 일본의 산업화와 군사화를 계속 진행시켰다. 이에 따라 1868년 1월

그림 5.7 **1881년까지 일본 해군의 기함이었던 철갑함 류조**[165]

17일에 병부성(兵部省)이 만들어졌다. 1869년에 일본은 각 지역 막부의 해군을 해체하고 11척의 함정이 폐지된 도쿠가와 막부 함정과 함께 중앙정부의 해군을 설립했다. 새 정부는 200척의 배로 10개의 함대를 만든다는 야심 찬 계획의 초안을 만든다.

이 계획은 자원 부족으로 1년도 안 되어 폐기되었지만[166] 그 후에도 메이지 정부는 해군의 현대화를 위해 지속적인 노력을 기울였다. 일본은 프랑스, 영국, 네덜란드, 독일 등의 서양 국가들에서 신형 전함을 건조하고, 그들의 조선 기술을 전수받아 전투함을 자체 건조하고 함정용 특수 폭약을 제조하게 된다.

이처럼 일본이 해군의 현대화를 계속적으로 추진하고 있을 때, 중국도 마찬가지로 외국과의 협력으로 강력한 함대를 건설하고 있었다.

중국의 경우는 특히 독일의 협력이 컸다.

청일 양국의 해군력이 급속도로 강화되고 있을 즈음, 조선의 지배를 두고 양국 간에 전쟁이 벌어지게 된다. 1894년 조선에서는 동학농민운동이 일어났다. 당시 조선 정부는 청(淸)나라에 지원을 요청했고, 같은 해 6월 청나라가 조선에 파병하자, 일본도 톈진조약(天津條約)에 근거하여 동시에 조선에 파병함으로써 한반도에서 두 나라의 세력 다툼이 시작되었다.

그러나 당시의 조선은 쇄국 상태로, 주변의 사회 정세에 대해 자세하게 알지 못했다. 일본에서 일어난 개혁의 의도에도 관심을 두지 않았다. 조선의 정치적 실권을 가지고 있던 흥선대원군은 전통적으로 유지되어오던 청나라와의 외교 관계를 제외한 서양 및 일본과의 통상 수교를 거부했고, 결국 통상 수교는 전혀 진행되지 않았다.

이 시기 청나라는 아편전쟁(1840~1842년)과 태평천국운동 등의 소요를 거친 후 크게 쇠퇴해 있었다. 청나라는 이를 타개하기 위해 양무운동을 전개하며 서양의 신식 문물과 무기를 받아들였다. 그러나 양무운동은 보수파의 반발과 서양의 겉모습을 모방하는 데 그쳐 큰 성과를 거두지 못했다.

1894년 조선에서는 갑신정변을 주도한 친일 개혁 세력인 김옥균이 상하이에서 홍종우에게 암살되었다. 일본은 김옥균의 유해를 일본으로 가져가려고 했으나, 청나라가 이를 막고 그의 유해를 자국의 전함에 실어 조선으로 보냈다. 그렇게 조선에 송환된 김옥균의 유해는 능지처참되었다. 일본 정부는 이를 일본에 대한 직접적인 모욕으로 받아들였다. 양국 간의 이런 정치적 상황은 1894년에 동학농민운동이 일어나자, 조선 정부가 청나라 정부에 지원병을 요청하면서 더욱 악화되었다.

청나라는 톈진조약에 따라 파병 사실을 일본 정부에 알렸고, 위안스카이(袁世凱)를 특명 전권 대사로 임명하여 2,800명의 병력을 조선에 보냈다. 한편 일본은 오시마 요시마사(大島義昌) 휘하의 8,000명의 병력을 조선으로 보냈다. 일본군은 조선의 항의에도 불구하고 1894년 6월 9일 인천에 상륙하여, 7월 23일에는 고종 임금이 있는 경복궁을 점령했다. 또한 흥선대원군을 내세워 군국기무처(軍國機務處)를 설치하고, 조선의 내각을 김홍집, 박정양, 민영달 등의 친일 인사로 교체하며 갑오경장을 일으켰다. 일본은 더 많은 병력을 조선에 파견했다. 일본과의 국교가 단절된 청나라는 조선의 새 정부를 인정하지 않았고, 청일 양국 간의 분쟁이 시작되었다.

일본은 아산만에 주둔 중인 청나라 육군을 공격하기 시작했다. 1894년 7월, 조선 내의 청나라 육군은 약 3,000~3,500명 정도였으며, 아산만을 통해서만 병력을 보충할 수 있었다. 이때 일본의 목표는 우선 아산의 청나라군을 봉쇄하고, 일본 육군으로 포위하는 것이었다.

1894년 7월 25일, 아산 근해를 순찰하던 순양함 3척의 일본 해군 제1유격대가 청나라의 순양함 2척과 마주쳤다. 청나라의 군함은 아산으로 물자를 나르는 또 다른 청나라의 군함 조강(操江)함과 만나기 위해 아산을 떠나고 있었다. 아산에서의 1시간의 전투 끝에, 청나라의 순양함 1척은 화약고가 폭발하여 암초에 좌초되고, 1척은 탈출했다.

그림 5.8 **압록강 해전의 청나라와 일본 양측의 전력과 손실 비교 및 일본군 기함 마쓰시마(松島)**[167]

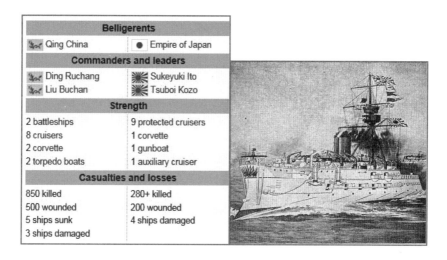

Belligerents	
Qing China	Empire of Japan
Commanders and leaders	
Ding Ruchang	Sukeyuki Ito
Liu Buchan	Tsuboi Kozo
Strength	
2 battleships	9 protected cruisers
8 cruisers	1 corvette
2 corvette	1 gunboat
2 torpedo boats	1 auxiliary cruiser
Casualties and losses	
850 killed	280+ killed
500 wounded	200 wounded
5 ships sunk	4 ships damaged
3 ships damaged	

이에 청나라는 자국의 군대를 조선으로 수송하기 위해 런던의 인도차이나 증기 선박 회사 소유의 2,134톤급 영국의 상선 가오슝(高陞)호를 대여했다. 이 선박에는 1,200명의 청나라 군인과 보급품이 적재되어 있었으며, 군함 조강호와 함께 조선으로 향하고 있었다. 당시 일본의 도고 헤이하치로 함장이 지휘한 순양함 나니와(浪速)함은 청나라의 군함을 포획하고, 병력 수송선인 가오슝호를 침몰시켜 청나라 군인 1,200명이 수장되었다.[168]

또한 일본 해군은 압록강 입구에서 벌어진 압록강 해전에서 육군 병력 수송을 호위하던 청나라의 베이양(北洋) 함대와 조우하여 교전 끝에 승리했다. 기동성이 우수한 일본 함대는 기동성 면에서 제한이 있었던 청나라 함대의 측면을 공격했다. 크기가 서로 다른 다양한 함정으로 구성되어 진형 형성과 기동에 제한이 있었던 청나라 함대는 일본 함대가 진형의 측면을 공격하자, 포 사격에 제한을 받아 결국 큰 손실을 입으면서 패하고 말았다. 이 전투에서 청나라의 함대는 12척의 전투함 중 8척을 잃었다.

1894년 11월 21일에 일본군은 뤼순(旅順) 항을 점령했다. 또한 랴오둥반도의 젠양(建陽)이 일본 육군에 의해 점령되었다. 청나라의 베이양 함대는 뤼순 항을 거쳐 웨이하이(威海) 요새로 대피했으나, 일본 육군의 공격을 받게 되었다. 일본은 육군과 해군을 동원하여 1985년 2월 12일에 웨이하이 요새를 함락했다. 일본군은 남쪽과 북쪽으로 진격하여, 같은 해 3월에는 베이징(北京)이 바라보이는 곳까지 진출하며 진지를 구축했다. 또한 3월 26일에 일본군은 타이완(臺灣) 부근의 펑후(澎湖) 제도를 희생자 없이 점령했고, 3월 29일에는 타이완에 상륙하여 이 지역을 점령했다.

이후 청나라의 요청으로 1895년 4월 17일 청나라와 일본 사이에 시모노세키조약이 체결되었다. 그로 인해 청나라는 조선에서의 일본의 국제적 위치를 확립시켜 주었고, 배상금 2억 냥(兩)을 일본에 지불했다. 또한 랴오둥반도, 타이완, 펑후 제도 등을 할양했으며, 통상상의 특권을 부여했다. 그러나 만주로의 진출을 꾀하던 러시아는 일본이 랴오둥반도를 장악하는 것에 위기감을 느끼고 프랑스, 독일과 함께 소위 '3국 간섭'을 벌여 일본이 랴오둥반도를 중국에 반환하도록 압박했다. 3국 간섭에 굴복한 일본은 랴오둥반도를 반환했으나, 러시아에 대한 불만이 쌓이면서 이는 새로운 전쟁의 단초가 된다.

　압록강 해전의 승리로 일본 해군은 세계의 주목을 받는 해군으로 부각되었다. 해전의 결과에 대해 많은 의견들이 제시되었지만,[169] 압록강 해전의 승리는 미국의 페리 제독에 의해 일본이 개항한 지 불과 30여 년 만에 동양의 바다를 지배하는 국가로 등장하게 한 중요한 의미를 지닌다.

05

쓰시마 해전의 승리로 아시아에서 패권을 차지한 일본

1897년 12월, 러시아의 함대가 뤼순 항에 첫 모습을 드러냈다. 일본이 뤼순 항을 사용하지 못하도록 만든 것을 러시아가 '3국 간섭'을 성공시키며 뤼순 항을 조차(租借)한 것이다. 청나라와 러시아 간에 협정이 체결되어 러시아는 뤼순 항과 다롄(大連) 만을 조차하여 주변의 바다를 이용할 수 있게 되었다. 러시아로서는 부동항(不凍港) 확보가 전략적으로 중요했고, 1년 후에는 이를 확고히 하려고 둥칭(東淸) 철도를 놓기 시작했다.

그러나 철도 부설을 방해하던 청나라의 의화단(義和團)에 의해 다롄과 뤼순의 철도역이 소실되자, 러시아는 의화단으로부터 철도를 보호

한다는 구실로 만주(滿洲 : 중국 둥베이東北 지방을 가리킨다)를 점령했다.

이 시기에 일본은 조선을 점령하려 했다. 이토 히로부미(伊藤博文)는 러시아와의 협상을 시작했다. 그는 일본이 러시아군을 몰아내기에는 약하다고 생각했고, 러시아의 만주에 대한 권한을 인정하는 대신에 일본의 한반도에 대한 권한을 인정할 것을 제안했다. 이에 대해 러시아는 '만주에 대한 독점권'과 '한반도의 북위 39도 이북에 대한 중립 지역 설정', '한반도의 군사적 이용 불가'를 주장했다. 1902년에 일본은 러시아를 견제하고 있던 영국과 영일(英日) 동맹을 맺었는데, 이는 "러시아가 일본과 전쟁을 벌이는 동안 러시아와 동맹을 맺는 나라가 있으면, 영국이 일본의 편으로 참전할 수 있다"라는 내용이었다. 이 때문에 러시아는 독일이나 프랑스의 도움을 얻기 위해서는 영국의 위협을 감수해야만 했다.

그 후 러시아와 일본의 교섭이 진행되었으나, 일본이 1904년 2월 4일에 협상 중지를 선언했다. 일본은 2월 초에 마산포와 원산 등지에 일본군을 상륙시키는 등 러시아에 대한 전쟁 준비를 진행하고 있었다.[170]

일본은 1904년 2월 10일 러시아에 선전포고를 했지만, 이에 앞서 2월 8일에는 뤼순 항에 있는 러시아의 극동 함대를 공격했고, 2월 9일에는 제물포 항의 러시아 전함 2척을 공격했다. 이 같은 일본의 공격에 러시아는 8일 후 전쟁을 선포했다.

당시 만주의 남서부 랴오둥반도에 있는 뤼순 항은 러시아의 주요 해군 기지로 요새화되어 있었다. 아시아 본토에서 전쟁을 벌이려면 바다를 손에 넣어야 했으므로, 일본의 첫 군사 목표는 뤼순 항에 있는

그림 5.9 **1904년 2월 8일 일본의 뤼순 항 공격 상상도 및 뤼순 항 위치**[171]

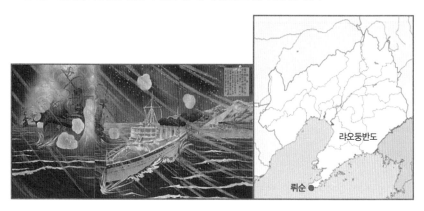

러시아 함대를 축출하는 것이었다.

1904년 2월 4일, 러시아의 태평양 함대 수십 척이 뤼순 항을 떠났다는 정보가 일본에 입수되었다. 2월 6일 아침, 도고 헤이하치로 제독은 사세보(佐世保 : 일본 규슈九州 나가사키長崎 현 북부에 위치한 항만 도시)에서 제물포에 대한 육군의 상륙 지원과 러시아군이 차지하고 있던 뤼순 항 공격을 위해 함대를 출항시켰다. 2월 8일 야간에 도고 제독이 지휘하는 일본 함대가 뤼순 항의 러시아 군함에 어뢰를 이용하여 기습 공격을 함으로써 개전이 되었다. 이 공격에 러시아 전함 2척이 대파되었고, 그로 인해 다음 날 아침 뤼순 항 해전으로 발전했다. 수차례 결판나지 않는 해상 전투가 이어졌으나, 도고 제독은 항구 해안 포대의 보호를 받고 있는 러시아 함대를 충분히 공격할 수 없었다. 하지만 러시아 해군은 1904년 4월 13일 스테판 마카로프(Stepan Makarov)

제독이 전사하여 어쩔 수 없이 항구를 떠나야 했다.

이 해전은 일본군 약 3,000명의 제물포 상륙을 은폐해 주었다. 일본군은 인천에서 이동하여 한성을 점령했고, 대한제국의 나머지 지역을 점령했다. 2월 9일 당시 제물포 앞바다에는 각국의 여러 전함이 정박하고 있었다. 그들이 지켜보는 가운데 벌어진 일본 해군과 러시아 해군 간 전투에서 러시아의 바랴크(Varyag)함과 카레예츠(Korietz)함은 우세한 일본 해군 전력의 공격을 견디지 못하고 스스로 배를 침몰시키거나 자폭을 택했다. 러일 양국은 2월 10일에야 정식으로 각각 선전포고를 하고 전쟁에 돌입하게 된다.

일본은 러시아의 해군 기지인 뤼순 항을 봉쇄하려고 했다. 이에 2월 13일에서 14일에 걸쳐 일본군은 시멘트를 채운 증기선 7척을 해협 입구에 가라앉혔다. 그러나 뤼순 항 입구의 수심이 깊어서 배가 너무 깊이 가라앉아 실패했다. 3월 마카로프 제독은 러시아의 제1태평양 소함대를 지휘하여 뤼순 항의 봉쇄를 돌파하려 했다. 1904년 4월 12일에 러시아의 노급 전함(드레드노트급 전함) 2척과 기함 페트로파블롭스크(Petropavlovsk), 포베다(Pobeda)호가 뤼순 항 밖으로 빠져나갔으나, 일본군이 설치한 기뢰가 폭발하여 페트로파블롭스크는 곧바로 침몰하고, 포베다는 손상을 입어 수리를 받기 위해 항구로 견인되어야 했다. 유능한 러시아의 전략가였던 마카로프 제독은 당시 페트로파블롭스크함에서 전사했다.

1904년 5월 14일에는 일본의 전함 2척이 뤼순 항 바깥쪽에 러시아군이 설치한 기뢰에 피해를 입었다. 전함 야시마(八島)는 승조원 450

명과 함께 수분 내에 침몰했고, 하츠세(初瀨)는 몇 시간 뒤에 견인되었다. 6월 23일, 러시아 빌헬름 비트게프트(Wilgelm Vitgeft) 제독의 지휘 하에 소함대가 일본 해군의 봉쇄를 돌파하기 위한 전투를 벌였으나 실패했다. 6월 말에는 일본의 포병이 항구를 포격했고 오랫동안 뤼순 항을 봉쇄했다.

1904년 8월 10일, 러시아 함대는 포위를 돌파하여 블라디보스토크로 가려고 다시 시도했지만, 공해에 도달하기 전에 도고 제독의 전함으로 구성된 소함대와 마주쳤다. 흔히 황해(黃海) 해전으로 불리는 이 전투에서 양측은 격렬한 포격을 주고받았다. 러시아와 일본의 함포전이 계속되는 동안, 러시아의 기함인 체사레비치(Tsesarevich)함이 함교에 직격탄을 맞아 함대 사령관인 비트게프트 제독이 사망했다. 이 때문에 러시아 함대는 뤼순 항으로 되돌아가 다시 항에 머무르게 되었고, 일본 해군은 러시아 함대를 계속 뤼순 항내에 묶어 두는 데 성공한다. 결국 뤼순 항에 있던 러시아의 함정들은 항구 주변을 포위하고 있던 일본 육군의 포격으로 모두 침몰했다. 포위된 군 병력을 육로를 이용하여 빠져나가게 하려는 러시아의 시도 역시 실패했다. 지상전에서도 러시아군은 8월 말의 랴오양(遼陽) 전투 후 선양(瀋陽)으로 후퇴했다. 당시 뤼순 항 러시아 주둔군 지휘관은 상부와 의논하지 않고 일본에 항구를 양도하여 뤼순 항은 1905년 1월 2일에 결국 함락되었다.[172] 하지만 일본군도 이 전투에서 사상자가 7만 명에 이르는 큰 손실을 입었다.

러시아는 지노비 로제스트벤스키(Zinovy Rozhestvensky) 제독 지휘

그림 5.10 **러시아 로제스트벤스키 제독의 이동 항로**[173]

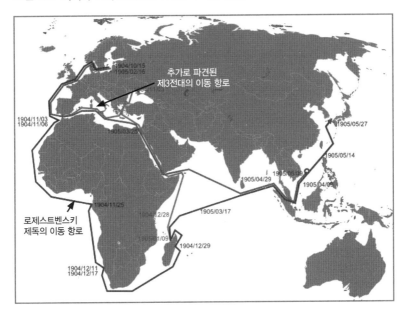

하의 발틱 함대(제정러시아의 유럽 방면을 지킨 주력 함대) 전력을 블라디보스토크로 이동시켜 뤼순 항에서 일본 해군의 공격을 받고 있는 태평양 함대를 보강하려 했지만 이 계획도 실패했다. 그들이 블라디보스토크로 이동하던 도중에 뤼순 항이 함락되었고, 그들 전력마저 대한해협에서 도고 제독이 이끄는 일본 연합 함대에 격파되면서 러시아 해군은 전멸되었다.

일본 해군의 뤼순 항 봉쇄로 러시아 해군의 태평양 함대가 발이 묶이게 되자, 러시아는 발틱 함대 전함 11척 등의 5개 분대 전력을 태평양 함대의 제2전대로 편성하고 블라디보스토크 항으로 이동시켜 태평양 전력을 증강하기로 결정했다. 1904년 10월 15일 출항한 로제스트벤스키 제독 지휘하의 증강 부대는 무려 1만 8,000마일(약 2만 9,000킬로미터)에 이르는 거리를 항해하여, 7개월여 만에 쓰시마 섬 동쪽 해역에서 도고 제독의 일본 연합 함대를 조우하게 된다.[174]

당시 러시아 함대는 출항하자마자 도거뱅크 해역에서 조업 중이던 영국의 트롤 어선 2척을 일본 어뢰정으로 오해하여 격침시켜 버렸다. 러시아와의 관계가 좋지 않았던 영국은 그 사건 후 러시아 함대의 이동을 방해했고, 단거리 항로인 수에즈 운하 항로를 사용하지 못하게 했다. 그로 인해 대부분의 러시아 함정들이 아프리카 대륙을 돌아 항해하게 되었다. 러시아 함대는 이동하던 도중에 다마스쿠스에서 뤼순 항의 함락 소식을 접하게 되었다. 그 소식에 오랜 항해를 거치는 동안 지친 러시아 장병들의 사기는 땅에 떨어질 만큼 떨어졌다. 오랜 이동 기간 동안 함정들의 선체도 부착물에 의해 몹시 오염되어 있었을 뿐만 아니라 정비를 받지 못한 러시아 함정들의 성능 역시 매우 저하되어 있었다.

한편 도고 제독이 지휘하는 일본 해군의 함대는 러시아 해군의 증강 부대가 어디로 통과할 것인가에 대해 고심하고 있었다. 러시아의 석탄 보급함이 상하이(上海) 항에 입항한 것을 본 일본은 러시아 함대가 대한해협으로 통과할 것이라는 결론을 내리고, 아군의 함대 전력을 진해만에 대기시켰다. 보급함이 진형에서 이탈했다는 것은 러시아 함대가 해상에서 중간 보급이 필요한 외해 항로를 택하지 않을 것이라는 판단이 가능했기 때문이다.

그림 5.11 **대한해협 해전 시 일본과 러시아의 전력 비교 및 일본 기함 미카사**[175]

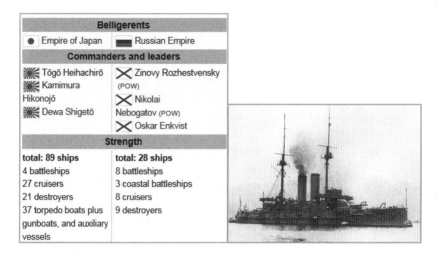

Belligerents	
● Empire of Japan	▧ Russian Empire
Commanders and leaders	
☀ Tōgō Heihachirō	✕ Zinovy Rozhestvensky
☀ Kamimura Hikonojō	(POW)
☀ Dewa Shigetō	✕ Nikolai
	Nebogatov (POW)
	✕ Oskar Enkvist
Strength	
total: 89 ships	total: 28 ships
4 battleships	8 battleships
27 cruisers	3 coastal battleships
21 destroyers	8 cruisers
37 torpedo boats plus	9 destroyers
gunboats, and auxiliary	
vessels	

뤼순 항 공격과 압록강 해전 등을 거치면서 전투 경험을 쌓은 도고 제독과 일본 함대의 지휘관들은 사격 훈련과 함정 정비 등의 전투 준비에 많은 노력을 기울이며 러시아 함대를 기다렸다.

5월 27일 새벽, 러시아의 병원선이 일본 해군의 순시함에 발견되었다. 뒤이어 대한해협으로 접근하는 러시아 함대를 발견한 일본의 정찰함들은 러시아 함대의 진형과 이동 상황을 몇 분 간격으로 보고했다. 일본 함대는 기함 미카사(三笠)를 선두로 전투 진을 형성하여 접근했다. 13시 40분에는 드디어 서로의 함정들을 눈으로 확인했으며, 14시 8분부터 러시아의 발포를 시작으로 러시아와 일본의 운명을 결정한 쓰시마 해전의 교전이 시작되었다.

도고 제독은 일본 해군 함정들의 민첩한 기동성을 최대로 활용하는

그림 5.12 **T자 진형의 이점을 보여주는 그림**[176]

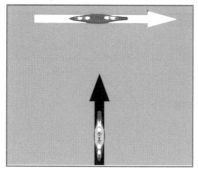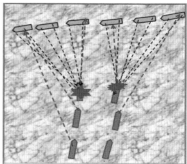

그림 5.13 **일본군의 T자 진형 형성을 위한 기동과 러시아군의 배진도**[177]

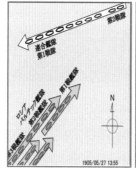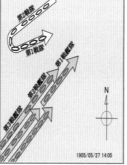

진형을 취했다. 러시아 적함에 대해 일본군 함정들은 모든 포의 집중사격이 가능한 'T자 진형'을 형성하여 공격을 가했다. 일본군의 우수한 포 사격술은 새로운 화약 '시모세(下瀨)'의 성능에 힘입어 개전 30분 만에 승패를 결정할 수 있을 정도로 러시아 측에 큰 피해를 입혔다.

러시아 기함이 공격을 받아 침몰하면서 지휘관인 로제스트벤스키

182

제독이 부상을 당했고, 초기 전투에서 전함 4척이 침몰하는 등 러시아 측은 큰 타격을 입었다. 러시아 함대는 일본 함정의 공격에 의해 진형을 유지하지 못하고 분산되었고, 이어진 일본 어뢰정들의 야간 공격과 다음 날의 전투를 견디지 못하고 끝내 항복하고 말았다.

이 전투에서 러시아 측 함정 28척 중 전함 7척을 포함한 21척이 침몰했고[178] 7척이 나포되었으며, 6척이 중립국 항구에서 무장 해제되었다. 전투 중에 러시아 장병 4,380명이 전사했고 5,917명이 포로가 되었다. 부상당한 로제스트벤스키 제독은 포로가 되어 일본 병원에 후송되었다. 한편 일본 측의 피해는 3척의 어뢰정이 침몰했고, 117명의 전사자와 583명의 부상자가 발생했을 뿐이었다.

이 해전에서 러시아 함대의 패배는 러시아에게 치명적인 타격을 주었다. 러시아 해군의 거의 전 함정이 단 한 번의 전투에서 사라진 것이다. 이 해전은 러일전쟁의 승패를 결정했음은 물론이고, 유럽에서의 힘의 균형을 깨뜨리는 역할을 했다. 러시아의 패배는 독일과 같은 신흥 제국들로 하여금 세력 확장의 생각을 갖도록 했으며, 독일의 동맹국(Central Powers)[179]들을 자극시킴으로써 얼마 지나지 않아 제1차 세계대전으로 이어지는 단초를 제공했다.

1905년 9월 5일, 미국의 주선으로 포츠머스에서 강화조약이 체결되었다. 러시아는 정부의 무능을 드러낸 패전의 영향으로 2월 혁명을 겪게 된다. 한편 일본에서는 제국주의의 광풍이 더 심하게 몰아치게 되었다. 1905년 대한제국은 열강의 묵인 속에 을사조약을 강요당하여 독립을 유지하기 어렵게 되었고, 결국 1910년에 일본에 강제 합병된다.[180]

이 해전은 러시아뿐만 아니라 서구 사회 전반에 큰 충격을 주었다. 아시아 국가가 유럽 세력에 첫 번째 패배를 안겨주었기 때문이다. 이 해전은 서구 사회에 만연되었던 백인 우월주의를 약화시키면서, 일본인들에게도 문화적·정치적 충격으로 작용했다. 이 해전의 승리로 하여금 일본은 세계 6번째의 해군 국가가 되었다. 한편에서는 일본이 이 승리에 도취되어 '제2차 세계대전'의 악몽으로 이르는 길을 걷게 되었다고 보는 이들도 있다.[181]

이 해전에서 일본 해군의 승리는 대(大)구경 함포의 필요성과 아울러 전함에서 속력의 중요성을 부각시켰다. 이를 거울삼아 1905년 10월 영국은 드레드노트급 전함의 건조를 시작했다. 하지만 이는 영국과 독일의 전함 건조 경쟁을 유발시켰고, 결국 유럽 국가들끼리의 함정 건조 경쟁이 불붙게 되면서 제1차 세계대전으로 이어지게 된다.

06

독일이 영국 해양 패권에 도전한 전쟁, 제1차 세계대전

제1차 세계대전(1914~1918년)은 인류가 경험한 최초의 세계 전쟁이 었다. 전쟁 발발의 배경은 19세기 말부터 20세기 초에 걸쳐서 나타난 세계적인 식민 지배의 확장에서 찾을 수 있다. 이 시기에 유럽 각국과 미국, 일본 등에서는 대형화한 산업과 그에 따른 경제력을 유지시키 기 위한 시장을 필요로 했다. 이에 따라 이들 국가들은 해외 식민지나 세력권을 넓히기 위한 격렬한 경쟁을 전개하게 되었다.

그 결과 세계는 제국주의 열강에 의해 거의 분할되었으며, 이미 분 할되어 있는 영토를 빼앗고 빼앗기는 영토 확장 경쟁이 주요한 관심 사가 되었다. 1914년에 이르러 새로운 강대국으로 떠오른 독일제국

그림 5.14 **1914년의 세계 식민지 지배 현황**[182]

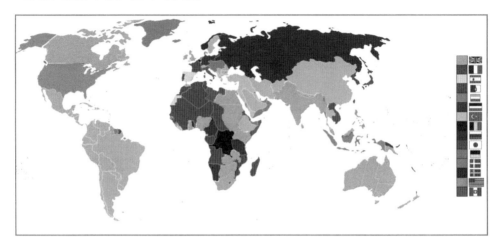

은 러시아를 포함한 전 유럽에 대해 적대적인 관계를 맺게 되었다. 당시의 독일은 영국의 경제를 따라잡고 세계의 경제를 주도하고 있었다. 조선업 역시 다른 국가들을 훨씬 앞서기 시작하면서 다른 국가들의 적개심을 불러일으켰다. 프랑스와 독일은 서로 대립하는 사이기도 했었지만, 함께 경제를 이끌어나가는 상대로서 우호적인 경쟁자이기도 했다. 그런데 독일이 프랑스의 풍부한 철광 산지인 로렌을 빼앗으면서 독일의 산업만이 크게 성장하자 프랑스의 반감을 사게 되었다. 한편 오스트리아는 이스탄불과 오스만제국에 영토 야욕을 가지고 있었고, 이미 독일의 빌헬름 2세로부터 지원을 다짐받고 있었다.

독일의 빌헬름 2세(Wilhelm Ⅱ)는 독일이 완전히 지배하는 중부 유럽을 꿈꾸고 있었다. 이 시기 독일은 유럽에서 가장 강력한 국가로 성장하고 있었다. 당시 독일의 인구는 과거에 비해 25퍼센트, 자본력은 50퍼센트, 국민소득은 100퍼센트가 증가했다. 강철 생산량은 영국의 3배, 프랑스 및 러시아의 4배에 달했다. 이처럼 민족적 자신감이 팽배해진 독일은 영국의 영토를 넘보고 있었다.

1870년, 프로이센·프랑스 전쟁(보불전쟁)에서 알자스와 로렌 지방을 빼앗긴 사실을 잊지 못하던 프랑스는 인구가 독일 인구의 3분의 2밖에 되지 않았으며, 공업력과 군사력에서 점점 낙후해 가고 있었다. 이 세력의 불균형을 바로잡기 위해 1892년에 프랑스는 러시아와 동맹을 맺었다. 하지만 프랑스와 러시아는 두 전선에서 전쟁을 벌여야 한다는 부담 때문에 독일이 자제하기를 바라고 있었다.

한편 바다 건너에 있는 영국은 독일로부터 절박한 위협을 느끼고 있지는 않았다. 그러나 영국은 독일이 해군력의 경쟁을 촉발하자 위협을 느끼고 대비하게 되었다. 영국은 섬나라여서 식량과 원자재 공급을 자국 선박의 해로 확보에 의존해 왔기 때문에 해로 확보와 유지가 필수적이었다.[183]

제1차 세계대전은 이미 식민지를 넓게 확보한 국가들이 결성한 3국 협상(1907년에 이루어진 프랑스, 영국, 러시아의 상호 협상)[184]과 새롭게 식민지 확보에 뛰어든 신흥 제국 독일을 비롯한 3국 동맹(이탈리아, 오스트리아, 독일)[185] 간의 대립에서 시작되었다. 양측 진영의 핵심 국가인 영국과 독일의 대립의 근원은 영국의 '3C 정책'과 독일의 '3B 정책'[186]이었다. 더욱이 독일이 영국의 해양 지배를 견제하기 위한 대규모 해군력을 건설하면서 시작된 함정 건조 경쟁이 양국 간의 군사력 경쟁을 더욱 심화시켰다.

1914년 6월 28일, 긴장이 고조된 발칸반도 보스니아의 사라예보를 방문한 오스트리아의 황태자 프란츠 페르디난트(Franz Ferdinand) 부부가 세르비아의 자객에 의해 피살되었다. 이 사건이 기폭제가 되어 제1차 세계대전이 시작되었다. 독일의 작전은 서쪽에서 프랑스를 먼저 굴복시킨 뒤, 동쪽의 러시아를 공격할 계획이었다. 독일군은 개전 후 가장 먼저 북서 프랑스로 침입하여 파리로 육박했으나, 1914년 9월 초순 프랑스의 마른(Marne)에서 진격이 저지되었다. 한편 동부 전선에서는 러시아군이 의외로 빨리 프로이센으로 진출했으나, 독일군이 8월말 타넨베르크(Tannenberg : 폴란드 북부의 마을로, 과거 프로이센령이었다)에서 러시아군을 대패시켰다. 그러나 독일은 동서 양쪽의 전투에서 결정적인 승리를 거두지 못했고, 이에 전쟁 양상이 참호전(塹壕戰)으로 바뀌면서 전선은 교착 상태에 이르게 되었다.

아시아에서는 일본이 8월에 연합국 측으로 참전하여 중국에서 영향력을 행사하려 했으며, 오스만 터키는 11월 동맹국 측으로 참전했다. 터키의 참전으로 1915년 2월에서 4월에 걸쳐 영국과 프랑스 연합함대는 터키의 다르다넬스(Dardanelles)해협(지중해 동북쪽 갈리폴리반도와 소아시아반도 사이에 있는 좁고 긴 해협)에 격렬한 공격을 가했으나 실패했다. 또한 계속된 연합군의 갈리폴리 상륙작전도 터키군의 선전으로 실패하고 말았다. 이 전투로 연합군의 사상자가 무려 25만 2,000명에 이르렀으며, 터키군의 사상자도 25만 1,000명에 달했다.

1915~1916년 동맹국은 동유럽과 발칸에서의 적극적인 공세로 전

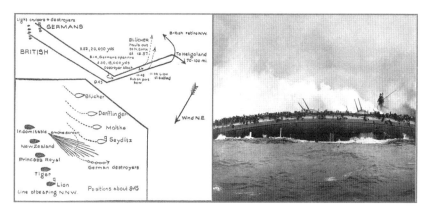

그림 5.15 **도거뱅크 해전에서의 기동 개념도 및 침몰하는 독일 순양함 블뤼허**[187]

체적인 국면이 독일 측에 유리하게 전개되었다. 그러나 몇 차례의 대규모 전투가 있었던 서부 전선에서의 교착 상태는 타결되지 않고 있었다.

이 같은 육상 전투와는 달리 해상에서는 영국이 압도적인 우세를 유지했다. 그동안 독일 해군은 대폭적인 증강에도 불구하고 영국 해군의 수적인 열세를 뒤집지 못했기 때문에, 개전 이래 영국 해군이 감행한 대륙 봉쇄에 따라 북해의 기지에 갇혀 꼼짝을 못하고 있었다. 당시 중요한 해전으로는 1915년 12월의 도거뱅크 해전과 1916년 5월의 유틀란트 해전이 있었다. 하지만 모두 중요한 의미를 부여할 만한 승패를 가리지 못했으며, 이런 상황에서 영국의 해상 지배는 굳건하게 유지되고 있었다.

도거뱅크 해전은 1915년 1월 24일 영국의 봉쇄에 대응하기 위해 도거뱅크 해역에 접근한 독일 프란츠 폰 히페르(Franz von Hipper) 제독의 중순양함 4척, 경순양함 4척, 구축함 19척과, 정보에 의해 독일의 접근을 인지한 영국 해군 데이비드 비티(David Beatty) 제독의 중순양함 5척, 경순양함 7척, 구축함 30척 등이 약 6시간에 걸쳐 치른 해전이다. 이 해전에서 영국 해군은 도주하는 독일 해군 진형의 선두와 후미 함정에 집중 공격을 가했다. 그 결과 독일 전대의 중순양함 1척이 침몰되었고, 다른 중순양함도 대파되었으며, 경순양함도 다수 손상을 입었다. 영국 함대는 통신 착오[188]와 독일 비행선의 공격으로 손상받은 독일 함대를 추적하지 않았고, 결국 독일의 중순양함 1척을 격침시키는 데 그쳤다. 하지만 이 전투는 영국 해군의 사기를 높이는 데 매우 큰 영향을 끼쳤다.

도거뱅크 해전의 패배에 따른 독일 황제의 지시에 따라 독일 측은 이후부터 수상함의 작전 투입을 억제하고, 함대의 보존에 힘쓰게 되었다. 그리고 독일은 블뤼허(Blücher)함의 침몰 원인이 되었던 함정 포탑과 포탑 내 보관 탄약의 방호 문제를 보완해 나갔다.[189]

1916년 5월 31일, 존 젤리코(John Jellicoe) 제독이 이끄는 영국 함대는 라인하르트 셰어(Reinhard Scheer) 제독의 독일 함대에 맞서 1차 대전 중의 가장 큰 규모의 해전인 유틀란트(Jutland) 해전을 치르게 된다. 독일 해군의 이 해전의 목표는 "가능한 많은 영국 해군의 함정을 격침시켜 독일 해군과의 전력 격차를 해소하고, 독일 연안에 가해지는 영국의 해상 봉쇄를 타파함으로써 독일의 상선들이 해상 교통로를 안전하게 이용할 수 있게 만드는 것"이었다. 독일 해군은 영국 함대를 분산시켜 각개 격파하고, 독일 잠수함이 대기하고 있는 해역으로 영국 함대를 유인하여 공격함으로써 이 목표를 달성하고자 했다. 그러나 독일의 암호 체계를 사전에 입수한 영국 해군은 독일의 작전 계획을 알아내 대비하고 있었다.[190]

영국 해군은 "결정적 승리를 통해 차후로 독일 해군이 영국에 도전하지 못하도록 하고, 독일 해군을 그들의 기지에 묶어 두어 독일 해군을 영국의 해상 교통로에 가까이하지 못하도록 함으로써 해상 교통을 안전하게 유지하는 것"을 이 해전의 목표로 삼았다.

덴마크 인근 해상에서 벌어진 이 전투에서 영국 해군은 주력함 3척, 순양함 3척, 구축함 8척을 잃었고, 6,000명의 병사들이 사망했다. 독일 해군은 드레드노트 2척, 순양함 3척, 구축함 4척, 그리고 2,500명의 병사들을 잃었다. 독일 황제 빌헬름 2세는 이 해전에서 독일이 대승리를 거두었다고 공표했다. 그러나 실제로 유틀란트 해전은 독일이 기대했던 결정적인 승리를 안겨주지 못했다.

1916년 6월 2일, 영국의 젤리코 제독은 그가 작성한 보고서에서 자신의 함대는 4시간 안에 다시 출동할 준비가 되어 있다고 언급했다. 해전으로 인해 일부 피해가 있었지만, 영국의 전반적인 해군력은 아직도 건재함을 나타낸 것이다. 반면에 독일 해군의 셰어 제독은 독일 황제에게 8월 초까지는 독일 해군이 군사 작전에 나서는 것이 불가능할 것이라는 보고를 올렸다. 실제로 같은 해 독일 해군은 두 차례 더 출동했으나, 두 번 모두 영국 해군을 발견했다는 보고를 받자마자 그대로 기지로 돌아오고 말았다. 결과적으로 유틀란트 해전은 제1차 세계대전의 남은 기간 동안 전략적으로나 심리적으로나 여전히 영국이 대

그림 5.16 **유틀란트 해전 시 영국과 독일의 전력 및 손실 비교**[191]

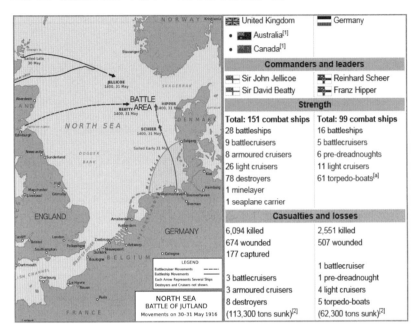

서양에서의 해양 통제를 장악하고 있다는 사실을 다시 한 번 확인시켜 주었다.[192]

독일 해군이 오랜 기간 동안 그들의 전력을 증강하면서 영국 해군의 해양 지배를 극복하고자 했던 노력은 사실상 실패로 끝나고 말았다. 오랜 해양 중심 사상의 전통을 바탕으로 쌓아 온 영국 해양력의 우세에 밀려 제대로 된 교전을 해보지 못한 것이다. 유틀란트 해전에서 영국 해군의 피해가 독일 해군에 비해 더 컸던 것은 사실이나, 그것만으로는 세계의 역사를 바꿀 만한 영향을 끼치지 못했다. 영국 해군은 여전히 독일 해군에 비해 우위의 전력을 유지하고 있었으며, 이 해전 이후 독일 해군은 영국 해군에 대해 도전하지 못하고 잠수함에 의해서만 영국의 해상 교통을 방해하는 수동적인 해군 작전을 수행했다.

1917년 1월, 수상함 전력의 열세를 극복하지 못한 독일은 무제한 잠수함전을 시작했다. 이것은 영국 주변의 해역에서 중립국을 포함한 모든 국가들의 상선을 경고 없이 격침하는 것이었다. 식량이나 무기를 만드는 모든 재료를 외국으로부터의 수입에 의존하는 영국을 굴복시키려고 한 것이었다. 독일의 잠수함은 많은 전과를 올렸으나, 영국도 중립국의 상선까지 동원해 운용하며 해상 교통을 유지했기 때문에 독일의 무제한 잠수함전은 1917년 4월 미국의 참전을 정당화시키면서 이듬해 연합국의 승리로 전쟁이 종결되도록 하는 역효과를 가져왔다.

궁극적으로 제1차 세계대전 때의 해전은 마한이 주장했던 함대 결전 등의 정형화된 해전보다는 잠수함 작전, 대규모 상륙작전, 선단 호송작전, 그리고 기뢰전과 같은 해전 양상으로 발전되었다. 또한 해상 교통로 장악을 위한 함대 결전보다 잠수함에 의한 통상(通商) 파괴전과 이를 저지하기 위한 대잠수함 작전 양상으로 전개되었다.[193] 그러나 이런 함대 결전 이외의 작전을 가져오게 한 근본적인 배경은, 해양력의 차이를 다른 수단으로 극복하기 위해 단편적인 방법을 추구한 것에 불과할 뿐이었다. 결과적으로 해양력의 우세를 차지한 국가에 의해 바다가 독점적으로 지배되었다고 해도 과언이 아니다.

이와 같이 제1차 세계대전은 해양력의 경쟁에서 촉발되었다. 당시 세계적으로 만연하고 있던 제국주의, 즉 해외 식민지 쟁탈은 바꾸어 말하면 해양력의 경쟁이었다. 강력한 해양력으로 세계의 해양을 지배하고 있던 영국에 대항하여 아직 충분히 해양 통제 능력을 갖추지 못한 독일이 도전한 것이다. 비록 1차 대전의 주요 무대가 바다보다는 육지에서의 교전으로 진행되었다고는 하나, 양측의 궁극적인 목표는 해외 영토의 확장과 이를 용이하게 관리할 수 있는 여건, 즉 해상 교통의 자유를 유지하는 데에 있었음을 간과해서는 안 된다.

이러한 관점에서 본다면, 영국은 그들이 오랜 기간의 노력과 투쟁을 통해 확보한 완벽한 해양 통제 능력을 활용하여 해양 이용의 자유를 영유했고, 상대국들의 자유로운 해양 사용을 거부함으로써 전쟁 목표를 달성하는 데 해양력의 우세를 충분히 활용했다. 반면에 독일은 해양력의 열세를 극복하지 못함으로써 바다를 적극적으로 활용하지 못했다. 결과적으로 독일은 영국의 해양 우세를 스스로 인정하고, 이에 대응하기에 급급한 수세적이며 임시방편적인 해군력 운용에 그치고 말았다.

독일은 유틀란트 해전을 통해 영국의 해군력을 최대한 감소시킴으로써 해군력의 열세를 극복할 수 있는 기회로 삼으려 했고, 잠수함전을 통해 영국의 해양 사용을 제한하고자 했다. 그러나 영국의 오랜 해양 중심 사상에서 비롯된 막강한 해양력과 스페인, 네덜란드, 프랑스 등의 도전을 물리친 해양력 경쟁의 축적된 경험을 이겨내지 못하고, 결국 영국의 해양 지배를 그대로 인정해 주는 결과를 만들고 말았다.

07

영국 해군력의 쇠퇴와 미국 해군력의 급성장

제1차 세계대전 이후 군사력 감축을 위한 조치들이 나타났다. 1차 대전 확전의 결정적인 이유가 대규모 군사력 건설에 의한 자동 개입이었기 때문에, 전후에는 이를 방지하기 위해 계속되는 군사력 경쟁을 억제하기 위한 군비 통제가 추진되었다. 주요 강대국들은 또 다른 전쟁 가능성에 대한 우려를 나타내며 대대적인 군사력 감축에 돌입했다. 이들 국가들은 전후 복구를 위한 경제 회복에 관심을 두었기 때문에 재정적 부담이 되는 전력 증강을 대폭 축소했다.[194]

그러나 한편으로는 군사력 증강 논리도 대두되고 있었다. 1929년에 도래한 대공황을 타개하기 위해 많은 국가들이 중공업 위주의 기

그림 5.17 **항공모함의 발전 과정**[195]

푸드르함

USS 랭글리함

HMS 헤르메스함

USS 새러토가함, 엔터프라이즈함 등

간산업을 양성하게 됨으로써 각국의 군사력이 오히려 증강되는 역효과가 나타났다. 특히 해외 시장 기반이 약한 독일, 이탈리아, 일본에 대한 경제적 타격이 심해 이들 국가들은 국가 지상주의를 빙자한 군국주의로 치닫고 있었다. 독일과 이탈리아 등의 패전국들이 통일된 국가로 발전했으며, 이 국가들에 군국주의 정부가 들어서면서 대대적인 군사력 건설이 추진되었다. 이에 자극을 받은 영국도 독일을 견제하기 위해 대대적인 군사력 건설을 추진하게 되었다.

아시아의 경우, 러일전쟁의 승리로 국위가 상승한 일본이 영국과 동등한 수준의 군사력을 보유하는 자격을 얻게 됨으로써 국가 전반에 걸친 군사화를 추진하며 태평양으로의 진출을 시도했다. 이에 따라 미국 역시 태평양에서의 일본의 위협에 대응하기 위해 대규모의 군사력을 건설했다.[196] 1차 대전 종료 후 불과 10년도 채 되지 않아 각국은 마한의 해군 지상주의를 지향하는 해군력 경쟁 체제에 돌입했다. 당시 해군력 건설은 승전국과 신흥 강대국 간 군사력 경쟁의 주요 현안이 되었다. 전쟁 종료 후 대규모 지상군 건설이 어려웠던 반면에, 해외 식민지 및 해외 시장 재분할 경쟁에서 우세한 입장을 선점하기 위해 주로 해군력 건설에 관심이 집중되었기 때문이다.

영국과 독일 등 전통적인 강대국들은 전함 위주의 해군력을 증강시켰으며, 미국과 일본 등의 신흥 강국들은 항공모함 위주의 해군력 건설에 주력했다. 미국은 1차 대전에 참가하고 승전국이 되어 영국에 이어 세계 제2위의 해군력을 보유하게 되었다. 미국은 대규모 해군력을 유지하고 건조하는 데 드는 재정적 부담을 줄이고, 일본의 태평양에 대한 영향력을 제한하기 위해 이른바 '5대 해군 강대국 해군 군축회의'를 제안했다. 1922년 영국, 미국, 일본, 프랑스, 이탈리아의 외무장관들은 이들 국가의 향후 10년간 전함과 순양함 등 주력함의 비율을 '5 : 5 : 3 : 1.75 : 1.75'로 하고, 교체 선령을 20년으로 제한하며, 전함의 경우 최대 톤수는 3만 5,000톤, 포는 최대 16인치로 하는 '워싱턴 해군 군축조약'에 합의했다.[197]

이와 같이 유럽과 아시아의 강대국들이 군축조약에 합의했으나, 신흥 강대국 반열에 진입하고 있던 독일과 러시아는 군축조약에 불참

했다. 그 조약의 실행을 검증할 제도적 장치가 없고, 잠수함과 항공기에 대한 합의를 이끌어내지 못했기 때문이다. 또한 영국이 싱가포르에, 미국이 하와이에 기지를 건설할 수 있도록 예외를 두는 등의 문제점으로 인해 실효를 거두지 못했다. 실제로 군축회의 후 신흥 강대국들이 전함 건조 제한을 피하기 위해 항공모함과 잠수함 등 또 다른 해군력을 증강하는 역효과가 나타났다.[198] 이런 문제점을 해소하기 위해 여러 노력들이 시도되었으나, 각국의 이해가 서로 다르고 자국 중심의 군사력 건설에 집착하고 있던 세계정세는 또 다른 전쟁으로 치닫고 있었다.

1929년부터 미국과 유럽을 강타한 경제 대공황이 해군력 감축의 필요성을 제공하는 중요한 계기가 되었다. 하지만 세계의 주요 강대국들은 여전히 또 다른 전쟁이 발발할 것이라는 생각을 갖고 있었다. 이를 기회로 실권을 장악한 군국주의 정부는 경제적인 어려움과 국가 정체성 하락 등의 국내 문제를 전환하기 위해 군사력 증강과 대외 강경책을 추진했다.

미국의 경우도 1차 대전 이후에 지속적인 해군력 증강을 추진했다. 워싱턴 군축조약과 1930년 런던 해군 군축조약에서 미국은 영국과 동등한 해군력 건설을 보장받아 실질적인 강대국으로 인정받았다. 그러나 미국은 고립주의와 대공황에 따른 경제적인 어려움으로 군축조약에서 합의한 수준의 해군력조차 보유하고 있지 못했다.[199]

그러나 일본의 해군력 증강은 미국으로 하여금 해군력 증강에 관심을 갖게 했다. 미국은 '태평양 함대 증강, 해상 항공작전 능력 증대, 상

그림 5.18 **항해 중인 미국 해군의 백색함대**(선두는 기함인 코네티컷이다)[200]

류작전 능력 향상, 잠수함 작전과 해상 군수 지원 능력 향상' 등에 중점을 두어 해군력을 증강하게 되었다.[201] 마한 제독의 강한 해군력 확보 필요성에 뜻을 같이한 당시의 미국 대통령 시어도어 루스벨트는 경제적인 어려움에도 불구하고, 전체 국가 예산의 20.7퍼센트에 달하는 1억 달러를 매년 해군 예산에 투입하여 해마다 전함 1척씩을 건조하게 했다.[202] 그는 이른바 '곤봉 정책(Big stick Diplomacy)'이라 불리는 강압 외교의 주요 수단으로 해군력 강화의 필요성을 강조했다. 루스벨트는 그가 건설한 '백색함대(Great White Fleet)'를 미국의 국위 선양과 외교 정책의 도구로 아주 과감하게 활용했다.

1941년 일본 해군의 진주만 기습이 있기 전, 미국 해군은 전함 15척, 항공모함 11척, 순양함 54척, 구축함 191척, 그리고 잠수함 73척

그림 5.19 **미국 해군 백색함대의 세계일주**(1907년 12월~1909년 2월) **항로**[203]

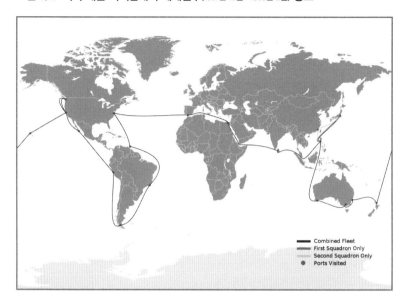

을 보유한 강대국으로 부상했다. 당시 미국 해군은 세계에서 가장 많은 구축함을 보유하고 있었고, 항공모함은 일본 해군과 동일한 수준이었으며, 잠수함의 경우 이탈리아 해군 다음으로 많은 수를 보유하고 있었다.[204]

반면에 그동안 전 세계 최고의 해양 강국으로 인정받았던 영국의 경우는 해군력의 쇠퇴기에 접어들면서 미국에게 해양 패권을 넘겨주는 시기를 맞게 되었다. 국가 경제의 어려움 때문에 해군력 증강에 소요되는 예산을 감소시킨 것이 원인이었지만, 영국 정부의 성격 변화가 더욱 큰 요인이었다. 사회복지 분야의 대폭적인 예산 증액은 결과적으로 해군력 증강에 소요되는 예산을 감소시키는 결과를 가져왔다. 1차 대전 이전에 정부 지출의 25퍼센트까지 배정되었던 해군 예산은 6퍼센트로 감소되었다. 1919년 8월 영국군은 "향후 10년 동안 대전이 발생하지 않을 것이라는 가정에 입각하여 예산 초안을 만들 것"을 지시받았다. 그로 인해 해군 예산의 삭감이 이루어졌다. 1918~1919년 2년 동안 3억 5,600만 파운드에 달했던 해군 예산은 1923년에는 5,200만 파운드로 대폭 감소되었다.[205]

영국 해군은 정부가 받아들인 워싱턴 군축조약의 합의 사항에 대해 강력하게 저항했다. 세계 최고의 해군력이라는 자부심을 가지고 있었던 영국 해군은 특히 두 가지 점에서 아쉬움을 금치 못했다. 하나는 몇 세기 만에 처음으로 영국 해군이 해군의 지배력을 갖추는 것이 아닌 '동등함'에 만족[206]한다고 선언했다는 점이다. 다른 하나는 국방에 필요한 수준의 해군력이 아니라 국제 조약에 얽매인 해군력을 보유하는 데 동의했다는 점이다.

예산의 감축은 영국 해군의 사기뿐만 아니라 조선 산업에도 악영향을 미쳐 숙련된 기능공들이 조선소를 점차 떠나게 되었다. 이후 영국 해군이 세계대전의 전운을 느끼면서 새로운 함정 건조 계획을 세우기 시작하고, 재무성이 그 계획을 반대하지 못하게 되었을 때, 영국의 조선업은 이런 급박한 함정 주문을 소화할 수 있는 생산력을 더 이상 보유하지 않은 것으로 드러났다. 1914년에 111척의 함정을 건조했으나, 1924년에는 25척만을 건조했던 조선업의 급격한 활동 감소는 영국 해군의 재무장이 지연되는 중요한 원인이었다.[207]

제2차 세계대전이 발발했을 때, 영국의 해군력은 전함과 전투 순양함 12척, 항공모함 6척, 순양함 58척, 구축함 100척, 소형 호위함 101척, 그리고 잠수함 38척뿐이었다.[208] 이는 당시 미국 해군이 보유했던 전력의 약 절반에 해당되는 것이었다. 해군력 강화에 집중했던 미국 정부와 달리, 해군력 건설에 공백을 초래했던 영국 정부의 성격 변화가 전 세계의 해양을 지배해 오던 해양 우세를 미국에 넘겨주는 결과를 만들게 되었다.

08

제2차 세계대전 후
초강대국으로
부상한 미국

    1939년부터 1945년까지 전 세계에서 독일, 이탈리아, 일본을 중심으로 한 주축국과 영국, 프랑스, 미국, 소련 등을 중심으로 한 연합국 사이에 세계대전이 발발했다. 1939년 9월 독일의 폴란드 침공으로 발발한 이 전쟁은 1945년 8월 일본의 항복으로 끝날 때까지 무려 5,000만 명에 이르는 군인과 민간인이 희생되었다. 제2차 세계대전의 양상을 구체적으로 살펴보면 다음과 같다.

    1939년 9월 1일, 독일과 슬로바키아가 폴란드 침공을 단행했다. 9월 3일 프랑스와 영국, 영국 연방 국가가 독일에게 선전포고를 했다. 영국과 프랑스는 독일의 전쟁 능력을 감소시키기 위해 9월 3일부터

해군을 이용한 독일의 봉쇄를 개시했다.[209]

　폴란드에 침입한 독일군은 2주일도 안 되어 폴란드 주력군을 격파했다. 영국과 프랑스는 독일에 대해 적극적인 공세를 취하지는 않았다. 독일과 프랑스 국경을 따라 구축된 요새 마지노선에 의존하여 국경을 방어하고, 우세한 해군력을 활용한 해상 봉쇄와 경제 압박에 의하여 독일의 국력을 소모시키고자 했다. 영국과 프랑스는 핀란드 원조를 구실로 나르비크(Narvik : 노르웨이 북부에 위치한 항구 도시로 부동항이다. 스웨덴 북부의 키루나에서 생산되는 철광석을 배로 옮겨 싣는 선적항이다) 등 노르웨이의 항구들을 확보하여 독일 공업에 불가결한 스웨덴의 철광석을 장악하려 했다. 그러나 독일군은 선제 기습을 감행하고 덴마크를 점령함과 동시에, 노르웨이에 침입하여 영국과 프랑스군을 격퇴했다.

　한편 독일군은 프랑스가 믿고 있던 마지노 방어선을 우회함으로써 6월 14일에 파리를 점령했다. 이탈리아는 6월 10일에 참전하여 남 프랑스에 진주했다. 1940년 5월 10일 독일군은 중립국인 벨기에, 네덜란드, 룩셈부르크를 침입했고, 마지노선의 북단을 거쳐 영국 해협으로까지 진출했다. 북부에 고립되어 있던 영국군과 프랑스군 30만은 됭케르크(Dunkirk : 프랑스 북부의 항구 도시)에서 영국 본토로 철수했다. 다이나모 작전(Operation Dynamo)으로 불리는 이 철수작전에는 5월 27일부터 6월 4일까지 영국과 연합국의 함정 및 선박 총 861척이 동원되었으며, 총 33만 8,256명의 병력이 영국으로 철수했다.

　됭케르크 철수작전 이후에도 2차 대전을 치르는 동안 줄곧 연합국의 해군은 전쟁의 핵심적인 역할을 수행했다. 연합국 해군은 미국 해군이 중심이 되어 두 개의 전역에서 전투를 벌였다. 대서양 전역에서는 독일의 잠수함전에 대응하여 해상 교통로 보호작전과 상륙작전을, 태평양에서는 일본 해군으로부터 해양 통제 확보를 위한 항공모함 전투와 함께 상륙작전을 훌륭하게 수행했다.

대서양 전역에서 해양력의 역할

아돌프 히틀러(Adolf Hitler)는 강대한 독일 육군의 전격전(電擊戰)과 항공 세력만으로도 쉽게 승리할 수 있다는 확신을 가지고 해군력은 아예 고려하지 않은 채 전쟁을 시작했다.

1939년 독일 해군은 전함들로 구성된 전함 부대와 순양함과 구축함 및 어뢰정, 소해정으로 구성된 초계 부대, 그리고 카를 되니츠(Karl Dönitz) 제독 지휘하의 잠수함 부대로 나뉘어 있었다. 독일 해군은 예상보다 빨리 시작된 전쟁 때문에 수상함 건조는 모두 중지하고 잠수함 건조에 전력을 다했다. 그 이유는 함대 결전을 되도록 피하고, 대영 통상 파괴전에 집중하기 위한 전략 때문이었다.[210]

이에 대해 영국 해군은 독일 해군의 봉쇄를 해상작전의 중점으로 삼았다. 스코틀랜드 북단에 위치한 군항 스캐퍼플로(Scapa Flow)를 거점으로 북해 연안과 발트 해에 걸친 봉쇄작전을 펼쳤다. 독일의 잠수함 U-47에 의해 영국의 로열오크(Royal Oak)함이 침몰되면서, 독일은 잠수함에 의한 통상 파괴전에 더욱 적극성을 갖게 된다.[211] 독일의 전함 아드미랄 그라프슈페(Admiral Graf Spee), 신예 전함 비스마르크(Bismarck) 등의 수상함에 의한 통상 파괴전도 시도되었다. 그러나 현

저한 우위를 보이고 있던 영국 해군력의 공격에 의해 그라프슈페함이 침몰했고, 1941년 5월에는 전함 비스마르크도 영국의 항공모함 아크로열(Ark Royal), 킹조지 5세(King George V) 등의 수상함과 항공기의 탐색과 추격 끝에 집중 공격을 받고 침몰되었다. 비스마르크가 영국의 순양함 도싯셔(Dorsetshire)의 최후 어뢰 공격으로 대서양에서 침몰됨으로써 독일의 수상함에 의한 통상 파괴 작전은 저지되었다. 히틀러의 영국 침공 계획도 영국 함대의 실질적인 위협으로 인해 도버해협에서의 해상 통제를 장악하지 못한 점과 공중 우세를 확보하지 못한 점 등을 이유로 포기하고 말았다.

수상함 전력의 열세와 통상 파괴 측면에서 잠수함의 유용성을 확신한 독일은 잠수함을 세계 곳곳의 바다에 분산 배치하여 통상 파괴 작전을 시행했었다. 이 전쟁에 참가한 잠수함은 연합군과 주축국을 합하여 2,406척에 이르렀으며, 그중에서 침몰한 잠수함은 1,215척이었다. 2차 대전에 동원된 구축함의 총 수가 약 2,000척, 침몰된 수가 500척에 지나지 않은 것과 비교하면, 당시 잠수함의 규모와 손실 정도가 얼마나 막대한 것인지 알 수 있다. 독일은 1,115척에 이르는 유보트(U-Boat)를 전쟁 기간 동안 투입하여 연합국과 중립국의 함선 2,770척 1,450만 톤을 격침하는 막대한 전과를 올렸다. 그러나 미국이 중심이 된 연합국의 함선 건조 능력과 대(對)잠수함전의 강화에 압도되어 패퇴하고 말았다.[212]

잠수함의 위협이 감소된 영국과 프랑스 해협에서 연합군은 대규모 상륙작전을 감행했다. 1944년 6월 24일을 공격 개시일로 6시 30

그림 5.20 **노르망디 상륙작전 기동 개념도**[213]

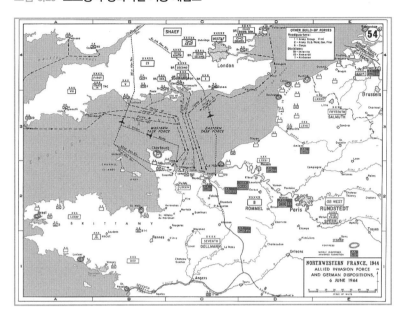

분에 실시된 이 상륙작전은 유타(Utah)·소드(Sword)·주노(Juno)·골
드(Gold)·오마하(Omaha) 해안 등 약 60킬로미터 길이의 해안에서 진
행되었다. 총사령관 드와이트 아이젠하워(Dwight Eisenhower)의 지휘
하에 15만 6,000명의 상륙군이 이 작전에 참가했다. 영국 해군의 버
트럼 램지(Bertram Ramsay) 제독이 지휘하는 연합 해군 부대에는 총
6,939척의 함선이 동원되었다. 이 부대는 1,213척의 전투함과 4,126
척의 대규모 수송함으로 구성되었다. 해군 부대는 7개 사단에 이르는
상륙군 부대를 영국의 항구에서 상륙 목표 해안까지 수송했으며 수
송 선단 호위, 함포 지원 등의 역할을 훌륭하게 수행했다. 당시 태평

양 전역에서의 상륙작전을 수행하기 위한 미국의 해군 수송함의 필요로 인해, 이 지역에 투입된 미군의 상륙군들은 수송함의 부족을 느끼기도 했다.[214] 1944년 7월 2일까지 계속하여 7개 사단 병력 약 100만 명, 물자 약 57만 톤, 각종 차량 17만 대 등이 노르망디 해안에 상륙했다.[215]

본격적인 상륙 돌격에 앞서 실시된 공수 낙하 등의 기만작전이 독일 방어 부대의 상륙 해안 집중을 방해함으로써 기습적인 상륙작전은 성공했다. 연합군의 노르망디 상륙작전의 성공으로 독일군은 동부 전선의 소련군과 서측의 연합군과의 두 개 전선에서 전투를 벌이게 되었다. 이 상륙작전 이전에는 바다 건너밖에 위협 세력이 없던 독일군의 서부 전선에 새로운 지상 위협 세력이 나타나게 된 것이다. 이 지상 위협은 고전을 면치 못하고 있던 동부 전선에도 영향을 미쳐 소련에 대한 독일군의 압력을 줄일 수밖에 없게 되었고, 그로 인해 소련의 공세가 더욱 효과를 발휘하게 되었다.

1944년 12월 16일, 독일은 서부 전선에서 서방 연합군을 물리치기 위해 모든 예비 병력을 모아 벌지(Bulge) 전투를 시작했다. 그러나 서방 연합군의 주요 보급 항구인 앤트워프(Antwerp) 항구를 점령할 수는 없었다. 이 같은 독일의 공세는 어떠한 전략적인 목표도 이루지 못한 채 실패했다. 한편 이탈리아에서는 교착 상태가 지속되고 있었다.

1945년 1월 중순, 소련군은 폴란드 지방에서 공세를 시작했다. 비슬라-오데르(Vistula-Oder) 공세로 독일 본토로 진격하고, 동프로이센 공세로 이 지역을 점령했다. 같은 해 2월 4일 미국, 영국, 소련의 지도자들은 얄타(Yalta)에서 만났다. 그들은 전후 독일 점령에 동의하고, 소련은 일본에 대한 공격을 시작할 것이라고 약속했다. 2월이 되어 소련은 폴란드 서남부의 슐레지엔(Schlesien) 공세와 동포메라니안(Pomeranian : 독일과 폴란드 북부 발트 해 연안 지역) 공세를 시작하고, 서방 연합군은 독일 본토로 진격하며 라인 강을 점령했다. 3월에 서방 연합군은 라인-루르(Rhein-Ruhr)의 북부와 남부를 점령하며 루르 포위전으로 독일의 B집단군을 포위했으며, 소련은 빈(Wien) 공세를 시작했다. 4월 초 서방 연합군은 마침내 이탈리아로의 공세를 성공하며 독일 서부로 진격했고, 소련군은 4월 말 베를린 공방전을 시작하여 4월 25일에는 연합군과 소련군이 엘베(Elbe : 폴란드와 체코의 국경 지대에 위치한 산맥에서 발원하여, 체코 북부와 드레스덴 등 독일 동부를 지나 함부르크 부근에서 북해로 흘러든다) 강에서 만났다.

1945년 4월 30일, 전세가 독일에 불리하게 기울자 히틀러는 지하 벙커에서 자살했다. 5월 7일, 독일 국회의사당을 방어하던 독일군이 항복하며, 제3제국(나치 독일, 즉 나치스 통치하의 독일을 이르던 말)은 멸망했다.[216]

2차 대전 개전 초기, 대륙에서의 참패 이후 영국은 단순히 전쟁 상태를 유지하면서 미국이 정식으로 참전하는 데 필요한 정치 및 지리 전략적인 구도를 갖추어 나갔다. 해군력과 항공력이 히틀러의 영국에 대한 침공을 억제해 줌으로써 영국은 전쟁에 계속 참여할 수 있었다. 영국의 해군력은 해상 교통로가 유지될 수 있도록 하는 데 효과적으로 운용되었다. 대륙으로 상륙하기 위해 필요한 유럽 지역으로의 미국의 군사력 집결은 히틀러의 계속된 공격에도 영국이 건재했고, 또한 미국의 조선 능력 덕분에 확보하고 있었던 영국과 미국 연합군의 해양력 우세 때문에 가능했다.[217]

지리적으로 볼 때 연합국들은 바다를 통해 직접 지원 가능한 해양 연합이었다. 독일의 해상 거부적인 전략을 무효화시키는 방어적인 임무에서도 영국과 미국의 해군력은 상호 협조하며 해양 통제 임무를 훌륭하게 수행했다. 영국과 미국의 지상군도 수중, 수상, 공중의 바다가 확실하게 통제되었기 때문에 바다를 건너 투입될 수 있었다. 독일과 일본이 연합국 측의 실질적인 해양 통제 행사를 저지하는 데에 실패했던 이유는 연합국들의 모든 인적, 경제적 잠재력이 자유롭게 동원될 수 있었고, 신축성 있게 전개될 수 있도록 해양 우세가 허용되었기 때문이다.[218]

해양력은 영국으로 하여금 계속 전쟁을 수행할 수 있도록 했고, 미국을 연합국으로 참전하도록 함으로써 히틀러의 대륙 전역 구상에 결정적인 좌절감을 안겨주었다. 즉 해양력은 영국을 중심으로 한 해양 연합의 기능 수행을 유지시켜 준 중요한 요소였다.

전쟁이 계속되는 동안 연합국의 해양력은 노르웨이에서 에게 해에 이르기까지 유럽의 모든 해안에서 독일에게 위협을 가했다. 직접적인 상륙작전을 실시함으로써 히틀러가 그의 계획대로 승리하거나 또는 독일의 동부 전선이 히틀러가 원하는 만큼 교착 상태에 머무는 것을 제지할 수 있었다. 한편 연합국인 러시아에게는 해안을 통해 직접적인 원조를 제공할 수 있었다. 연합 해양력은 영국의 전방 항공 기지와 지중해 부근의 항공 기지를 보호하고, 새로운 기지를 확보하도록 함으로써 미국의 전략 항공 전력이 독일의 산업 시설들을 타격하는 데 필요한 활동 영역을 제공했다. 그 결과 독일이 전쟁 경제를 지탱할 수 없도록 하는 데 기여했다. 다시 말해서 연합 해양력은 연합군의 전략적인 가능성의 원동력이었다. 해양력이 직접적인 전쟁의 승리를 보장한 것은 아니었지만 승리를 가능하도록 만든 것이다.

근본적으로 유럽에서의 2차 대전은 독일에 의해 구축된 대륙 요새의 세력 팽창에 대항하여 바다에 의존하는 국가들의 대규모 포위작전이었다. 연합국의 해양력은 유럽의 대륙에서나 공중에서 연합국이 승리하도록 만들었다.[219]

태평양전쟁에서 해군력의 활동

태평양전쟁의 시작을 가져온 일본의 진주만 공습은 1941년 12월 7일 일요일에 이루어졌다. 하와이 주 오하우(Oahu) 섬 북쪽의 미국 해군의 전탐 감시소는 하와이 북쪽의 137NM(Nautical Mile, 海里 : 항해, 항공 등에서 사용되는 길이의 단위로, 1NM은 1.852킬로미터이다)에서 접근하는 일단의 비행기들을 탐지했다. 일본군의 기습공격을 예상하지 못했던 미군은 이를 심각한 상황으로 보지 않았다. 이에 미국 해군은 큰 대가를 치르게 되었다. 일본이 진주만 공습을 단행했을 때 항공모함 렉싱턴(Lexington)과 엔터프라이즈(Enterprise)는 웨이크와 미드웨이 섬으로 이동 중이었고, 새러토가(Saratoga)는 샌디에이고에 입항해 있었다. 애리조나(Arizona) 등 7척의 대형 전함과 89척의 다른 전투함들은 부두에 계류 상태에 있었다.

한편 뇌격기 40대, 폭격기 51대, 급강하 폭격기 49대, 전투기 43대로 구성된 일본의 공격기 제1파는 진주만 북쪽 275NM에 도착한 6척의 항공모함에서 6시에 이륙했으며 7시 55분부터 공격을 개시했다. 그리고 계류해 있던 미국 해군 함정과 비행장의 항공기들을 파괴하고, 8시 25분에 이 같은 공격을 완료했다. 이어 160대의 일본군 항공기 제2파가 미국 해군의 정비창, 군인 막사, 비행장을 공격했다.

두 차례에 걸친 일본군의 공격으로 애리조나를 비롯한 미국 전함 4척이 침몰했고, 3척이 심각한 손상을 입었으며, 8척의 순양함과 구축함이 피해를 입었다. 미국 육군 항공대의 항공기 143대 중 56대가 파괴되었고, 해병대는 49대 중 23대가 파괴되었으며, 해군은 36대 중 27대의 항공기를 잃었다. 당시 두 차례의 일본군 공격에서 300대가 넘는 일본 항공기가 출격했는데 거의 대부분의 항공기가 온전하게 출격했던 항공모함으로 돌아왔다. 일본 항공기 29대는 격추되고, 74대는 손상을 입었지만 상당수의 항공기가 무사하게 발진한 항공모함으로 돌아올 수 있었다.[220]

아시아 지역에서 일본은 말레이반도에 주둔한 영국군에 대해서도 공격했다. 진주만 공습 3일 후인 12월 10일, 일본의 폭격기들은 영국의 전함 프린스 오브 웨일스(Prince of Wales)와 순양함 리펄스(Repulse)를 남중국해에서 격침했다. 일본 육군은 말레이 국경을 넘어 싱가포르를 향해 진격했고 괌, 웨이크 섬, 홍콩 등이 차례로 일본의 수중에 넘어갔다. 이처럼 일본군은 말레이반도 남쪽으로 급속하게 세

그림 5.21 산호해 해전 시 일본군의 'MO작전' 계획[221]

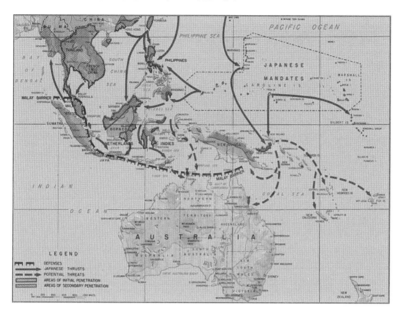

력을 확장해 나갔다.

태평양전쟁 초기 일본의 공격에 일방적으로 시달리던 미국은 1942년 4월 항공모함 엔터프라이즈와 호네트(Hornet)를 동원하여 B-25 폭격기로 도쿄에 대한 공습작전을 감행했다. 이 폭격작전은 일본의 수도가 미군의 공격으로부터 안전하지 못하다는 것을 일본으로 하여금 느끼게 했고, 이후 일본의 전쟁 수행 계획에 큰 영향을 미쳤다.

일본은 파푸아뉴기니, 피지, 사모아를 점령하여 미국에서 호주에 이르는 해상 교통로를 차단하고, 산호해(Coral Sea : 서남태평양, 솔로몬제도와 오스트레일리아 사이에 있는 해역)로 진출하여 미군의 거점을 박탈하고자

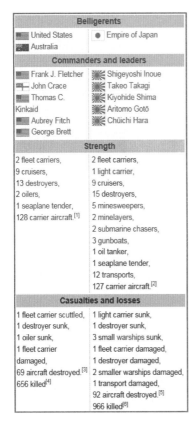

그림 5.22 산호해 해전의 참가 전력과 손실 비교[222]

Belligerents	
United States	Empire of Japan
Australia	
Commanders and leaders	
Frank J. Fletcher	Shigeyoshi Inoue
John Crace	Takeo Takagi
Thomas C. Kinkaid	Kiyohide Shima
	Aritomo Gotō
Aubrey Fitch	Chūichi Hara
George Brett	
Strength	
2 fleet carriers,	2 fleet carriers,
9 cruisers,	1 light carrier,
13 destroyers,	9 cruisers,
2 oilers,	15 destroyers,
1 seaplane tender,	5 minesweepers,
128 carrier aircraft.[1]	2 minelayers,
	2 submarine chasers,
	3 gunboats,
	1 oil tanker,
	1 seaplane tender,
	12 transports,
	127 carrier aircraft.[2]
Casualties and losses	
1 fleet carrier scuttled,	1 light carrier sunk,
1 destroyer sunk,	1 destroyer sunk,
1 oiler sunk,	3 small warships sunk,
1 fleet carrier damaged,	1 fleet carrier damaged,
69 aircraft destroyed.[3]	1 destroyer damaged,
656 killed[4]	2 smaller warships damaged,
	1 transport damaged,
	92 aircraft destroyed.[5]
	966 killed[6]

했다. 한편 미국의 체스터 니미츠(Chester Nimitz) 제독은 일본 해군의 진출을 차단하기 위해 요크타운(Yorktown)과 렉싱턴(Lexington) 항공모함 전투단을 산호해 전투에 투입했다. 5월 7일 일본군과 미군 양 함대의 거리가 175NM에 이르는 위치에서 교전이 벌어졌다. 항공모함과 항공기만으로 치러진 이 전투에서 미국은 일본의 경항공모함 쇼호(祥鳳)를 침몰시키고, 항공모함 쇼가쿠(翔鶴)에 피해를 입히며 전투에서 이탈하게 한 대신, 항공모함 렉싱턴과 유조선, 구축함 각 1척을 잃었다. 전술적인 패배가 있었지만, 미국은 일본의 뉴기니 상륙을 저지한 전략적인 승리를 거두게 된다.[223]

태평양전쟁 개전 이래, 모든 작전에서 실패한 적이 거의 없던 일본 해군은 산호해 해전에서 미군의 강력한 저항에 부딪혀 그들이 계획한 서태평양 침공 작전 계획, 즉 'MO작전'은 연기되었다. 또한 미드웨이(Midway : 태평양 중부, 하와이제도 서북쪽에 있는 산호초로 이루어진 작은 섬) 해전에서 일본군이 패배하면서 이 계획은 실현되지 못했다. 태평

그림 5.23 산호해 해전 시 미군과 일본군의 양측 기동 개념도[224]

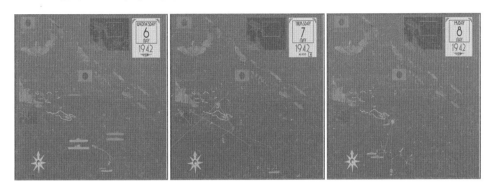

양에서 최후선까지 밀려간 연합국의 방어력과 공세 한계선을 초월하려는 일본의 공격력이 거의 맞물린 상태에서 전개되었던 전투가 바로 산호해 해전이었다.[225] 이 해전이 끝난 뒤 일본 해군은 더 이상의 세력 확장을 포기할 수밖에 없었다. 일본 해군의 많은 지휘관들이 우려하고 있던 대로 진주만 기습에도 불구하고 제거되지 않았던 미국의 항공모함들과 이 세력을 포함하여 우수한 해군력으로 이루어진 미국 해양력의 준비 태세가 일본 공세의 종말점에 이르게 한 것이다.

뒤이어 있었던 미드웨이 해전(1942년 6월 5일~7일)에서 미국과 일본 함대 간의 대결은 태평양전쟁 상황의 일대 전환점이 되었다. 개전 초기부터 해전의 주도권을 쥐고 있던 일본 함대의 전력은 미국의 태평양 함대에 비해 압도적으로 우세했다. 그럼에도 불구하고 일본 해군은 참담한 패배를 당했으며, 결국 태평양의 주도권을 미국 해군에게 넘겨줄 수밖에 없었다.[226]

태평양전쟁의 국면을 결정지을 수 있는 열쇠는 미국의 태평양 함대, 특히 기동부대의 섬멸에 있다고 내다본 야마모토 이소로쿠(山本 伍十六) 제독은 미일 양국의 국력 차이를 고려해서 가급적 조기 결전을 원했다. 야마모토 제독은 지난 4월 제임스 두리틀(James H. Doolittle) 중령이 지휘하는 폭격기 16대의 도쿄 공습을 당한 뒤로 정면 결전의 의지를 다지고 있었다. 일본이 미드웨이 작전을 전개하려는 데에는 두 가지 목적이 있었다. 미드웨이를 공격하여 일본이 사용할 항공 기지를 확보해서 그곳에서 미국의 기동작전을 저지한다는 것이었다. 그리고 미드웨이를 공격하면 미국의 태평양 함대가 반격해 올 것이므로, 그들을 유인하여 일본 함대의 모든 전력으로 격멸시킨다는 것이었다.

그림 5.24 **미드웨이 해전 시 미군과 일본군 양측의 전력 및 손실 비교**[227]

Belligerents	
United States	● Empire of Japan
Commanders and leaders	
Chester W. Nimitz	Isoroku Yamamoto
Frank Jack Fletcher	Nobutake Kondō
Raymond A. Spruance	Chūichi Nagumo
	Tamon Yamaguchi †
	Ryusaku Yanagimoto †
Strength	
3 carriers	4 carriers
~7 heavy cruisers	2 battleships
1 light cruiser	2 heavy cruisers
15 destroyers	1 light cruiser
233 carrier-based aircraft	12 destroyers
127 land-based aircraft	248 carrier-based aircraft[2]
16 submarines[1]	16 floatplanes
	Did not participate in battle:
	2 light carriers
	5 battleships
	6 cruisers
	~35 support ships
Casualties and losses	
1 carrier sunk	4 carriers sunk
1 destroyer sunk	1 heavy cruiser sunk
~150 aircraft destroyed	1 heavy cruiser damaged
307 killed[3]	248 aircraft destroyed[4]
	3,057 killed[5]

이를 위해 나구모 주이치(南雲忠一) 제독 휘하의 일본 제1기동부대는 항공모함 4척과 전함 2척, 순양함 3척, 구축함 12척으로 편성하여 미국의 태평양 함대를 격멸하고, 해군 육전대 2개 대대와 육군 1

개 연대가 수송함 12척으로 미드웨이 섬에 대한 상륙작전을 실시하도록 계획했다. 이 수송함들은 후치다 미쓰오(淵田美津雄) 제독의 제11항공전대와 다나카 라이조(田中賴三) 제독, 구리타 다케오(栗田健男) 제독의 순양함 5척과 구축함 13척 등의 호위를 받도록 했다. 제2함대 사령관 곤도 노부타케(近藤信竹) 중장의 전함 2척과 순양함 4척, 항공모함 1척을 비롯한 16척의 함정은 상륙 부대의 엄호와 상륙작전을 지원하는 임무를 부여받았다.[228]

한편 미국 해군의 니미츠 제독은 일본 해군이 사용하는 암호를 해독하는 데 성공하여 일본군의 작전 계획을 사전에 알아낼 수 있었다. 니미츠 제독은 일본군의 기만작전 목표로 알려진 알류샨(Aleutian)열도(태평양 북부, 알래스카반도와 캄차카반도 사이에 활 모양으로 늘어서 있는 섬들이다. 군사적 요충지이며 대부분이 미국령이다)를 방어하기 위해 로버트 시오볼드(Robert Theobald) 제독의 순양함 5척과 구축함 14척, 잠수함 6척을 파견했다. 미드웨이 섬에도 병력을 신속히 증강했다. 니미츠 제독이 지휘하는 항공모함은 4척이었지만 그중 1척인 새러토가는 미국 본토의 서해안에서 훈련 중이었기 때문에 제때 작전에 투입할 수 없었다. 하지만 윌리엄 홀지(William Halsey, Jr.) 제독의 항공모함 호네트와 엔터프라이즈가 출동 준비를 마치고 곧바로 출항할 수 있었다. 이전의 산호해 해전에서 심각한 피해를 입었던 요크타운은 3개월이 소요된다고 판단했던 수리를 3일 만에 완료하고 항공모함 공격 부대에 합류했다.[229]

6월 4일 4시 30분, 미드웨이 섬을 240마일 앞두고 나구모 제독은 제1차 공격대를 출격시켰다. 일본의 제1차 공격대는 아카기(赤城) 등 4척의 항공모함에서 출격한 108대의 항공기로 편성되었다. 이외에도 일본은 순양함 등에서 정찰기 7대를 출격시켜 미국 함대의 출현에 대비했다. 나구모 제독이 제1차 공격대를 발진하기 15분 전에, 미국 정찰기는 미드웨이를 이륙했으며 일본 공격대를 발견한 시간은 5시 45분이었다. 얼마 후 미군 미드웨이 기지의 항공대는 모두 일본의 항공모함을 향해 이륙했으며 전투기들은 일본 항공기들을 맞아 공중전을 벌였다. 일본의 공격기들은 쉽게 미드웨이 전투기들을 제압하고 미드웨이 공격을 감행했으나 성과는 미미했다. 이에 공격대의 지휘관 도모나가 조이치(友永丈市) 대위는 "2차 공격이 필요함"을 나구모 제독에게 보고했다.[230]

미드웨이 기지에서 출격한 미군 항공대 역시 일본의 항공모함들에 대해 공격을 감행했으나 아무런 전과를 올리지 못했다. 일본의 기동부대는 1차 공격대와 같은 수의 2차 공격대를 준비하고 있었다. 일본군은 미국 함대의 출현에 대비하여 뇌격기에 어뢰를 장착하고 있었다. 그런데 정찰기로부터 함대를 접촉했다는 보고가 없자, 나구모 제독은 부근에 미국 함대 세력이 없다고 판단했다. 이어 1차 미드웨이 공격대의 지휘관으로부터 "2차 공격이 필요하다"는 보고를 받은 나구모 제독은 뇌격기에 장착 중인 어뢰를 육상용 폭탄으로 바꾸도록 명령했다. 어뢰를 폭탄으로 바꾸는 작업을 진행하던 중 일본의 정찰기에서 미국의 해상 부대를 접촉했다는 보고를 받게 된 나구모 제독은 다시 폭탄을 어뢰로 바꿀 것을 지시했다. 그러나 마침 일본군 1차

218

그림 5.25 미국 해군의 미드웨이 기지 및 침몰 직전의 일본 항공모함 히류(飛龍)[231]

공격대의 귀환과 겹쳐 항공모함들은 큰 혼란에 빠지게 되었다.

　그날 5시 52분, 미국의 프랭크 플레처(frank fletcher) 제독은 나구모 제독 부대의 항공모함의 소재를 보고받았다. 그때 미국의 항공모함 3척은 일본 함대의 동북방 200마일 해상에서 행동하고 있었다. 미군은 레이먼드 스프루언스(Raymond Spruance) 제독 휘하의 기동부대 호네트와 엔터프라이즈에서 발진한 폭격기 68대, 뇌격기 29대 및 전투기 20대를 4개 분대로 구분하여 공격에 임하도록 했다. 많은 항공기의 손실에도 불구하고 두 차례에 걸친 미국 해군 기동부대 항공기들의 공격 성공으로, 일본은 항공모함 4척을 잃고 북서쪽으로 철수하고 말았다.

　6월 6일 저녁, 기동부대의 지휘관 스프루언스 제독이 연료 부족과 일본 잠수함의 위협, 일본군 육상기의 공격 위협을 고려하여 추적을 중지하고 북동으로 침로를 돌리며 미드웨이 해전은 끝이 났다. 미국 해군은 이 해전에서 요크타운 항공모함 1척, 구축함 1척, 150대의 항공기와 307명의 병력 손실을 입었다. 한편 일본 측은 4척의 항공모함, 순양함 1척, 항공기 253대를 잃었다.[232] 미드웨이 해전은 태평양 전쟁의 일대 전기를 가져왔다. 진주만 공격 이래 함대 세력의 우위를 유지하면서 적극적으로 공세를 취해 온 일본은 이 해전으로 말미암아 수세적 위치로 전환되었다. 반면에 여태까지 수세에 몰려 있던 연합군은 공세를 유지하며 작전 주도권을 쥐게 되었다.

미군의 대일 반격은 과달카날(Guadalcanal : 태평양 서부, 솔로몬제도 동남부에 있는 화산섬)에서부터 시작되었다. 일본군이 다음 작전을 위해 라바울(Rabaul)에 전력을 강화하자, 연합국 측은 솔로몬제도와 비스마르크제도에서 반격해 올라갈 장구한 계획을 세웠다. 연합국은 니미츠 제독의 지휘하에 산타크루즈(Santa Cruz)제도, 툴라기(Tulagi) 등 여러 도서를 차례로 공략하고, 과달카날을 점령하는 슈스트링 작전(Operation Shoestring)을 전개했다. 8월 7일, 연합국은 과달카날과 툴라기 섬에 대한 상륙작전을 성공했다. 과달카날의 상륙을 시발점으로 하여 솔로몬제도에서는 100여 회를 헤아릴 만큼 해상 충돌이 계속해서 일어났다. 해전이 소모전으로 양상이 바뀌면서 이 같은 상황이 장기화되었다. 솔로몬제도의 소모전은 1944년 일본이 라바울을 포기할 때까지 1년 반에 걸쳐 계속되었다.[233] 일본 해군은 미드웨이 해전 이후 전쟁의 주도권을 연합국에 빼앗긴 채 인적·물적 소모와 함께 결국 솔로몬제도에서 물러났다.

일본 해군은 미군으로부터 주도권을 되찾고, 전세를 역전시키기 위해 일본 함대의 전 전력을 투입한 결전을 필리핀 해에서 시도했다. 그러나 이미 기울어진 전력 격차와 지휘관의 전술 구사, 조종사의 자질 면에서 뒤떨어진 일본 해군은 항공모함 3척과 항공기 426대를 잃고 패하고 말았다. 일본 해군이 '쇼호작전(일본의 경항공모함 '쇼호'의 호위 작전을 일컫는 것으로, 쇼호를 미군의 공습으로부터 보호하는 작전이다)'이라 칭하며 다시 시도했던 최후의 해상 결전, 즉 레이테(Leyte) 해전에서도 일본의 최강 전함인 무사시(武蔵)를 비롯한 전함 3척과 참가한 항공모함 4척 모두를 잃고 대패하고 말았다.

이후 미군은 더글러스 맥아더(Douglas MacArthur) 장군이 필리핀의 레이테 만에 상륙하고, 일본 본토 공습에 필요한 이오(硫黄) 섬(일본어 '이오지마')을 확보하기 위해 스프루언스 제독의 지원으로 해병대 2개 사단이 이오 섬에 상륙했다. 이어서 미군은 오키나와를 점령했지만,

그림 5.26 필리핀 레이테 해전에 투입된 일본 전함 무사시 및 레이테 해전의 전투 장면[234]

일본 '가미카제(神風 : 2차 대전 때 적의 목표물, 주로 군함에 일부러 충돌하여 자살공격을 한 일본군 특공대를 일컫는다)'의 공격에 많은 피해를 입었다.

오키나와 결전과 때를 같이하여 일본은 최후의 저항 작전인 '기쿠수이(菊水) 작전'을 펼쳤다. 전함 야마토(大和) 1척과 경순양함 1척, 구축함 8척으로 편성된 이토 세이이치(伊藤整一) 제독의 일본 해군 최후의 해상 부대를 오키나와의 연합군 상륙 대기 구역으로 돌입하도록 하여, 그곳에 집결해 있는 미국의 해군 함선을 격멸하고자 했다. 미국 해군의 잠수함 부대로부터 일본 돌격 부대의 출항을 보고받은 스프루언스 제독은 잠수함과 마크 미처(Marc Mitscher) 제독의 58 고속 항공모함 기동부대를 투입하여 일본의 전함 야마토와 구축함 4척을 격침시켰다. 그로 인해 일본 해군은 전투력을 갖춘 함대가 더 이상 존재하지 않게 되었고, 해상 작전을 수행할 수 있는 해군으로서의 기능을 상실하게 되었다. 결국 1945년 8월 6일과 8월 9일, 일본은 히로시마와 나가사키에 대한 원자폭탄 공격에 굴복하고 항복하기에 이른다.[235]

태평양 전역에서 미국의 해군력은 잘못된 방식에 의해 잘못된 전쟁을 일으킨 일본을 패배시켰다. 일본은 미국의 항공모함과 수상함 전력, 잠수함과 상륙 강습(强襲) 부대, 그리고 상륙작전으로 확보한 도서 기지가 발진 장거리 폭격기의 공격으로 인해 패배를 맞게 되었다. 미국의 해양력은 광활한 태평양 지역에 대한 해양 통제를 달성하고, 그럼으로써 모든 군사작전이 잘 전개되고 성공할 수 있게 했다. 미국의 해양력이 일본의 패배를 촉진시킨 원동력이 되었던 것이다.[236]

20세기 중반에 걸쳐 치러진 양차 세계대전의 결과에서 가장 두드

러지게 나타난 것은 해양 강국 미국의 부상이었다. 제1, 2차 세계대전은 대서양 중심의 영국 해군에 비해 대서양과 태평양에서 모두 독보적인 영향력을 발휘한 미국의 위상이 증명되는 계기를 제공했다. 특히 2차 대전은 영국의 쇠퇴에 이은 미국의 부상을 공식화한 전쟁이었으며, 20세기의 미국 독주의 국제 질서 도래를 예고하는 전초전이었다. 전후에 미국은 대서양과 태평양을 포함하는 전 세계 모든 바다에서 해양 통제가 가능한 강력한 해군력을 보유하게 되었다. 1945년에 전쟁이 종료되었을 때 미국 해군은 약 7,000여 척 수준의 초강력 해군을 보유하고 있었다. 이는 인류 역사상 전무후무한 수준으로 어느 국가도 다시 건설할 수 없는 해군력 수준이었다.[237]

09

강력한 해양력을
국가 전략으로 표방하다[238]

19세기 후반 들어 영국의 국가 전성기는 쇠퇴하기 시작했다. 해양 우세는 더 이상 영국만의 독점적인 권한이 아니었다. 19세기 후반 이후 신흥 강대국들은 영국의 전성기 도래를 가능케 했던 요인을 모방하여, 강력한 해양력 확보를 지향하는 해양 전략을 국가 대전략(National Grand Strategy)으로 채택하는 추세가 경쟁적으로 나타났다. 이 같은 전략은 미국의 마한 제독에 의해 해양 전략 개념으로 정립되었다. 역사적으로 강력한 해양력 확보는 영국만이 추구하던 국가 발전 개념은 아니었다. 고대 그리스와 로마, 그리고 스페인, 네덜란드, 프랑스 등과 같은 영국의 경쟁국들도 추구했던 국가 발전 개념이었다. 단지 차이점이 있다면, 영국처럼 항구적인 국가 발전 전략으로 성공시키지 못했다는 것이다.

영국은 강력한 해군력이 근간이 된 국가적 차원의 해양력을 중심으로 경쟁 국가들을 차례로 패배시켜, 전 세계 해양에서 절대적인 해양 우세를 장악하고 국가 전성기를 이룩했다. 이러한 영국의 역사적 교훈은 미국의 마한 제독에 의해 근대적인 해양 전략으로 이론화되었다. 당시 영국의 성공 사례는 국가의 부를 상징하던 강력한 해양력의 확보를 의미했다. 이는 전쟁과 평화 시 해양에 대한 시간·공간적인 독점을 의미하는 해양 통제 개념으로 발전되었다.

이러한 영국의 '해양력 강화에 의한 전성기 도래'가 사례가 되어 현대적인 해양 전략 개념이 정립되었다. 미국의 마한 제독에 의해 제시된 역사적 인식에 의한 해양 전략 사상과 영국의 존 피셔(John Fisher) 제독에 의해 과감히 추진된 군사과학 기술 중심의 해양 전략 사상이 미국, 유럽, 일부 아시아 신흥 강대국들의 국가 발전 논리로 채택된 것이다. 우선 마한 제독에 의해 주장된 역사적 인식에 의한 전통적인 해양 전략 개념은 미국 등 주요 국가들의 대륙 지향적인 국가 전략을 해양 지향적인 국가 전략으로 변화시켰다. 이런 인식은 이들 국가들 간의 해군력 경쟁으로 나타나게 되었다. 첨단 과학기술을 바탕으로 하는 과학기술 중심의 해양 전략은 전통적인 해양 전략에 의해 이미 시작되어 있던 해군력 경쟁을 더욱 가속화시켜 심각한 해군력 경쟁을 표출시켰다. 이를테면 영국의 드레드노트함과 비슷한 전함을 미국, 일본 등의 강대국들이 경쟁적으로 건조하며 전함 위주의 해군력을 건설했던 것과는 대조적으로, 프랑스와 이탈리아 등의 국가들에서 구축함, 잠수함, 어뢰정 등의 새로운 함정들을 다수 건조하며 해군력 경쟁에 참가했던 사례를 들 수 있다.

이런 해양력 중심의 국가 전략의 채택 사례가 남긴 영향은 매우 컸다. 새로운 강대국들이 출현하기 시작한 것이다. 이른바 19세기의 국제질서로 정의되던 영국 주도의 국제질서가 쇠퇴하면서, 영국의 해양 전략을 모방하려는 강대국들 간의 치열한 경쟁 구도가 새로운 국제질서로 변화되었다. 이에 따라 자연스럽게 해군력 경쟁이 심화되었다. 마한 제독이 주장하는 해군 우월주의를 따르는 신흥 강대국 지도자들이 영국의 전성기를 도래하게 한 해양 전략을 표준 모델로 하여 해군력 강화 경쟁을 시도했기 때문이다. 이 같은 현상은 유럽뿐만이 아니라 아시아에서도 청나라와 일본 간의 해군력 충돌로 확산되었다. 세계 주요 강대국들이 해양력 강화를 국가 전략의 핵심 현안으로 채택하면서, 해양 전략은 국가 지상주의에 집착하는 제국주의의 이론적인 논리로 전개되었다.

이처럼 19세기 후반 이후의 세계는 영국을 모방하여 국가 발전을 이루려는 강대국들의 대규모 해양력이 범람하고, 상호 경쟁하는 '해양 전략 황금기'로 변화되었다. 그러나 불행하게도 이 같은 양상은 과도한 해군력 경쟁으로 변질되어, 결국 제1차 세계대전을 발발시키는 역효과로 나타났다.

제1, 2차 세계대전은 해전에서의 승리를 통해 국가 발전을 이루어야 한다는 마한 제독과 줄리안 코르벳 경의 해양 전략을 증명한 인류 최대의 세계 전쟁이었다. 양차 세계대전이 두 사람이 정립한 해군 우월주의의 해양 전략 개념이 확산되어 촉발된 무절제한 해군력 증강이 원인이 되어 발발했다는 비판이 있다. 그러나 양차 세계대전의 결과를 결정한 데에는 몇 차례의 해전이 결정적인 역할을 했다는 점에서 해양 전략의 당위성을 실질적으로 증명한 사례가 되기도 했다.

한편 해양 전략은 제1, 2차 세계대전을 치르는 동안 해양에서의 군사 작전에서 승리를 쟁취하는 군사 전략 차원으로 그 위상이 축소되었다. 특히 마한 제독이 주장한 절대적인 해양 통제 개념보다는 코르벳 경이 주장한 적국의 해양 사용을 차단하는 상대적인 해양 통제 개념이 발전되면서 해군력의 운용이 국가 전략적인 차원보다는 군사 전략적인 차원으로 전개되어 가는 변화가 나타났다.

제1, 2차 세계대전의 가장 큰 수혜자는 미국이었다. 미국은 유럽과 아시아의 주요 강대국들의 군사력 경쟁으로 촉발된 양차 세계대전을 승리로 이끌며 해양 강국으로 발전했다. 특히 미국은 양차 세계대전 참전을 통해 국가 차원의 총체적인 해양력에 의한 해양 통제 장악의 중요성을 절실하게 인식하게 되었다. 실제로 미국은 양차 세계대전 참전을 통해 미국에 대한 위협이 해양으로부터 시작되며 해양 봉쇄, 통상 파괴전, 함대 결전, 제공권 장악이 해양 전략의 핵심이라는 것을 인식했다. 이러한 해양 전략의 전시 적용에 대한 미국의 경험적인 인식은 첨단 군사과학 기술 발달을 해군력 건설에 적극적으로 접목시키는 등 군사과학 기술 중심의 해양 전략 개념을 중시하도록 하는 결정적인 계기가 되었다.

궁극적으로 세계대전은 미국으로 하여금 강력한 해양력을 활용하여 전쟁 승리에 결정적인 역할을 하게 함으로써 해양 전략을 국가 전략의 핵심 현안으로 인식하도록 했다. 또한 세계대전은 전후에도 미국이 해양력을 국제질서 형성을 주도하기 위한 중요한 요인으로 인식하게 하는 결정적인 계기가 되었다. 미국은 양차 세계대전을 통해 섬나라 영국이 해양력을 강화시킴으로써 지리적으로 불리한 여건을 극복하고, 나아가 국가 전성기를 도래하게 한 역사적인 교훈을 이어받았다. 전후의 미국은 어느 나라도 그 해양력을 따라올 수 없는 세계 최고의 해양 강국이 되었다.

6 장

현대의
해양력 경쟁 양상

제1, 2차 세계대전을 연이어 승리로 이끈 미국은 세계 해양에서의 해양 통제권을 절대적으로 행사하는 해양 강국으로 탄생했다.[239] 한편 전쟁 승리의 주역으로 해군이 칭송받고 있던 1945년 9월, 제임스 포레스털(James Forrestal) 해군 장관은 의회 해군문제위원회로부터 "전쟁 이후에 우리가 왜 해군을 유지해야 하는가?"라는 질문을 받았다. 비용을 의식한 의원들은 육군 항공단과 공격적인 해군이 이제 할 일을 다했다고 말하면서 더욱더 신랄한 질문을 그에게 퍼부었다. 그도 그럴 것이 장차 적이 될 가능성이 높았던 소련은 멀리 떨어진 대륙에 있었고, 어떤 공격적인 함대도 보유하지 못하고 있었다. 이제 해상에는 적이 없고, 또한 공중에서의 핵전쟁이 미래전의 형태가 될 것이라는 인식이 높아지는 상황에서 "해군에게는 수행해야 할 임무가 없다"는 지적[240]까지 등장하기 시작했다.

전후 냉전 시기의 해군력 경쟁

전후에 대륙을 근간으로 세력을 확장하던 소련이 점차 해양 진출을 통한 공산주의 영향력을 확대함으로써 미국과 첨예하게 해양력 경쟁을 벌이게 된다. 냉전기의 미국과 소련에 형성되었던 해양 전략은 미국과 소련이 주도하는 양대 진영 간 이념 대결을 대변하는 국가 전략 또는 세계 전략이었다. 전후 도래된 냉전 체제는 지정학적으로 해양과 대륙이 서로 접하는 연안에서 미국과 소련이 주도하는 양대 진영 간의 첨예한 해양력 경쟁으로 나타났기 때문이다.[241]

제2차 세계대전을 종식시킨 가공할 위협의 핵무기 효과를 인식한 미국과 소련 간의 핵무기 경쟁이 시작되었고, 이들 두 강대국이 냉전

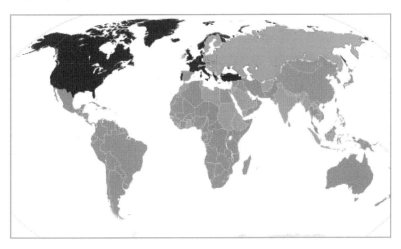

을 치르고 있는 동안 동서 진영 간의 연대와 대결이 진행되는 가운데 세계 각국의 지역 분쟁이 계속되었다. 그 과정에서 해양 통제의 중요성은 전과 다름없이 유지되고 있음을 보여주었다. 1950년에 북한의 도발로 시작된 6.25전쟁은 현대의 지역 분쟁에서도 해양력이 분쟁의 결과를 결정하는 중요한 변수로서 작용함을 보여주었다. 또한 영국과 아르헨티나 간의 포클랜드(Falkland) 분쟁에서도 이 사실을 다시 한 번 상기시켜 주었다.

　냉전기 미국과 소련의 해양 전략 경쟁이 시작되었으며, 이는 양국 간 치열한 해군력 경쟁으로 나타났다. 미국은 주로 자국으로부터 떨어진 원해상에서 해군의 단독 작전을 수행하는 공세적 개념에 의한 해군력을 운용했다. 반면에 군사력 경쟁 초기의 소련은 군사력의 중

심을 지상군으로 보고, 해군력은 지상작전을 지원하는 방어적인 개념
에 의해 운용했다.

　그러나 1970년대에 들어 소련은 대양 해군을 지향하는 마한주의적
해양 전략을 적극적으로 채택하여 대대적인 해군력 증강을 추진했다.
이는 1955년부터 1986년 사이의 소련의 해군참모총장 세르게이 고
르쉬코프(Sergey Gorshkov) 제독에 의해 수립되어, 국가의 해양력 증
진을 목표로 추진한 소련 해양 전략의 결과였다.[243] 1980년대 중반에
이르러, 소련의 해군력 증강이 가속화됨에 따라 양국의 해군력이 균
등한 수준에 이르게 되었다.[244] 특히 소련은 전략 핵잠수함 등의 잠수
함 수가 370여 척에 달했는데, 이는 미국에 비해 월등히 우세한 수준
이었다. 그러나 1980년대 이후부터 찾아온 소련의 경제력 쇠퇴와 미
국 해군의 질적 성능의 향상 등으로 미국은 다시 소련을 제압했다.

　미국이 해양력에서 소련을 제압한 것은 우선 양국 간의 경제력 차
이가 큰 원인이었다. 1980년대 이후 사회주의 경제체제의 고질적인
문제에 의해 소련의 경제력은 쇠퇴하는 국면을 맞고 있었다. 미하일
고르바초프(Mikhail Gorbachev)의 개혁과 개방으로 공산주의 경제체
제를 변화시키려는 노력을 했음에도 이미 소련 경제는 파국을 맞고
있었다. 이런 공산주의 정치·경제 제도의 실패는 막대한 예산이 요
구되는 해군력의 건설에도 영향을 주어 미국과의 해군력 경쟁이 불
가능하게 되었다. 더욱이 1983년 소련의 대한항공 민항기 격추 사건
을 계기로, 미국은 소련에 대한 군사력 우위를 유지하기 위해 1988년
까지의 국방 예산을 2배 이상으로 증액시켰다. 이는 소련으로 하여금

과도한 군비 경쟁에 돌입하게 함으로써 소련의 국력을 소진시키는 결정적인 원인이 되었다.[245] 1990년에 이르러 이 같은 미국과 소련 간의 해군력 경쟁은 미국의 일방적인 승리로 끝이 나게 된다.[246]

한편 동아시아 국가 중 유일하게 수상, 수중, 항공 등 입체 전력으로 구성된 기동함대를 운용할 수 있었던 일본은 미국과 중요한 작전 협력자로서의 역할을 수행했다. 특히 동아시아 지역을 담당하는 미국 해군 제7함대의 모(母)기지가 일본의 요코스카로 결정되면서, 일본 해상 자위대와 미국 해군 간의 긴밀한 협력 관계가 형성되었다. 2000년대 들어 미국 주도의 유도탄 방어 체계(MD, Missile Defense)에 일본이 직접 참여함으로써 미국과의 해상 협력 체제는 정점에 달했다. 일본이 SM-3(Standard Missile) 해상 상층 방어 유도탄을 탑재한 이지스

그림 6.2 **SM-3 유도탄 발사 장면**[247] **및 일본의 SM-3 탑재 구축함**[248]

(Aegis) 구축함을 미국에 이어 두 번째로 확보한 것이다.

동아시아에서 전통적인 패권 국가이자 대륙 국가였던 중국은 1949년에 아시아 최초의 공산국가로 탄생했다. 1950년부터 1953년까지 6.25전쟁에 참가하면서 중국은 현대전 수행 능력을 갖추기 위한 군사력의 현대화 필요성을 실감했다. 중국 내전 당시의 게릴라식 전쟁보다 해군·공군력에 의존하는 현대전 수행 능력의 중요성을 깨닫게 된 것이다. 중국이 채택한 초기의 해양 전략은 마오쩌둥(毛澤東)에 의해 정립된 지상군 위주의 게릴라식 인민 전쟁 전략에 의한 해양 전략이었다. 이는 중국의 전통적인 중화주의 군사 사상에 의해 지상 영토 방어에 중심을 둔 매우 방어적인 중국 특유의 해양 전략 개념이었다. 중국 해군은 소련 해군의 연안 방어 해양 전략 사상을 전수받아 비대칭적인 해군력 운용 개념을 채택하고, 연안 방어용 해군력인 잠수함과 연안 전투함 위주의 해군력을 발전시켜왔다.[249]

1978년 덩샤오핑(鄧小平)에 의한 개혁·개방 정책에 따라 마오쩌둥의 인민 전쟁 사상에 의존하던 해양 전략 개념이 새로운 전략 개념으로 발전되었다. 중국의 대외 무역량 증가와 연안 중심의 임해 산업 지구가 형성되어 중국의 국가 발전에 해양 의존도가 증가하게 되자, 중국의 국가 전략이 점차 해양 지향적으로 바뀌게 된 것이다. 중국 공산당의 군사 전략 입안에 있어서도 해군의 비중이 증대되었다. 중앙군사위원회에 해군 출신의 류화칭(劉華淸) 제독이 입성하면서 중국 해군은 당과 정부의 적극적인 지원하에 대대적인 해군력 현대화를 추진하게 되었다.[250]

그림 6.3 **중국 해군의 통제 목표인 제1, 2도련 범위**[251]

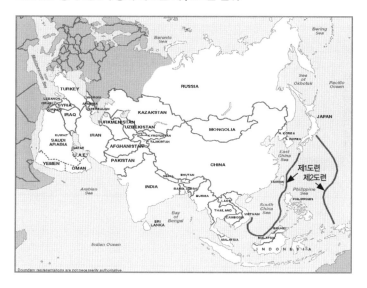

그림 6.4 **중국의 항공모함 랴오닝(遼寧)**[252]

02

핵무기 경쟁의 서막이 된 노틸러스함의 북극 항해

    1945년 히로시마와 나가사키에 투하된 원자폭탄의 위력이 증명되자, 미국은 엄청난 에너지를 내는 원자력 잠수함 개발을 시작했다. 종전의 잠수함은 축전지 충전을 위해 자주 물 밖으로 모습을 드러내야 했으나 원자력 잠수함은 그럴 필요가 없었다. 1951년 원자력 잠수함 건조 계획이 승인되고, 1954년 1월 드디어 최초의 원자력 잠수함이 만들어졌다.

    이와 비슷한 시기인 1957년 10월 소련은 인류 최초의 인공위성 '스푸트니크(Sputnik) 1호'를 발사했다. 스푸트니크 1호는 R-7 로켓에 실려 발사되었으며, 라디오 송신 장치가 설치된 지름 58센티미터, 무게 83.6킬로그램의 공 모양으로, 금속구(金屬球)에 4개의 안테나가 달린 형태였다. 인공위성 내부에는 측정기와 2대의 송신기 등이 있었다. 스푸트니크 1호는 근(近) 지점 228킬로미터, 원(遠) 지점 947킬로미터, 주기 96.2분, 적도 경사 65.2도의 지구 궤도 위에 자리를 잡고 최초의 메시지를 지구로 보내왔다. 우주시대의 서막을 알리는 첫 신호였다.[253]

미국과 소련의 핵무기 기술 경쟁이 이렇게 시작되었다. 미국은 소련의 우주 개발에 대하여 핵무기 공격 수단을 개발하는 것으로 인식했다. 미국은 스푸트니크의 발사 성공으로 소련이 대륙 간 탄도탄(ICBM) 투발(投發) 능력을 확보한 것으로 인식했다. 미국의 드와이트 아이젠하워(Dwight Eisenhower) 대통령은 소련이 대륙 간 탄도탄 공격 능력을 보인 것에 대한 미국의 대응 능력을 과시하기 위해 원자력 잠수함 노틸러스(Nautilus)함으로 하여금 북극점으로의 항해를 명령했다.[254]

그림 6.5 **스푸트니크 1호 모형과 핵잠수함 노틸러스**[255]

1955년부터 2년 동안 시험 항해를 끝낸 노틸러스함에 임무가 시달된 것이다. '햇살(Operation Sunshine)'로 명명된 이 작전은 얼음으로 덮인 북극해 밑을 지나 북극점을 통과하는 것이었다. 두 번의 실패를 거친 끝에, 1958년 8월 3일 23시 15분에 노틸러스함은 드디어 북극점에 도착했다. 노틸러스함의 북극점 항해는 소련의 ICBM 위협에 대응하여 잠수함 발사 탄도탄의 운용 가능성을 보여주기 위한 미국의 과시용 작전이었다. 실제로 소련의 ICBM은 1957년 8월 처음으로 성공적인 시험을 마쳤으며, 그 탄도탄에 사용된 것과 같은 형의 R-7 로켓이 스푸트니크 발사에 사용되었다. 이후 1959년 2월에 소련은 ICBM의 작전 배치를 선언했다. 한편 미국이 개발한 ICBM인 아틀라스(Atlas)는 1958년 11월 28일 소련보다 약간 늦게 시험에 성공했으나, 소련의 작전 배치 선언과 비슷한 시기인 1959년 1월에 미국도 ICBM의 작전 배치를 선언했다.

미국의 노틸러스함이 수중 발사 핵전력 분야의 발전을 선도한 영향이 있었는지, 탄도탄 잠수함 분야에서는 미국이 소련에 비해 상당히 빠른 발전을 보였다. 미국은 1959년 12월에 최초의 탄도탄 잠수함 조지 워싱턴(George Washington)함을 탄생시켰다. 이 항공모함은 수중 발사 탄도탄 폴라리스(Polaris) 핵미사일 16기를 탑재한 잠수함이었다. 소련은 미국에 비해 10년이 뒤진 1968년에 탄도탄 탑재 핵잠수함을 취역시켰다.[256]

이후로 세계의 바닷속에서는 미국과 소련 잠수함들 간의 보이지 않는 추격전이 전개되었다. 음향 탐지 성능이 좀 더 우수한 미국의 대잠

그림 6.6 **최초의 SSBN**(탄도 미사일 탑재 원자력 잠수함) **조지 워싱턴함**[257]**과 트라이던트** (Trident) **유도탄**[258]

전(對潛戰) 잠수함(SSK)들은 소련의 탄도탄 잠수함 기지 밖에서 대기하면서, 소련의 탄도탄 잠수함이 기지를 출항하면 이를 뒤따라 추적하는 임무를 수행했다. 미국 본토에 위협을 가할 수 있는 소련 잠수함들을 추적하면서 유사시에는 미국에 대한 핵 공격 위협을 아예 물속에서 제거해 버리겠다는 의도였다. 소련의 탄도탄 탑재 잠수함 후미를 미국 잠수함이 뒤따라가며 추적하는 형태를 취하기 때문에, 소련 잠수함은 종종 침로를 변경하면서 뒤따라오는 다른 잠수함의 존재여부를 확인했다. 이 같은 갑작스러운 소련 잠수함의 침로 변경을 미국 해군들은 '미친 이반(Crazy Ivan)'이라고 불렀다.

반면에 소련의 대잠전 잠수함들은 미국과는 다른 형태로 운용되었다. 소련 잠수함들의 음향 탐지 장치의 성능은 미국의 수준에 못 미쳤고, 매우 조용한 미국의 탄도탄 잠수함들을 추적할 수 없었기 때문에

그림 6.7 **소련의 타이푼(Typhoon)급 SSBN**[259]

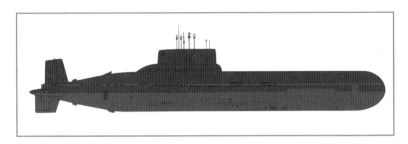

소련 잠수함들의 대잠전 개념은 자국의 탄도탄 잠수함을 호위하는 데 중점을 두었다. 소련의 대잠전 잠수함들에게는 탄도탄 잠수함들을 미국의 대잠수함 공격으로부터 보호하고, 인근에 위치하고 있을 미국의 대잠전 잠수함을 탐색하여 유사시에 공격하는 임무가 부여되었다. 그렇기 때문에 소련의 탄도탄 잠수함 주변에는 한두 척의 다른 잠수함들이 있었으며 잠수함끼리의 충돌 위험이 항상 상존하고 있었다. 실제로 1969년 11월 15일에는 소련의 탄도탄 잠수함 K-19와 미국 해군의 잠수함 가토(Gato)함이 노르웨이 북쪽의 바렌츠(Barents) 해에서 충돌 사고를 빚은 적이 있다.[260]

스푸트니크 인공위성 발사와 노틸러스함의 북극점 항해로 시작된 이 같은 미국과 소련 간의 핵무기 경쟁은 각각 새로운 탄도탄 개발과 새로운 잠수함의 개발로 이어지며, 소련이 해체되고 미국과 소련 간의 냉전이 종식될 때까지 계속되었다.

03

핵 시대 전쟁에서 해양력의 중요성을 보여준 6.25전쟁

1950년 6월 25일 북한의 기습 남침으로 시작된 6.25전쟁은 수차례의 전환점을 겪으며 3년 1개월 동안 계속되었다. 이후 1953년 7월 27일 유엔군과 북한군이 정전 협정을 맺으면서 전쟁이 끝이 났다. 강대국들의 핵 경쟁 시대에 발생한 6.25전쟁은 제한 전쟁(制限戰爭 : 제한된 군사 목표와 제한된 자원으로 제한된 지역 내에서 행해지는 전쟁 형태를 말한다)이었다. 세계의 강대국들이 상대국 전체를 파괴할 수 있는 핵무기를 보유하여 상대국의 핵무기 사용을 억제하고 있었기 때문에 전면적인 핵전쟁의 가능성은 감소했지만 제한 전쟁의 가능성은 증대하고 있었다. 6.25전쟁은 핵전쟁을 준비하는 관점에서 제한 전쟁이라는 또 하나의 전쟁 형태를 제시했고, 이런 형태의 전쟁을 준비하는 데에 해양력의 중요성이 다시 한 번 교훈으로 제시된 전쟁이었다.[261]

미국을 중심으로 구성된 연합국의 해군력은 6.25전쟁에 직간접적으로 참가한 중국, 소련 등의 공산권 국가들이 한반도 주변에서 해양을 사용할 수 없도록 거부함으로써, 결과적으로 한반도를 공산화하려는 공산권의 영향력 확대를 저지할 수 있었다. 유엔(UN, 국제연합) 해군은 한반도 주변 해역에서 신속하고 완벽한 해양 통제를 장악함으로써 지상 전장을 지배할 수 있을 만큼의 병력과 장비, 군수 물자를 아무런 방해를 받지 않고 한반도 전장에 수송할 수 있었다. 항공모함 기동부대 역시 지상전을 효과적으로 지원하며, 공군 기지가 확보되기 전에도 부산 교두보를 유지하는 데에 결정적으로 기여했다. 한반도에 유엔군 공군이 투입되어 본격적으로 활동을 개시한 후에도 항공모함 탑재기들은 우수한 기동성을 가진 해상 항공 기지를 활용함으로써 지상군과 공군에 강력한 항공력을 제공했다.

이 같은 상황에서 인천 상륙작전은 6.25전쟁의 국면을 방어에서 공세로 전환시키는 중요한 전환점이 되었다. 유엔 해군은 흥남 철수작전, 해안 봉쇄작전 등의 해상작전을 통해 유엔군이 북한과 공산국가들의 한반도 공산화 목표 달성을 거부하는 데 결정적인 역할을 수행했다.

해양 전략 분야의 권위자인 버나드 브로디(Bernard Brodie) 박사는 "6.25전쟁에서 해양력은 포괄적이며 결정적인 요소로서 역할을 수행했다"[262]라고 밝혔다. 즉 해양력은 6.25전쟁에서 정치적·군사적으로 패배하는 것을 막아주었으며, 전쟁에서 승리하고자 하는 미국 행정부의 의지가 있었다면 해양력이 전승을 보장해 줄 수 있었다는 것을 나타내주고 있다.[263]

북한의 남침이 시작됨과 동시에 미국의 해리 트루먼(Harry Truman) 행정부는 북한의 남침에 대한 신속하고 단호한 행정 조치를 취했다. '미국 시민의 철수를 위한 해군·공군의 지원, 한국군에 대한 군수 지원, 한국군을 지원하기 위한 38선 이남 지역에서의 북한군에 대한 해군·공군 작전, 38선 이북 지역으로 해군·공군의 작전 범위 확대, 북한군의 진격을 격퇴하기 위한 미국 지상군의 투입' 순서로 미국의 6.25전쟁 참전이 진행되었다.

한편 유엔 안전보장이사회는 북한의 공격을 침략으로 규정하고, 7월 7일 유엔군을 조직하도록 결의했다. 그리고 유엔군의 편성과 운용을 위임받은 미국 대통령은 맥아더 장군을 유엔군의 사령관으로 임명했다. 유엔군은 16개 6.25전쟁 참전국군으로 구성되었다. 미국의 극동 지역 해군사령관 C. 터너 조이(C. Turner Joy) 제독이 이 지역의 미국 해군 부대와 영국 연방 함정들을 지휘[264]하도록 임명되었다.

이렇게 연합국 해군들의 한반도 해역에 대한 봉쇄작전과 지상군에 대한 함포 지원작전이 6월 30일부터 개시되었다. 37도 위도선 이북 해역은 유엔 해군이 해상 봉쇄작전을, 37도 위도선 이남 해역은 한국 해군이 담당하게 되었다.[265]

전쟁 초기에는 한반도 봉쇄작전을 수행할 수 있는 유엔 해군의 세력이 충분하지 못했다. 미국 해군의 경순양함 1척과 구축함 4척, 영국 해군의 경순양함 2척, 구축함 2척, 호위함 3척, 오스트레일리아의 구축함 1척과 호위함 1척 등 모두 14척에 불과했다. 따라서 전쟁 초기에 3개월 동안은 북한 해역에 대한 봉쇄작전은 소극적일 수밖에 없었다. 그리고 함포 사격으로 전선으로 이동하는 북한군 병력과 장비를 파괴하는 임무를 수행하면서 아군 지상군을 지원하는 임무를 주로 수행했다. 모든 해군 작전은 적 지상군 병력에 대하여 직접 공격하거나, 차량 또는 열차를 파괴하고, 적의 군수 물자 이동을 차단함으로써 위기에 빠진 부산 교두보에 대한 적의 압력을 약화시키는 데 집중했다.

연합군 함정들에 의해 실시된 함포 사격은 특히 동해안을 따라 내려오는 적의 진출 속도를 지연시키는 데 크게 기여했다. 이런 함포 사격이 계속되어 북쪽으로 연결된 적의 병참선이 차단되고 적의 전열이 분산되었다. 특히 부산 교두보를 유지하는 데 중요한 역할을 했던 미국 제1기병사단이 7월 18일 포항에 안전하게 상륙할 수 있었으며, 영덕-강구 지역의 지연작전도 10여 일 동안이나 가능했다.[266]

한국 해군 함정과 북한 선박과의 최초 해전은 전쟁이 발발한 당일인 25일에 있었으나, 유엔 함정과 북한 함정과의 최초 해전은 7월 2일에 발생했다. 한국 해역에 최초로 도착한 미국 해군 순양함 주노(Juneau)함이 영국의 순양함 자메이카(Jamaica)함, 호위함 블랙스완(Black Swan)함과 함께 동해를 초계하던 중에 주문진 부근에서 탄약을 운반하던 북한 어선 10척과 그들을 호송하고 있던 북한 어뢰정 4척을 발견하여 그중 어뢰정 3척과 탄약 운반선 7척을 격침했다.

이 해전은 유엔 함정과 북한 함정과의 처음이자 마지막 해전이었다. 이 해전 이후 유엔 해군에 대하여 북한군에 의한 해상에서의 도전이나, 잠수함 공격, 실질적인 항공 공격은 없었다. 미국 해군이 주도하는 유엔 해군은 북한의 500여 마일에 이르는 전 해안에 대한 완전한 제해권을 유지할 수 있었다.[267]

유엔군이 참전 목적대로 북한의 침공을 저지하고, 그들을 38도선 이북으로 패퇴시키기 위해서는 시간과 공간, 그리고 수송 능력이 가장 중요한 변수였다. 전쟁 초기인 7월 초에는 1만 5,000명의 병력과 1,700대의 차량을 포함한 많은 화물을 탑재하고, 55척의 함선이 부산에 입항했다.[268]

한편 북한이 전면 남침을 개시한 6월 25일, 미국 해군 제임스 도일(James H. Doyle) 제독의 제1상륙 전대 함정들이 도쿄 만에서 상륙전 훈련을 실시하고 있었다. 맥아더 장군의 최초 계획은 서해안의 인천이나 군산에 미국 제1기병 사단을 상륙시키는 것이었다. 그러나 대전 지역의 지상전 전황이 급격히 악화되었으므로, 제1기병사단을 적의 측면에 투입하는 것보다는 한국의 교두보를 유지하는 데 우선적으로 운용하기 위해 전선 지역 남쪽에 가능한 빨리 상륙시킬 필요가 있었다. 그러나 부산항에는 이미 수송 물량을 탑재한 55척의 함선이 정박하고 있었기 때문에, 부산항을 피해 전선으로부터 남쪽 또는 동쪽에서 전선 지역으로 용이하게 접근할 수 있는 포항이 상륙 지역으로 선정되었다. 당시의 포항은 연합국 해군의 함포 사격에 힘입어 아직 전선으로부터 안전한 거리에 있었기 때문에 상륙작전은 단시간 내에 완료되었다. 7월 19일 사단장 호바트 게이(Hobart R. Gay) 소장이 상륙군의 작전 지휘권을 인수받으면서 이 상륙작전은 종료되었다. 7월 22일 제1기병사단은 중부 전선으로 이동하여 미군 24사단과 교대하고 작전에 투입됨으로써 부산 교두보 확보에 큰 기여를 했다.[269]

한반도 지역 내에 아직 공군 기지가 확보되지 않은 시기였기 때문에, 제77항모 기동부대는 한반도 내에서 항공 자원을 운용할 수 있는 매우 유용한 부대였다. 미국 해군 항공모함 밸리포지(Valley Forge)와 영국의 항공모함 트라이엄프(Triumph) 등에서 출격한 함재 항공기들은 다양한 항공 차단 작전과 지상군 근접 지원 임무를 성공적으로 수행함으로써 부산 교두보 유지에 크게 기여했다.

항공모함 함재 항공기들은 북한 해주와 평양의 비행장 활주로와 격납고, 그리고 인근의 철도와 교량 등을 파괴하고, 원산과 평강, 흥남의 철도 시설과 비행장을 공격했다. 또한 원산 정유 공장 등의 군수 지원 시설들을 폭격하는 한편, 서울과 대전을 잇는 북한군의 주보급로를 차단하면서 지상군에 대한 근접 항공 지원을 계속했다. 특히 일본 기지에서 출격해야 하는 미국 공군의 행동반경이 제한되는 상황에서 항공모함 함재기들은 기동성이 있는 항공 공격 능력을 보여줌으로써 그 효과가 크게 입증되었다.

미국 본토로부터 중순양함 톨레도(Toledo) 등의 증원 함정들이 한반도 해역에 속속 도착함으로써 96기동부대의 수상 전투함들은 좀 더 적극적인 해안 봉쇄작전과 함포 지원을 할 수 있게 되었다. 연합국의 해군 함정들은 적의 육상 병참선을 차단하기 위한 함포 지원과 적의 지상군 배후에 대한 특공작전을 수행했으며, 적의 연안 이동을 차

그림 6.8 6.25 전쟁에 참가한 미국 해군의 항공모함[270]

단하여 우군 지상군 배후의 안전을 보장했다. 맥아더 장군은 부산 교
두보를 확보하는 데 있어서 해군의 결정적인 역할에 대해 "한국과 같
은 반도의 전역에서 해군은 항상 결정적인 요소가 된다. 왜냐하면 해
군 부대만이 적의 연안 이동과 상륙작전을 효과적으로 차단할 수 있
기 때문이다. 나는 열세한 아군 지상군 부대가 부산 주변으로 후퇴하
지 않을 수 없는 상황에서, 해군이 아군의 병참선을 계속 유지해 준다
는 사실과 해군의 함포 지원으로 우리가 교두보를 무한정으로 지탱
할 수 있다는 사실을 알고 있다"고 언급했다.[271]

　　낙동강 방어선에서 적의 공세를 저지하고, 6.25전쟁의 분위기를 수

세에서 공세로 전환시킨 것은 다름 아닌 인천 상륙작전이었다. 적의 병참선 중심부인 서울 지역을 공격하기 위해 계획된 최초의 상륙 예정일은 원래 7월 22일이었다. 그러나 이 계획은 1기병사단의 포항 상륙으로 취소되었고, 인천, 군산, 동해안의 주문진 부근을 대상으로 검토한 결과 인천 지역으로 상륙작전 계획이 확정되어 시달되었다. 그리고 아더 스트러블(Arthur D. Struble) 미국 해군 중장이 지휘하는 제7합동기동함대가 편성되었다. 총 함정 세력은 230여 척이었다. 상륙군 부대는 새롭게 10군단을 창설하여 맥아더 장군의 참모장이던 에드워드 아몬드(Edward Almond) 장군을 군단장으로 임명했다.

10군단의 주요 부대는 미국 제1해병사단과 제7보병사단이었다. 제7보병사단은 병력이 부족한 상태였기 때문에 한국에서 민간인 청년을 동원하여 8,637명의 KATUSA(Korean Augmentation to US Army)를 일본에서 훈련시켜 보충한 바 있다. 한편 한국 해병대와 육군 17연대가 이 상륙작전에 참가했으며, 이로써 인천 상륙작전에 참가하는 지상군 부대의 총 병력은 7만 1,339명에 이르게 되었다.[272]

작전 보안을 위해 마양도(함경남도 신포 앞바다에 있는 섬) 포격을 비롯한 다양한 기만작전과 양동작전이 전개되었다. 9월 13일 오전에 함포지원 전대(戰隊)인 순양함 4척, 구축함 7척이 월미도를 포격하기 위해 인천 수로에 진입했다. 진입하는 중에 수로에서 발견된 기뢰를 폭파시켰다. 9월 13일 12시부터 9월 14일까지 함포 사격이 실시되어 상륙 지역 내의 적 포대를 제압했다. 선견(先遣) 공격 부대 함정들에 탑승한 미군 해병 5연대 1개 대대 병력이 6월 15일 오전 6시 33분에 월

그림 6.9 **인천 상륙작전 개념도 및 당시 인천항 전경**[273]

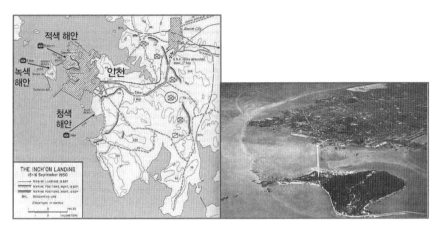

미도에 상륙했고, 오전 8시 7분에는 월미도를 완전히 장악했다. 주력 부대의 상륙 돌격은 9월 15일 17시 30분에 월미도를 중심으로 한 적색, 황색, 녹색, 청색 해안 등 네 곳의 해안에 대하여 시작되었다. 한국 해병대는 18시에 미국 해병 5연대와 함께 적색 해안에 상륙했다. 16일에 상륙군 부대는 공격을 계속하여 저녁 무렵에는 계획된 해안 교두보를 완전히 확보했으며, 18시에는 제1해병사단장 올리버 스미스 (Oliver P. Smith) 소장이 상륙군의 지휘권을 인수했다.[274] 미국 제1해병사단은 인천 시내의 잔적 소탕과 경비 임무를 한국 해병대에 맡기고, 서울 탈환을 위한 다음 단계의 작전을 전개했다. 9월 21일에는 제10군단장 아몬드 장군이 지상작전의 통제권을 장악함에 따라 제7합동기동부대는 해체되었다.[275]

인천 상륙작전의 결과는 즉각적이며 결정적으로 나타났다. 적의 배후를 강타한 인천 상륙작전은 낙동강 방어선을 돌파하여 부산을 탈취하려던 북한군의 기도를 무산시켰다. 인천에 상륙한 10군단과 낙동강 방어선에서 반격하는 제8군에 의해 적은 불과 2주 만에 분쇄되어 38선 이북으로 패주했다.[276] 이렇게 뿔뿔이 흩어진 북한군은 도주하기 시작했다. 그러나 북한군의 일부 퇴각로도 유엔군이 장악하고 있어서 그들은 산악 지역으로 잠적하거나 서둘러 후퇴했다.[277] 이 기간에 미국 해군의 지원 작전 역시 지속적으로 진행되었다. 인천으로 상륙했던 제10군단을 위한 대량의 군수 물자를 인천항을 통해 수송했으며, 유엔군 지상군에 대한 함포 사격 지원과 항공모함 함재기에 의한 항공 작전이 계속되었다.

1950년 10월 하순, 한국군과 유엔군은 머지않아 전쟁을 끝내고 한반도가 통일이 될 것이라는 희망 속에 북한군을 추격하며 북한 지역을 석권하고 있었다. 미국의 제8군은 10월 23일에 청천강을 도하하여 압록강으로 접근하고 있었으며, 10월 26일에는 한국군 제6사단 7연대가 압록강변의 초산(楚山)에 이르렀다. 한편 동부 전선에서는 미국 제10군단이 4개 방향으로 공격하고 있었다. 그러나 한만(한국과 만주) 국경을 향해 진격하고 있던 국군과 유엔군은 10월 26일부터 산발적으로 중공군과 전투를 벌이게 되었다. 그리고 11월 27일 밤부터 시작된 중공군의 대대적인 공격으로 유엔군은 철수가 불가피하게 되었다. 새로운 전쟁의 양상이 일어나게 된 것이다.[278]

중공군의 개입으로 전세가 다시 악화되자, 북한 지역에 진격해 있던 연합군들의 철수가 불가피해졌다. 중공군의 진격을 저지하기 위한

그림 6.10 **장진호 전투 개념도 및 미국 해병1사단 기동로**[279]

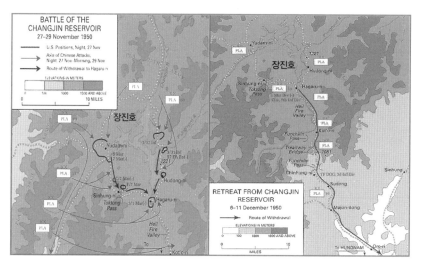

압록강 교량 폭격과 지상군 철수를 지원하기 위한 근접 항공 지원 임무가 연합군 해군 제77기동부대에게 주어졌다. 그 결과 중공군의 장비와 보급품의 유입이 어느 정도 둔화되기는 했으나, 이미 압록강이 얼기 시작하면서 교량 폭격의 효과가 무의미해졌기 때문에 항공모함 함재기들의 임무는 지상군 근접 지원으로 변경되었다. 미국 해군 항공기들은 중공군의 진출 속도를 지연시키면서 지상군의 철수작전을 지원할 수 있었다.

특히 미국 해군 항공기들은 11월 27일부터는 장진호(長津湖 : 함경남도 장진군 장진강 상류에 인공으로 만든 호수) 부근에서 중공군 7개 사단의 포위 공격으로 고립된 미국 해병 1사단에 대한 철수작전 '장진호 전투'를 지원했다. 미국 해군 함재기들은 매일 200소티(sortie : 전투기의 출격 횟수로 1회 출격이 1소티이다) 이상을 출격함으로써 미 해병 1사단이 혹독한 추위 속에서 적의 중첩된 포위망을 뚫고 성공적인 철수를 가능하도록 핵심적인 역할을 수행했다. 동해안에서는 원산, 성진, 흥남 철수작전이 전개되었으며, 이를 지원하기 위해 95.2 기동전대 함정들이 함포 지원, 해안 봉쇄, 수송 선단 호송, 소해 작전 등의 임무를 수행했다. 특히 철수를 위한 탑재 기간 중의 교두보 방어와 엄호를 위해 전함 미주리(Missouri)함의 16인치 포를 비롯하여 함포 지원전대의 함포 사격이 10일 동안 제공되었다. 집계에 의하면, 당시 한국군과 유엔군 병력 10만 5,000명, 피난민 9만 1,000명, 차량 1만 7,500대, 화물 35만 톤이 해상으로 철수했다.[280]

서해안에서는 미국 제8군의 철수가 비교적 순조롭게 진행되었다. 12월 5일 진남포를 시작으로 12월 7일에는 인천에서 군수 물자의 탑재가 시작되어 12월 31일까지 진행되었으며, 인원 3만 2,428명, 차량 1,103대, 화물 6만 2,144톤이 인천에서 부산으로 수송되었다.[281] 갑작스러운 중공군의 개입으로 불가피하게 철수작전이 전개되었으나, 연합군 해군은 지상작전의 변화에 맞추어 적시적인 지원작전을 전개함으로써 모든 해상 철수작전이 성공적으로 진행될 수 있도록 했다. 이같은 작전은 후속 작전을 위한 전투력 보존에 큰 도움이 되었다.

철수작전이 성공적으로 완료된 후, 미국 해군은 적 군수 지원 경로의 차단과 지상군에 대한 근접 지원 임무를 지속적으로 수행했다. 적의 철도망과 도로망에 대한 지속적인 공격, 산업 시설 공격, 동·서해

그림 6.11 **청진 부근에서 함포 지원 사격을 하고 있는 미주리함**[282]

의 도서 점령작전, 북한 해안 봉쇄, 동해안 지역에 집중된 함포 지원
작전 등을 성공적으로 수행했다. 이는 아군인 연합군의 사기를 높이
는 부차적인 효과를 발휘하기도 했다.

1951년 7월 10일부터 유엔군 대표와 공산군 측 대표가 참가한
가운데 휴전회담이 개시되었다. 휴전회담이 개시된 지 2년이 지난
1953년 7월 27일 10시에 판문점에서 유엔군 측 대표 윌리엄 해리슨
(William K. Harrison) 중장과 공산군 측 대표 남일이 휴전협정에 서명
함으로써 휴전이 조인되었다.

미국의 입장에서 제한된 목표를 가진 6.25전쟁은 휴전이라는 이름
으로 종전되었지만, 유엔과 미국은 6.25전쟁에서 승리한 것인가 아니
면 패배한 것인가에 대한 상반된 견해가 여전히 제기되고 있다. 그러

그림 6.12 **6.25전쟁 초기의 낙동강 방어선**[283]

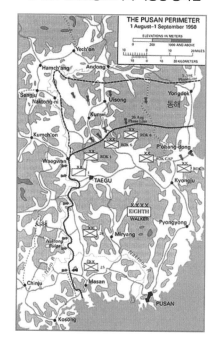

나 6.25전쟁에서 유엔과 한국의 해군이 북한의 적화통일 목표를 달성하지 못하도록 저지하고, 공산 세력의 확대를 막는 데 큰 역할을 담당했던 것은 분명한 사실이다. 특히 연합국의 해양력은 북한의 기습적인 침략 전쟁에서 패하지 않고 반격 작전을 성공적으로 수행하는 데 바다의 이점을 최대한 제공했고, 전쟁을 수행하는 데 필요한 다양한 능력을 전쟁 수행 지도자들에게 제공했다. 6.25전쟁 전 기간에 걸쳐 확보되었던 한반도 주변 해역에서의 해양 통제는 전쟁 수행에 필요한 엄청난 수송 소요를 아무런 방해를 받지 않고 충족시킬 수 있었으며, 적의 바다 이용은 철저하게 저지되었다. 자유로운 바다 이용의 이점을 활용하여 적의 후방에 대한 상륙작전을 실시함으로써 단번에 전세를 방어에서 공세로 전환하도록 했다. 또한 기동성과 융통성이 우수한 해상 발진 항공 전력과 함포 사격 등의 능력을 지상에 자유롭게 투사함으로써 전쟁 수행에 융통성을 제공할 수 있었다.

제임스 밴플리트(James A. Van Fleet) 장군은 6.25전쟁에서의 해군

작전에 대하여 "한국에서 해군이 없었다면 우리는 살아남을 수 없었다. 해양 봉쇄가 완벽하여 적이 해상을 통해 어떤 지원도 공급받을 수 없었다. 동해안과 서해안에서의 해군의 함포 지원은 적들을 더욱 힘들게 했다. 특히 양 측면에 있는 해군의 함포 지원으로 미국 제8군은 보다 공격적으로 적들을 공격할 수 있었다. 적들의 공중·해상 공격이 없어서 우리는 더욱 자유롭게 작전을 수행할 수 있었다"라고 말하며[284] 현대 전쟁에서 해양력의 중요성을 강조했다.

04

쿠바 사태를 극복하는 데 큰 역할을 한 해군력

1962년 10월 22일부터 11월 2일까지 소련의 중거리 핵미사일을 쿠바에 배치하려는 시도를 둘러싸고, 미국과 소련이 대치하여 핵전쟁 직전까지 갔던 국제적인 위기 사태가 발생한 적이 있다. 이 사태는 제2차 세계대전 후의 미국과 소련에게 가장 심각한 위기였다. 1962년은 미국의 케네디(John F. Kennedy) 정권과 소련의 흐루시초프(Nikita Khrushchyov) 정권 간에 심각한 대립과 긴장 관계가 있던 해였다.

쿠바는 미국 플로리다반도(미국 동남쪽 끝에 있는 반도)의 끝에서 불과 230킬로미터밖에 떨어져 있지 않으며, 쿠바에 반입된 42기의 소련 핵미사일은 미국의 본토를 사정거리 안에 충분히 둘 수 있는 것이었다.

케네디 대통령은 이 문제를 유엔 안전보장이사회에 회부하는 한편, 긴급하게 미주기구(Organization of American States) 회의를 개최하여 소련에 대해 핵미사일의 즉시 철거와 미사일 기지의 파괴를 요구했다.[285]

당시 미국 해군참모총장은 폴라리스 탄도미사일을 탑재한 핵잠수함을 북극해 탄도유도탄 발사 위치에 사전 전개시켰다. 또한 캐나다 해군과는 핵전쟁에 대비한 대체 지휘소 설치를 협의하는 등 소련과의 전면 핵전쟁에 대비하는 강경한 입장을 취했다. 하지만 정치 지도자들은 소련을 자극하지 않는 새로운 대안을 협의했다. 미국 해군과 중남미 해군과의 연합 함대를 구성하여 쿠바 주변 해역에 대해 해양 검문검색을 실시하는 재래식 해군력 운용으로 사태를 해결하는 방식을 채택한 것이다.[286]

케네디 대통령은 국가안전보장회의(NSC)를 열어 쿠바와 소련에 대한 대응을 협의했다. 미국은 이 회의에서 쿠바에 대한 공중 폭격과 상륙이라는 강경 작전을 피하고, 소련 상선의 쿠바 접근을 저지하는 해상 봉쇄를 결정함으로써 흐루시초프 총리와 협상의 여지를 남겨 두었다. 한편 소련은 1962년 10월 26일 미국이 쿠바를 침공하지 않는다는 것을 약속한다면 미사일을 철거하겠다는 뜻을 미국에 전달했다. 그리고 쿠바에 있는 소련 미사일 기지와 터키에 있던 미국 미사일 기지의 상호 철수를 제안했다. 이에 대하여 미국은 소련의 제안을 수락할 것을 결정했으며, 흐루시초프 총리는 10월 28일 미국의 요구를 전면적으로 받아들이기로 결정함으로써 핵전쟁 위기가 끝나게 되었다.

쿠바 위기 사태는 미국과 소련 간의 핵무기 경쟁에 따라 발생한 위

그림 6.13 **쿠바 위기 사태 시 미국 해군기가 쿠바에 접근하는 소련 화물선을 확인하는 장면**[287]

기 상황을 해군력에 의해 해결한 성공 사례였다. 미소 양국 간 핵무기 경쟁에서 발생된 위기 사태를 핵무기 대결보다 재래식 해군력에 의해 평화적으로 해결함으로써 양국은 분쟁과 갈등을 재래식 군사 수단에 의해서도 억제시킬 수 있다는 위기관리 개념을 익힐 수 있었다.[288]

　재래식 해군력은 투입하는 부대의 규모나 상황에 따른 대응 방법을 원하는 만큼 조절할 수 있는 융통성을 가지고 있다. 그렇기 때문에 그 특성을 활용하여 바다에서 발생한 위기 상황을 원하는 대로 제한 또는 통제하거나 필요할 경우에는 확대시킬 수도 있다. 이 점에서 쿠바 위기 사태는 재래식 해군력이 핵무기 경쟁에 따른 분쟁이 전면 핵전쟁으로 확대되는 것을 방지할 수 있는 주요 수단임을 증명한 최초의 사례였다.

05

영국 재건의 발판이 된 포클랜드 해전의 승리

1982년 3월 19일 아르헨티나는 남대서양의 영국 식민지인 포클랜드 섬들을 점령하기 위해 군사작전을 감행했다. 영국은 포클랜드 섬들을 탈환하기 위해 군사력을 장거리 원정작전에 동원했으며, 6월 중순에 승리를 쟁취하고 원정작전의 목표를 달성했다.

영국의 포클랜드 전쟁 승리는 6,000마일에 달하는 원거리를 횡단하여 신속하게 해군 기동부대를 전개할 수 있었던 영국의 해양력 덕분에 가능한 일이었다. 해군 기동부대는 수직 이착륙기를 운용하는 2척의 소형 항공모함 헤르메스함과 인빈서블(Invincible)함, 그리고 구축함과 호위함 및 해군·공군 수직 이착륙기들로 구성되었다. 샌디우드워드(Sandy Woodward) 제독의 항모 기동부대와 3개 해군 특수전 여단, 3개 육군 보병 여단을 수송하는 수송함이 상륙 기동부대로 편성되어 기동부대에 포함되었다. 이 기동부대는 100척이 넘었고, 병력은 2만 7,000명으로 구성되었다. 항공모함 2척을 포함하여 42형, 22형 등의 최신형 구축함과 앤트림(Antrim), 글러모건(Glamorgan) 같은 구형 구축함도 포함되어 있었다. 또 70여 척 이상의 상선들이 수송을 위해 징발되어 참가했다. 영국의 잠수함 부대는 도서 주위에 선포된 접근 금지 해역에 아르헨티나 해군 함정들의 접근을 방지하기 위한 지원작전에 운용되었다.

상륙작전이 개시되기 전에 아르헨티나의 순양함 벨그라노(Belgrano) 함이 영국 잠수함에 의해 격침되었다. 그 후 아르헨티나의 함정은 포클랜드 주변 해역에 접근하지 않았고, 다만 공군기가 포클랜드 해역에 접근하여 영국군을 공격했다. 영국 해군은 아르헨티나 공군기의 공격으로 구축함 1척, 프리깃 2척, 컨테이너선 1척 등을 잃었다.

영국군의 산카를로스(San Carlos) 상륙작전이 성공하여 지상에서 공방이 계속되었으나, 결국 해군이 중심이 된 영국의 우세한 해양력에 포클랜드를 점령하고 있던 아르헨티나군은 6월 14일 영국군에게 항복했다.[289]

영국의 기동부대는 1982년 4월 5일에 포츠머스(Portsmouth : 영국 잉글랜드 남부에 있는 항구 도시로, 영국 제1의 해군 기지로 발전했다) 항구를 출항했다. 이 함대는 대서양 중간에 있는 영국령 어센션(Ascension) 섬에서 미국의 편의 시설들을 이용했고, 군비(軍備)를 재정비했다. 4월

그림 6.14 **포클랜드 전쟁에 참가한 영국의 항공모함 인빈서블**[290]

그림 6.15 **포클랜드 전쟁을 위한 영국군 기동로**[291]

25일, 영국군은 아르헨티나군이 점령하고 있던 사우스조지아(South Georgia) 섬을 최초의 군사 행동으로 되찾았다. 8,000마일을 이동해 왔고, 1945년 이후 현대전을 한 번도 치르지 않았던 영국군에게 사우스조지아 섬에서의 승리는 큰 의의가 있었다.

영국의 기동부대는 접근 금지 구역 외곽에 접근한 아르헨티나의 순양함 벨그라노함을 격침시키면서 전쟁 수역에서의 해양 통제를 행사하기 시작했다. 잠수함에 의한 단 한 차례의 공격 성공으로, 그 후로 아르헨티나의 수상함은 이 수역에 접근하지 못하게 되었다.[292] 그러나 아르헨티나의 공군기들이 영국의 기동부대에 대한 공중 공격을 가하기 시작했다. 아르헨티나의 공중 공격으로 인해 영국의 구축함 셰필드(Sheffield)함이 격침되었다. 포클랜드 섬 탈환은 5월 21일 해병대와 공수부대가 동(東)포클랜드 섬의 서쪽 끝인 산카를로스에 상륙하여 교두보를 확보함으로써 시작되었다. 수직 이착륙기인 해리어(Harrier)의 효과적인 지원으로 지상 전투는 영국의 재탈환으로 끝이 났다. 포클랜드 전쟁에서 영국군은 255명의 사망자와 777명의 부상자가 발생했다. 한편 아르헨티나군은 그보다 훨씬 많은 사망자 649명, 부상자 1,657명 등의 피해를 입었고, 결국 영국에 항복했다.

당시 영국이 안고 있던 실업, 파운드 절하, 민족적인 쇠퇴 등의 국내 문제는 영국 원정군의 승리 소식으로 묻혀 버렸다. 영국은 옛날에 자신들이 누렸던 영광스러운 해양 국가의 우수한 해양력을 실제로 다시 한 번 재현했으며, 이를 통해 영국의 위상을 제고시켰다.[293] 영국의 해양력이 국가 위기를 해소하는 수단으로 훌륭하게 작용한 것이

그림 6.16 **포클랜드 전쟁 중 아르헨티나 공군기의 유도탄 공격으로 침몰한 셰필드함**[294]

다. 포클랜드 전쟁에서 수상, 공중, 수중 전력을 균형 있게 갖춘 영국의 강력한 기동부대는 해양력의 우세를 보여주었다. 이 같은 해양력은 6,000마일이나 떨어진 곳에서 전쟁을 가능하게 했고 승리를 이끌었다.

06

현대전에서도 결정적인
역할을 제공한 해군력

1991년 1월 17일, 전 세계인의 시선은 미국의 CNN에서 방송하는 TV 화면 앞에 모여 있었다. 사막의 방패작전이 사막의 폭풍작전으로 전환되면서, 걸프 만에 집결한 미국 해군의 구축함과 전함에서 토마호크(Tomahawk) 유도탄이 발사되는 장면과 바그다드 지역의 목표물을 유도탄이 파괴하는 장면을 방송하고 있었기 때문이다.

1990~1991년의 걸프전쟁은 공중전 및 지상전뿐만 아니라 대규모의 해군 작전이 동시에 전개되었다. 1990년 8월 9일, 사담 후세인(Saddam Hussein)이 쿠웨이트를 침략할 당시 미국, 영국, 사우디아라비아 및 기타 국가들은 이미 상당한 해군 전력을 현장에 배치하고 있

그림 6.17 **토마호크 유도탄을 발사하는 미주리함**[295]

었다. 사우디아라비아를 방어하기 위한 동맹국들의 작전인 사막의 방패작전이 개시되자, 이 작전에 참가하는 해군력의 규모는 엄청나게 확대되었다.[296]

이라크의 후세인 대통령이 쿠웨이트를 침공하자, 가장 위협을 느낀 것은 인접 국가인 사우디아라비아였다. 이라크의 다음 공격 목표가 사우디아라비아일 것은 분명했기 때문이다. 이에 미국을 중심으로 이라크를 응징하고, 이라크의 공세 확대를 저지하기 위한 다국적군이 결집되기 시작했다. "사우디아라비아가 다국적군을 끌어들일 경우, 이는 아랍권에 대한 배반이며 아랍권의 거센 공격을 받을 것"이라는 후세인 대통령의 위협에도 불구하고 사우디아라비아는 신속하게 미국의 지원을 요청했다.

사우디아라비아를 방어하기 위한 사막의 방패작전이 전개되면서, 사우디아라비아에 다국적군의 군사력이 결집되기 시작했다. 지상에 충분한 수준의 전투력이 전개되기 전까지 다국적군의 군사력은 모두 해상에 축적되었다. 과거 6.25전쟁에서 미처 지상에 연합국의 군사력이 전개되지 못한 상태에서 해군력이 한반도 방어에 중요한 축이 되었던 것처럼 걸프전 초기부터 해군력이 중요한 역할을 수행했다.

1990년 8월 후세인이 쿠웨이트를 침공한 직후, 다국적군은 이라크 해안에 대한 해상 봉쇄를 시작했다. 다국적군의 해군력은 홍해와 걸프 해역 등 두 곳의 바다에서 이라크를 위협하며 이라크군의 공세를 방어로 역전시켰다. 이지스 구축함과 항공모함 탑재 항공기 등의 해상 방공 체계는 사우디아라비아에 대한 방공작전을 훌륭하게 지원했으며, 걸프 해와 홍해 등의 주변 해역에 대한 해양 통제를 완벽하게 장악했다. 그로 인해 다국적군의 다수의 병력과 장비들이 방해를 받지 않고 해상으로 수송될 수 있었다.

바다에 전개되어 있던 다국적 해군은 사우디아라비아 내의 현대식 항구에 대한 수중, 수상 공격 위협과 공중 공격 위협을 효과적으로 차단하며, 다국적군이 사용할 엄청난 양의 군수 물자를 방해받지 않고 단시간 내에 하역할 수 있도록 했다. 당시 사우디아라비아에 이르는 해상 교통로를 위협할 수 있는 국가는 리비아로 무아마르 카다피(Muammar Gaddafi)가 집권하고 있었다. 리비아는 잠수함 6척을 보유하고 있었으며, 이라크에 대한 지원을 천명했다. 하지만 다국적군의 리비아 해군에 대한 수중 감시 작전, 이라크 해안 차단 작전, 해안 경비대의 항만 방어 작전, 해상 항공 전력의 방공 초계 작전이 효과적으로 전개됨으로써, 후세인의 위협에도 불구하고 걸프전 전쟁 물자의 90퍼센트 이상을 해상을 통해 사우디아라비아로 조달할 수 있었다.[297]

사우디는 걸프전 수행 시 다국적군의 발판이 되었으며, 미국은 지상작전을 수행하기 위해 투입되는 다국적 지상군에 대한 해군 군수 지원을 제공했다. 전쟁 기간 중 최초 6개월 동안 해상 수송 사령부는 200만 톤의 물자를 수송, 양륙했다. 아이젠하워 및 인디펜던스를 중심으로 하는 2개 항공모함 전투단이 8월 8일 현장에 도착하여 거대한 해상 항공작전 능력을 제공했고, 4개의 항공모함 전투단 및 2척의 전함을 비롯한 수개의 수상 전투단이 합류했다. 동맹국 함정들은 해군 차단 작전을 실시하여 걸프 해역에서 정선(停船) 및 검색 작전을 수행했다. 그 효과는 사막의 방패작전이 개시되면서 나타나기 시작했다.

1991년 1월 17일 사막의 방패작전은 사막의 폭풍작전으로 전환되어 이라크군과 이라크의 인프라 시설에 대한 대규모의 공습으로 파괴 전쟁이 개시되었다. 이 전쟁은 해군 군함들이 이라크 전역의 핵심 표적에 토마호크 유도탄을 발사하며 사담의 지휘 및 통제 체계를 격파하는 것으로 개시되었다. 동맹국의 공군력, 해병대의 항공 전력과 합세하여 해군 항공기들은 이라크군의 방대한 군수 물자를 파괴하고, 이라크 지상군을 살상했다. 해군 항공 전력은 걸프전 수행에 필요한 전체 항공 소티의 23퍼센트를 담당했다.[298]

그림 6.18 **사막의 폭풍작전에 참가한 미국 항공모함 새러토가**[299]

　반면에 이라크군은 전쟁 기간 전체에 걸쳐 바다를 이용할 수 없었다. 사우디아라비아와 쿠웨이트 국경을 따라 형성되어 있던 지상 전선의 고착을 타개하기 위해 이라크 해군의 시도가 있기는 했다. 이라크군은 다국적군 측 후방에 소형 고속정을 동원하여 상륙 기습작전을 시도했다. 이라크 해군의 결사적인 작전이었으나, 다국적군이 행사하고 있던 해양 통제 효과는 이를 허용하지 않았다. 다국적군의 해상 봉쇄에 참가하고 있던 해상 초계 함정들과 헬기들에게 초기에 포착되어, 이라크군의 고속정들 중 15척의 함정이 격침되었고 그들의 의도는 달성되지 못했다. 이라크군은 바다를 이용하기보다는 바다로부터의 다국적군 위협에 대응하는 데에 급급했다. 더구나 이라크군은 바다로부터의 위협을 과도하게 고려한 우를 범했다. 이라크는 다국적군 지상군의 진격이 바다로부터의 상륙작전에서 시작될 것이라고 여

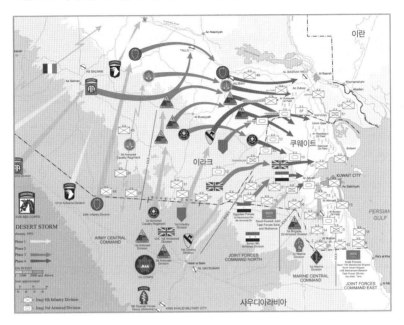

그림 6.19 **다국적군의 지상 진격로 및 이라크군의 방어 배치도**[300]

기고 대비하고 있었다. 그 결과 지상 방어의 중점을 쿠웨이트 해안에 둠으로써 다국적군 지상군들이 예상보다 훨씬 쉽게 이라크의 지상 방어선을 돌파할 수 있었다. 그 때문에 다국적군 지상군들은 단시간 내에 쿠웨이트를 탈환하고, 이라크로 진격할 수 있게 되었다. 실제로 미국의 해병 부대는 상륙작전에 투입되지 않았고 지상 진격 부대로 투입되었으며, 쿠웨이트 해안에 대해서는 해군 상륙 함정들의 양동작전과 기뢰 소해(掃海)작전만이 시행되었을 뿐이다.

다국적군은 바다에서 효과적으로 해양을 통제하여 전투력의 축적을 가능하게 하고, 두 개의 서로 다른 바다에서 다른 접근로를 통해 해상 전투력을 적의 지상에 투사하고 지상작전을 지원했다. 그 결과 예상보다 빠른 1991년 2월 27일 지상으로의 공세작전은 끝이 났다. 그리고 쿠웨이트는 원상회복되었다.[301]

한편 2001년 9월 11일 테러리스트들에 의한 미국의 뉴욕과 워싱턴에 대한 공격은 미국과 동맹국으로 하여금 테러와의 전쟁을 선포하고 아프가니스탄에 이어 이라크 침공으로 이어지게 한다.

2003년 3월 20일에 개시된 이라크에 대한 공격은 여러 가지 측면에서 1991년의 전쟁과는 달랐다. 지상전 돌격을 준비하기 위해 항공작전을 반복하는 대신에, 2차 전쟁은 이라크의 수도 바그다드를 향한 지상군의 신속하고 직접적인 공격과 함께 공중 및 지상 전력이 거의 동시에 공격을 개시했다. 발포를 개시한 것은 1991년에서처럼 해군이었다. 2003년 3월 20일 오전 5시 15분, 타이콘데로가(Ticonderoga) 급 순양함 벙커힐(Bunker Hill)함이 토마호크 유도탄 첫 발을 발사했다. 이는 이라크 중심에 위치한 이라크의 지휘 및 통제 센터 등의 표적에 조준된 많은 수의 유도탄 중 첫 발이었다. 그 직후 미국과 영국의 지상군이 쿠웨이트 국경을 넘어 이라크를 공격했다. 대규모 해병대의 선도로 미군은 바그다드를 공격했으며, 영국군은 제2의 도시 바스라를 공격했다. 바그다드는 2003년 4월 첫 주에 장악되었으며, 이후 성공적인 작전이 전개되었다.[302]

미국 해군의 키티호크함, 시어도어 루스벨트함, 에이브러햄 링컨함, 해리 트루먼함 등의 5개 항공모함 전투단이 포함된 115척의 해군

그림 6.20 **작전 중인 항공모함 기동부대**[303]

함정이 투입되었고, 동맹국 군함들 역시 지상작전을 지원하기 위한
함포 사격을 제공했다.

 걸프전을 통해 현대 전쟁에서 해양력의 역할은 전통적 의미의 역
할인 '해양 통제의 확보, 해상 교통로 보호와 적 지상에 대한 영향력
의 행사'가 여전히 중요한 의미가 있음을 보여주었다. 걸프전에 참가
한 대규모 부대가 아무런 제한을 받지 않고 자유로운 해상작전을 수
행하고, 엄청난 양의 병력과 군수 물자를 수송할 수 있었던 것은 상대
가 되지 않을 정도의 해군력 격차에서 비롯된 것이었다. 만일 상대국
이 좀 더 다른 방법으로, 예를 들면 잠수함과 특수전 부대 등의 해군
력으로 걸프 주변 해역에서 작전하는 동맹국들의 해군 전력을 위협

그림 6.21 **미국 해군의 이지스 순양함과 토마호크 유도탄**[304]

했다면 걸프전 양상은 다르게 진행되었을 것이다. 어떻든 동맹국 해군들은 걸프 해에서의 해양 통제를 완벽하게 장악했고, 그 통제를 이용한 해양 이용의 자유를 완벽하게 누리면서 적의 지상에 대한 군사력의 투사 작전을 훌륭하게 수행했다.

현대 과학기술의 발달은 해군 무기 체계의 영향권을 대폭적으로 확대시켰다. 해군 함정에 탑재한 탐지 체계는 수백 킬로미터에 달하는 거리의 항공기와 유도탄을 탐지하여 대응하도록 하고, 수백에서 수천 킬로미터 거리의 표적에 대하여 공격할 수 있는 능력을 가지게 되었다. 걸프전은 해군력으로 하여금 과거에 비해 육지에 대한 영향력을 더 크게 행사할 수 있게 되었음을 입증해 주었다. 미국 해군이 새로운 작전 개념인 '해양으로부터(From the Sea)', '해양으로부터 전방 전개 (Forward From the Sea)'를 채택하게 된 것도 이 같은 해군 무기 체계의 발전과 관련이 있다고 본다.

07

현대의 해양 전략 개념과 발전 방향[305]

냉전기의 미국과 소련은 해군력을 근간으로 핵전쟁을 억제하는 동시에 지역 분쟁 발생을 예방했다. 6.25전쟁, 중동전쟁(1948년 이스라엘의 독립 이후, 이스라엘과 아랍의 여러 나라 사이에 벌어진 네 차례의 전쟁)과 같이 억제가 작용되기 전에 발생한 지역 분쟁들은 주로 해군력을 활용하여 분쟁 이전 상태로 원상 복귀시키고, 비교적 안정적인 동서 진영 간의 세력 균형을 이루어 상대적인 안정기를 유지했다. 냉전기 미국과 소련 간의 해양력 경쟁은 마치 대양에서의 함대 결전을 전제로 하는 양상처럼 치열하게 보였다. 그러나 실제로 함대 결전이 발생하지는 않았으며, 이는 양국 간의 해양력 경쟁이 양국 해군력 간 우열로 서로 바뀌고 다시 바뀌는 냉전 양상으로 전개되었기 때문이다.

냉전 초기에 미국은 대(對) 소련 강경론에 의해 지상군 위주의 소련 위협에 대한 해군력 위주의 대응 전략을 추진하여 소련을 제압할 수 있었다. 그러나 소련의 고르쉬코프 제독이 주장한 '국가 해양력' 개념을 채택하고, 연안에서 벗어나 대양으로 진출하기 위한 대대적인 해군력 증강을 시도함으로써, 1970년 후반에 이르러서는 미국과 소련이 해양력에서 균형을 이루었다. 미국과 소련의 밀고 당기는 해군력 경쟁은 양국 해군이 핵 해군으로 변형되면서 더욱 치열한 경쟁 구도로 전개되었다. 그러나 1980년대 후반 경제 정책의 실패로 인해 소련은 미국과의 해군력 경쟁에 뒤처지게 되었다. 그 결과 미국이 주도하는 해양 전략 중심의 새로운 국제질서가 형성되는 변화를 불러왔다.

1990년 미국과 소련의 이념 대결에서 미국의 일방적인 승리는 미국이 해양 전략을 국가 대전략 또는 세계 전략으로 채택함에 따른 성과였다. 이는 미국이 과거의 대서양 중심 세계 전략에서 어느 한 대양에 치우치지 않는 비교적 균형된 세계 전략을 추진한 결과이기도 했다. 과거에 영국이 주도했던 국가 전성기가 대서양 중심적인 해양 전략이었다면, 미국이 주도한 해양 전략은 대서양과 태평양을 동시에 고려한 세계 전략으로서의 해양 전략이기 때문이다. 그 대표적인 사례가 냉전기에 미국이 채택했던 이른바 '스윙 전략(swing strategy)'으로, 태평양에 전개된 항공모함 기동함대를 전략적 필요에 따라 대서양과 태평양을 오가도록 하는 해양 전략이었다. 이는 1980년대 중반에 레이건 행정부에 의해 선언된 '해양 전략(Maritime Strategy)'에 이르러 절정에 달했으며, 전후의 미국이 대서양과 태평양을 동시에 고려하는 세계 수준의 해양 전략 채택을 증명한 것이다. 또한 이 전략은 미국의 재래식 해군 전력과 핵전력의 균형적인 발전을 가져와 소련을 앞지르는 요인이 되었다.

전후의 강대국들이 핵무기를 확보하면서 주요 국가들의 해군이 핵 해군으로 변신하는 시기를 맞게 되었다. 핵 해군 중심의 해양 전략은 해양 전략 발전 역사에 또 다른 장을 마련하는 계기가 되었고, 소련 역시 핵 중심의 해양 전략을 발전시켰다. 그러나 미국은 재래식 해군력에 의한 함대 결전 중심의 고전적인 해양 전략과 핵 해군에 의해 전략적인 억제를 지향하는 과학기술 중심의 해양 전략 개념을 상호 보완적으로 유지했다. 이 같은 전략으로 핵무기만을 전략의 중심으로 삼았던 소련 해군력을 제압하고, 결국 미국 중심의 국제질서를 유지할 수 있게 되었다.

이와 같이 냉전기의 미국과 소련은 대양에서의 직접적인 해군 함대 간의 결전 없이 소모적인 해양력 경쟁만을 균형 있게 유지함으로써 안정된 해양 질서를 유지하고, 세계 평화와 경제 발전에 기여할 수 있었다. 더구나 양국 간 해양력 경쟁에서 미국이 승리함에 따라 자유 진영은 더욱 안정된 평화와 번영을 약속받는 가운데 미국의 전성기가 도래하게 되었다.

미국의 국가 전성기는 소련의 붕괴로 인해 찾아왔다. 이런 미국의 전성기는 과거의 그리스, 로마, 그리고 영국이 향유하던 국가 전성기와는 전혀 다른 모습으로 나타났다. 1816년부터 도래한 영국의 전성기가 불과 45년 만에 쇠퇴기 국면을 맞이했던 반면에, 21세기 현재 미국이 향유하고 있는 국가 전성기는 미국만이 가능한 국가 발전의 절정기를 유지하면서 지속될 전망이기 때문이다. 미국의 전성기는 과거 그리스, 로마제국, 그리고 대영제국이 향유한 국가 전성기와 비교할 때 다음과 같은 차이점이 있다.

첫째, 대단히 짧은 기간에 국가 전성기를 성취했다. 미국이 영국으로부터 독립한 이후 불과 230여 년 만에 전 세계 어느 국가와 비교할 수 없는 강력한 전성기를 맞게 된 것이다. 현재 미국의 국력 수준을 고려할 때, 향후에도 이를 더욱 가속화할 수 있는 추진력을 갖고 있다는 것이다.

둘째, 국가 전성기의 정통성 및 역사성이다. 미국이 대외적으로 가장 취약한 점은 짧은 역사였다. 그러나 미국은 과거 유럽 강대국들이 자유, 민주, 평등에 반대하던 신권, 왕권 절대주의, 군국주의와 파시스트 같은 극단주의적 흐름의 과정을 거치지 않고 가장 짧은 기간에 자유, 민주, 평등을 국가 이념으로 하는 국가로 발전시킴으로써 정통성을 부여받았다. 미국은 자유, 민주, 시장 개방 정책을 21세기의 세계적 이념인 자유민주주의와 자본주의 시장경제 논리에 맞게 채택함으로써 미래에도 변함없이 패권 국가로서의 정통성을 부여받게 될 것으로 보인다.

셋째, 대륙 국가로서 유일하게 국가 전성기를 맞이한 국가이다. 미국은 대륙 국가로서의 이점을 가지고 있으면서도, 자칫 소홀하기 쉬운 바다를 다른 국가들보다 더욱 적극적으로 활용함으로써 대륙에서 해양까지 전천후 해양력을 발휘하는 해양 전략을 지속적으로 발전시켰다. 그 때문에 더욱더 튼튼한 국가 전성기를 맞이할 수 있었던 것이다.

이러한 미국의 국가 전성기는 해양을 통해 자유와 민주 이념을 확산시키고, 그로 인해 전 세계와의 해양 협력 네트워크를 형성함으로써 더욱 공고화될 것으로 보인다. 특히 소련의 군사 위협이 사라진 이후, 미국은 전 세계 해양에서 전천후 해양 통제 능력을 갖추고 전 세계 해군을 협력 파트너로 삼았다. 이처럼 전 지구적인 해양 공동체를 형성함으로써 미국은 앞으로 국가 전성기를 공고화할 수 있을 것으로 전망된다.

냉전 이후 미국은 자국의 전성기를 더욱 공고화하는 한편, 다양하고 새로운 해양 전략 개념들을 지속적으로 출현시키는 포괄적인 해양 전략으로 변환시켰다. 1992년에는 '해양으로부터(From the Sea)'를 선언하여 해양과 대륙을 동시에 연결하는 새로운 해양 전략을 발표했다. 그리고 걸프전을 경험한 이후 미국은 1994년에 '해양으로부터 전방 전개(Forward From the Sea)'를 새로운 해양 전략으로 발표했다.

9.11 테러 사건이 발발한 후, 2007년에 들어서는 전 지구적 대(對)테러 작전을 해양으로부터 지원하는 해군의 역할을 구체적으로 제시한 '시파워 21(Sea Power 21)' 해양 전략과 전 세계 해군과의 협력을 전제로 해군 협력 네트워크를 형성하는 '1,000척 해군(1,000 Ship Navy)'을 발표했다. 1980년대 중반의 레이건 행정부가 선언한 '해양 전략'은 소련에 대한 외교적인 승리를 유도하기 위한 군사적 강경책의 일환으로 수립된 국가 전략 차원이었다. 반면에 '시파워 21'과

'1,000척 해군' 해양 전략 개념은 상징적이며 전통적인 해군지상주의의 해양 전략 개념을 과감히 탈피해, 새로운 해양 안보환경과 군사 과학기술을 해양 전략에 접목시킨 보다 현실적인 해양 전략으로의 변환이었다.

이와 같이 미국은 다양한 해양 전략을 지속적으로 발전시키면서, 미국의 해양 전략이 더 이상 해군의, 해군만을 위한 전략이 아닌 국가 전략 및 세계 전략 수준으로의 포괄적 해양 전략으로서 지속적인 발전을 해 왔음을 보여주었다. 미국의 해양 전략은 미국의 해양 전략 주체가 해군에서 국가로, 그리고 세계로 확대되고 있음을 의미한다.

향후에도 미국은 미국과의 동맹국 또는 전 세계 우방국과의 협력을 전제로 하는 다자간 해양 전략을 지속적으로 발전시킬 것으로 예상된다. 2007년에 발표된 21세기 해양력 구현을 위한 협력적 해양 전략 개념이 미국만의, 미국만을 위한, 미국만에 의한 해양 전략으로 인식되는 것이 아니라, 해군의 협력 범위를 다자간 공동으로 대응하는 포괄적 해양 전략으로 발전시킨 사례였다. 궁극적으로 미국은 지속적으로 새로운 해양 전략을 발전시킴으로써 미국의 국가 전성기를 더욱 공고화하고, 미국이 주도하는 새로운 국제질서의 형성을 주도할 것이다. 특히 국제질서를 위협하는 안보 위협 요인에 대해서는 해양에서 또는 해양으로부터 해군력을 적극적으로 사용할 것이다. 미국은 전 지구적인 해양 공동체를 형성하고 그렇게 자유, 민주, 평화를 지속시킴으로써 자국의 국가 전성기를 유지할 것으로 예상된다.

08

미래의
세계 해군의 모습

미국 해군이 최근에 개발하고 있는 함정들의 모습을 살펴보면 미래 해군의 모습을 유추해 볼 수 있다. 세계 대부분의 해군들은 해군을 건설하면서 미국 해군의 해군력 건설 추이를 벤치마킹하여 뒤따르고 있다. 미국의 군사과학 기술이 전 세계를 선도하고 있기 때문일 것이다. 과거 철선 시대에 세계의 신흥 강국 해군들이 영국 해군의 함정 건조를 벤치마킹하며 함정 세력을 발전시킨 것과 유사하다.

통상 군함들의 수명은 30년 정도이다. 대부분의 해군들은 새로 건조한 함정이 경제적인 수명이 도달하면 폐기하고, 새로운 함정을 건조하여 대체하는 것이 관례이다. 미국 해군이 최근에 작전에 투입했거나 작전 투입을 위해 시험 평가 중에 있는 대표적인 신형 함정은 줌왈트(Zumwalt)급 구축함, 프리덤(Freedom LCS-1)급 및 인디펜던스 (Independence LCS-2)급 연안 전투함이다. 이 신형 함정들은 지금까지의 군함형과는 다른 특이한 선형에 최첨단의 무기 체계들을 탑재한 함정들이다. 그렇지만 역할과 임무 측면에서는 기존의 함형과 크게 다르지 않다. 이외에도 미국 해군은 이지스 구축함인 알레이버크 (Arleigh Burke)급 구축함과 버지니아급 잠수함을 상당 기간 계속 건조하여 운용할 계획이기 때문에, 앞으로 적어도 30년 동안 미 해군은 항공모함, 줌왈트급 구축함, 이지스 구축함, 연안 전투함, 버지니아급 잠수함 체계로 함대를 구성할 것으로 전망된다.

새로운 미래의 함형이 건조되기 전에는 이미 운용하고 있는 함형의 질적인 보강을 위해 새로 개발되는 무기 체계들을 이 기존 함형의 함정에 탑재하여 운용할 것이다.

그중 줌왈트급 구축함은 대(對)지상 공격에 중점을 둔 다목적 구축함으로 설계되었는데, 천문학적인 건조비의 증가[306]로 구축함 건조계획에 변화가 생겼다. 현재 미국 해군의 주력 구축함인 알레이버크급 이지스 구축함을 추가로 건조하고, 줌왈트급은 최초로 계획한 32척에서 7척으로 총 건조 척수가 감소되었다.[307] 현재 3척의 건조가 확정된 상태이다. 줌왈트급 구축함의 가장 큰 특징은 스텔스(Stealth)화를 매우 강조한 것이다. 레이더 반사 면적을 최소화하기 위해 높은 파도에서 복원력이 저하되는 위험을 감수하면서 선형을 텀블홈 파도가름선(Tumble-home wave piercing hull)으로 건조했다. 그와 함께 다양

그림 6.22 줌왈트급 구축함에 탑재된 장비 및 무기[308]

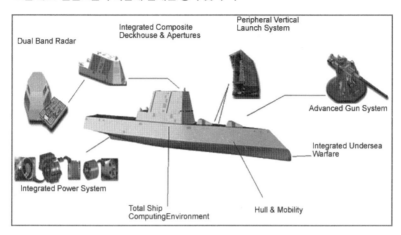

한 기술을 적용하여 스텔스화를 추구한 결과, 알레이버크급 구축함에 비해 40퍼센트 정도 큰 함정이면서도 레이더 반사 신호는 소형 어선 수준과 유사한 정도이다. 또한 로스앤젤레스(Los Angeles)급 잠수함과 비교될 정도로 조용한 음향 특성을 나타낸다.[309]

줌왈트급 구축함의 또 다른 특징은 지상에 대한 전력 투사 능력이 대폭 증가되었다는 것이다. 이미 퇴역한 전함들의 대(對)지상 공격 능력을 대체하고,[310] 장차 항공모함의 대지상 공격 역할을 다른 수단으로 대신할 것을 고려하여 상당한 수준의 대지 공격 능력을 갖춘 것이다. 적의 해안에 있는 위협 무기 사정거리 밖에서 지상 공격용 유도탄 또는 함포 사격으로 적을 공격할 수 있는 능력을 갖추었다. 탑재된 함포는 대지상 표적 공격용 포탄을 154킬로미터까지 발사할 수 있는 155밀리미터 AGS(Advanced Gun System) 2문이며, 80기의 수직 발사

그림 6.23 **줌왈트급 구축함**[311]

유도탄을 탑재[312]할 수도 있다.

다음으로 장차 미국 해군이 주력 전투함으로 운용할 것이 예상되는 함정은 연안 전투함(LCS, Littoral Combatant Ship)이다. 구축함에 비해 대공 방어와 대함전 능력에서는 뒤떨어지지만, 연안 해역에서 필요한 작전을 선택하여 수행할 수 있도록 모듈화했고, 크기를 작게 하여 고속화한 것이 특징이다. 비교적 적은 예산으로 많은 수의 LCS를 건조할 수 있게 계획했으며, 현재의 LCS 건조 계획은 총 52척 수준이다. LCS는 부여된 임무에 따라 그 임무에 맞는 모듈을 선택하여 탑재할 수 있게 대잠수함전, 대함전, 대기뢰전, 특수전 모듈들을 각각 발전시키고 있다. 그러나 모듈을 바꾸는 데에 몇 주일이 소요되는 문제가 있어서 LCS를 건조할 때부터 아예 단일 임무형으로 전문화시켜 건조하려 하고 있다.[313]

그림 6.24 **연안 전투함 프리덤**[314]

그림 6.25 **연안 전투함 인디펜던스**[315]

연안 전투함 중에서 록히드마틴(Lockheed Martin)사에서 설계하여 건조한 LCS-1 프리덤함은 2,840톤에 속력이 50노트이며 57밀리미터 포와 RAM(Rolling Airframe Missile) 함대공 유도탄을 탑재하고 있다. 한편 제너럴다이내믹스(General Dynamics)사가 설계하여 건조한 인디펜던스함은 2,637톤에 속력 50노트로서 57밀리미터 포와 대잠 어뢰를 탑재하고 있다. 처음 계획은 이 두 가지 선형의 LCS를 시험 평가한 후에 한 가지 형으로 결정하여 양산하려 했으나, 미국 해군은 두 가지 형을 모두 운용하기로 결정하여 각각 10척씩을 양산 건조하도록 계약했다. 계약 금액은 프리덤형이 척당 4억 3,680만 달러이고, 인디펜던스형이 척당 4억 3,200만 달러이다.[316]

이외에도 미국 해군은 새로운 항공모함인 제럴드 R. 포드(Gerald R. Ford)급 항공모함을 건조하고 있다. 2015년에 취역이 예상되는 이 항공모함은 10만 톤급으로 항공기 90대를 운용 가능하고, 현재의 항공모함에서 쓰이고 있는 이함(離艦) 장치인 증기 캐터펄트(Steam Catapult : 항공모함에서 증기의 힘으로 비행기를 출발시키는 장치) 대신에, 새로운 이함 장치인 EMALS(Electromagnetic Aircraft Launch System)와 새로운 착함 장치인 AAG(Advanced Arresting Gear)를 채용하여 항공기 출격 횟수를 다른 항공모함에 비해 25퍼센트 정도 증가시킬 계획이다. 또한 새롭게 개발 중에 있는 레이저 무기인 자유전자레이저 지향성 에너지 무기(Free Electron Laser Directed-Energy Weapon)를 방어용 무장으로 탑재할 가능성이 크다.[317]

당분간 미국 해군의 주력 전투함은 이지스 구축함일 것이다. 줌왈

그림 6.26 **신형 항공모함 제럴드 R. 포드**[318]

트급 구축함에 부여하려던 탄도탄 방어 능력은 줌왈트급 구축함의 과도한 다중 임무 수행에 따른 건조비의 상승으로 이지스급 구축함이 계속 담당하도록 결정되었다. 그리고 경제성에 비중을 둔 연안 전투함은 동시 다발적인 해상 작전 수행에 제한받을 수밖에 없으므로 함대 방공작전 수행, 대지상작전, 대잠전 등의 복합전 수행 능력이 뛰어난 알레이버크급 구축함이 상당 기간 동안 미국 해군의 주력 전투함으로 운용될 전망이다. 줌왈트급 구축함 건조와 함께 이지스 구축함 건조를 중단하려던 계획은 취소되었고, '플라이트 Ⅲ(Flight Ⅲ)'로 불리는 차기 알레이버크, 이지스 구축함 현대화 계획이 2016 회계연도부터 건조될 함정에 적용된다. 이 계획은 5인치 포의 사정거리 연장, 이지스 체계의 안테나 기능과 크기 확장[319] 등이 새로 적용되고, 하이브리드 전기 추진 시스템(hybrid-electric propulsion system), GEDMS(Gigabit Ethernet Data Multiplex System) 등의 기존 이지스 구축함의 현대화(Mid-life upgrade) 계획 반영 사항이 신조함에도 적용될 것이다.[320]

가까운 장래에 완전히 새로운 함형의 등장이 예상되지 않는 현 시점에서 미래의 미국 해군은 제럴드 R. 포드급 항공모함 전투단과 줌왈트급 및 이지스급 구축함이 주력인 수상 전투부대, 연안 전투함 부대, 탄도탄 잠수함 부대, 버지니아급 공격 잠수함 부대, 그리고 다양한 상륙함들로 이루어진 상륙 준비단(Amphibious Ready Group) 등으로 구성될 것이다.

그림 6.27 **미국 해군의 이지스급 구축함 알레이버크**[321]

오늘날 세계의 해군은 빠르게 변화하고 있다. 특히 첨단 과학기술의 발전은 군함은 물론, 탑재 무장과 장비를 빠른 속도로 변화시키고 있다. 과거에도 범선 시대에서 철선 시대로 나아가는 과정을 살펴보면 과학기술의 발달이 군함의 발달을 선도했다. 증기기관의 발명으로 증기 추진 함정이 건조되기 시작했으며, 산업혁명의 결과로 각종 기계 장치들이 만들어지면서 군함에 탑재된 각종 무장과 기계 설비들이 현대화되기 시작했다. 현대에 이르러 각종 IT 기술들이 대단히 빠른 속도로 발전하면서, 각 분야의 과학기술 혁신을 선도하고 있다. 함정과 함정 탑재 장비, 무기 체계의 경우도 그와 연관된 과학기술의 발전에 맞추어 빠른 속도로 변화하고 있다. 공상과학소설에나 등장할 만한 무기와 장비들이 현실화되어 실전에 운용되고 있는 것이다.

함형 체제 자체는 변화 속도가 매우 느리게 진행되기 때문에, 함형 체제에 급격한 변화가 있을 것이라고 예상되지는 않는다. 실제로 선박 건조 기술이 노선 시대에서 범선 시대로 전환되는 데 소요된 기간은 무려 6,000년 이상이며, 범선 시대에서 철선 시대로 전환되는 데 소요된 기간도 그보다는 짧지만 약 500년이 소요되었다.

15세기 중반에 범선 시대가 시작된 후 현대식 전함이 등장한 것은 드레드노트급 전함이 등장한 20세기 초반이다. 현대식 군함의 상징이었던 드레드노트급 전함이 등장한 이래 현재까지 함정 체계에는 큰 변화가 없었다.

추진 기관의 일부가 원자력으로 바뀐 함정들이 있고, 군함의 상징으로서 장거리 무장 투발 능력을 가지고 있던 전함(battleship)들이 모습을 감추었으나, 지금은 구축함급에서 발사 가능한 무장의 투발 가능 거리가 증가하여 과거 전함들의 발사 거리보다 훨씬 더 먼 거리로 투발할 수 있게 되었다. 다만 탑재 장비들이 거의 대부분 자동화되었다는 차이가 있을 뿐이다. 아주 최근에 들어 적에게 탐지되는 것을 방지하기 위한 스텔스 기술이 함 건조 기술에 반영되었으며, IT 기술을 적용한 C⁴ISR 능력, 즉 '지휘(Command), 통제(Control), 통신(Communication), 컴퓨터(Computer), 정보(Intelligence), 감시(Surveillance), 정찰(Reconnaissance)' 능력이 월등하게 발전한 점이 과거의 함정 체계와 구별되는 점이다. 미국 이외에 다른 국가들의 경우도 함형을 새롭게 변화시키려는 시도는 없다. 함정 기능의 일부 보완 사항을 제외하고는, 함형 자체의 획기적인 발전은 당분간 이루어지지 않을 것으로 보인다.

미국 해군의 미래 무기 체계 발전을 위한 중점 사항은 해군력의 지상에 대한 전력 투사 능력을 강화하는 것이다. 지상에 대한 공격 능력을 강화하고, 아울러 육지 가까이에서 작전을 수행하고 있는 부대에게 가해질 수 있는 위협, 즉 연안 부근 해역에서의 위협에 대한 대응 작전 능력을 강화하는 데에 역점을 두고 있는 것으로 보인다. 적지에 대한 전력 투사 작전을 수행하기 위해서는 연안 해역에서의 완벽한 해양 통제가 필요하기 때문이다.

다시 말해서 미국 해군은 현재의 함정 체계를 유지하되, 종전처럼 대양에서의 해양 통제를 유지하면서 추가적으로 분쟁이 발생할 수 있는 가능성이 보다 농후해진 연안 해역에서의 해양 통제 능력을 강

그림 6.28 레일건의 작동 원리 및 미국 해군의 레일건 시험 장면[322]

그림 6.28 **레일건의 작동 원리 및 미국 해군의 레일건 시험 장면**[322]

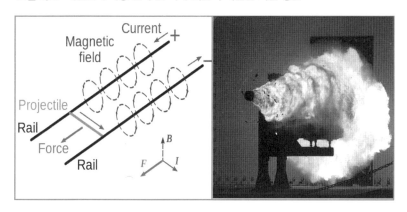

화할 것이다. 그리고 지상에 대한 전력 투사 능력을 강화하는 데 중점을 두어 해군력 강화를 위한 방안을 추진할 것으로 보인다.

지상에 대한 전력 투사 능력을 강화하기 위해 각국의 해군에서 진행 중인 연구개발 내용은 가히 획기적이다. 예를 들면 전자석의 원리를 적용한 코일건(Coilgun) 또는 레일건(Rail gun), 가스의 팽창을 활용하는 가스건(Gas gun) 등은 새로운 포탄 투발 원리를 이용하여 포탄의 초기 속도를 대폭적으로 증가시킴으로써 포의 사정거리를 획기적으로 증가시키고[323] 정확도를 향상시킬 수 있다. 또한 이 같은 유형의 포는 고속으로 이동하는 포탄의 운동에너지만으로도 목표를 파괴할 만큼의 파괴력을 갖는다.

자유-전자레이저 지향성 에너지 무기(Free Electron Laser Directed-Energy Weapon)로 불리는 레이저 무기는 함정의 대공 방어 및 대유도탄 방어 무기로 개발 중이며, 현재 수상함에 탑재하여 실험이 진행 중이다. 운영 시험이 종료되면 제럴드 R. 포드급 항공모함의 대공 방어 무기 체계로 탑재가 예상되며, 앞으로 건조되는 신조함에도 탑재될 전망이다. 레이저 에너지 출력을 요구되는 만큼 증가시킬 수 있다면[324] 함포 체계를 대체할 새로운 무장으로 적용될 것이다. 이는 현재 각국의 육해공군이 연구개발 중에 있는 무인 잠수정, 무인 항공기, 무인 초계정 등의 각종 무인 플랫폼과 함께 앞으로의 해군 작전에 큰 영향을 미칠 것이다.

그러나 역사적으로 새로운 무기 체계가 등장하면 새로운 무기를 활용하는 측이 전장을 지배하게 되었던 것이 사실이나 그 효과는 오래 지속되지 못했다. 새로운 무기가 등장하면 항상 그에 대응하는 무기 체계의 개발이 뒤따르게 되어, 결국에는 공격과 방어 무기가 균형을 이루게 되면서 무기 체계의 첨단화가 지속된다. 오랜 기간 동안 함

그림 6.29 **미국 해군이 개발 중인 레이저 무기**[325]

정 탑재 무기의 변화가 있어 왔지만 함정 체제 자체는 커다란 변화 없이 그대로 유지되고 있는 것은 이 같은 이유에서 기인한 것으로 보인다. 19세기 말 프랑스 청년학파(Jeune École)의 주장에 따라 시도되었던 어뢰정에 의한 전함 및 상선 공격 작전 개념은 초기에는 성공한 듯 보였다. 하지만 곧이어 영국에서 어뢰정을 잡는 구축함(torpedo boat destroyer)을 개발하여 어뢰정에 대응하도록 했고, 전함의 속력을 어뢰정이 쉽게 공격할 수 없는 속력으로 향상시킴으로써 어뢰정들이 무용지물이 되어 버렸다. 그리고 다시 전함, 순양함 위주의 해군 함정 체제로 복귀하여 오늘날까지 유지되었던 것[326]은 무기 체계의 개발 양상을 잘 보여주는 좋은 사례라고 할 수 있다.

우리나라의 주변 국가들을 보면, 일본의 경우 세계대전이 종식된 후 현대식 해군으로 전환하는 과정에서 미국 해군의 지원을 받으며 성장했기 때문에 미국 해군의 발전하는 모습을 답습하는 경향이 있었다. 현재 일본 해군의 전력 구성도 미국 해군의 모습을 그대로 모방하고 있는 것으로 보아, 앞으로의 일본 해군도 미국 해군보다 규모는 작지만 함정의 구성과 무기 체계는 미국 해군 체제를 그대로 따를 것으로 예상된다.

중국 해군의 경우는 미국의 공세적인 함정 체계 발전에 수세적인 반응을 보일 가능성이 높다. 중국 해군이 제1도련, 제2도련까지의 해양 통제 능력을 확보하는 것에 중점을 두고 해군력을 발전시킨다고 주장하고 있으나, 그들이 과거부터 지속적으로 추구했던 군사력 운용의 뿌리인 대륙 지향적인 사상에서 벗어나지 못할 것으로 예상된다. 최근 들어 중국 해군은 항공모함을 확보하고, 대형 수상함을 구입하는 등의 해양 지향적인 움직임을 보이고 있으나, 그 내용을 자세하게 살펴보면 그다지 해양 진출에 적극적이지 못하다는 것을 알 수 있다. 군사과학 기술의 불균형이 그 이유 중 하나이겠지만,[327] 중국이 계획하고 있는 해군력 강화 계획에는 대양으로의 진출이라는 측면에서 불완전한 면이 없지 않다. 중국 해군의 항공모함 전투단을 구성하게 될 함정 및 항공기의 구성을 보면 대양에서의 독립작전을 수행하기에는 부족한 것으로 보인다.[328]

대양에서의 해양력 운용 경험이 상대적으로 짧은 중국은, 결국 미국의 해양 봉쇄에 대항하는 형태의 수세적이고 비대칭적인 전력 확보를 추구하게 될 수밖에 없을 것이다. 또한 잠수함 세력과 지대함 유도탄 등의 비대칭적인 전력의 현대화와 수적인 증가를 중점적으로 추진하게 될 것이다. 그러나 시간이 흐르면서 중국의 해양 지향적인 사고가 확대되고 대양에서의 해군력 운용에 경험이 축적된다면, 중국의 해군 역시 미국 해군력을 벤치마킹하며 대양 작전 해군력을 강화시켜 나갈 것이다. 20세기 초, 유럽의 대륙주의 해군들이 해군력 운용에 선도적인 역할을 했던 영국 해군을 따라잡으려 했던 사례와 같이, 중국 해군도 미국의 해군력을 따라잡으려 할 것이기 때문이다.

따라서 가까운 장래에 중국 해군은 미국의 군사력 투사에 대응하기 위한 방어적인 개념의 해군력 운용이 불가피할 것으로 보인다. 그리고 경제적인 군사력 확보에 중점을 두어 잠수함, 지대함 유도탄 등의 비대칭 전력 증강과 미국 해군의 수상 전투함을 표적으로 하는 대수상전 능력 강화에 중점을 둘 것으로 전망된다.

러시아의 경우는 과거 소련이 냉전 시대의 군사력 경쟁 과정에서 미국과 벌인 과도한 해군력 군비 경쟁 결과를 잊지 않고 있을 것이다. 해군력의 우세를 확보하지도 못하고, 결국 소련의 해체에 이르게 된 것을 잊지 않고 있을 것이다. 그러나 러시아 해군의 지도자들은 비록 실패는 했지만, 해군력의 우세를 확보하는 것이 국가 발전에 어떤 영향이 있는지 잘 이해하고 있다. 과거 고르쉬코프 제독이 이룩해 놓았던 수준의 해군력 규모에 이르지는 못하겠지만, 러시아의 해양 이용 자유를 확보하기 위해 구소련의 해군 전력 체제를 어느 정도 회복하기 위한 노력을 기울일 것이다. 그러나 러시아 역시 전통적인 대륙 국가들 중 하나이다. 그들의 정치 지도자들은 해양 통제력의 확보보다는 러시아에 가해질 수 있는 해양 국가들의 위협에 대응하는 수준의 비대칭적인 전력 확보에 더 비중을 둘 가능성이 높다.

현재의 한반도 주변 국가들은 우리나라와 비교해 볼 때, 상대적으로 강한 해양력을 보유하고 있으며 그 규모를 더욱더 발전시켜 나가고 있다. 그러나 현 시점에서 그 국가들의 해군력 발전 추세와 국방비 추이를 개관해 볼 때, 그들의 해양력이 미래의 바다를 제패하고, 전 세계적인 해양 통제를 확보할 만큼의 해양력으로 발전할 가능성은 그리 높지 않다.

우리나라의 주변 국가들을 제외한 다른 나라의 경우도 구축함, 호위함, 초계함, 고속정으로 구성된 수상 전투함과 핵 추진식 또는 디젤 추진식 잠수함, 그리고 국가별 국방 환경에 따라 크고 작은 규모의 항

표 6.1 **2013년 주요 국가들의 국방비 지출**[329]

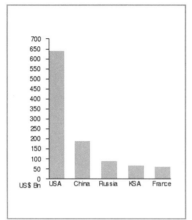

Rank ◆	Country	◆	Spending ($ Bn.) ◆
	World total		**1595.1**
1	United States		600.4
2	People's Republic of China		122.2
3	Russia		68.2
4	Saudi Arabia		59.6
5	United Kingdom		57.0
6	France		52.4
7	Japan		51.0
8	Germany		44.2
9	India		36.3
10	Brazil		34.7
11	South Korea		31.8
12	Australia		26.0
13	Italy		25.2

공모함, 상륙 함정, 기뢰전 함정, 군수 지원 함정 등으로 해군력을 구성하여 운용하고 있다. 현재 추진 중인 세계 각국의 해군력 발전 추세를 살펴봐도, 미래의 해양을 지배할 새로운 개념의 함정을 개발하려는 움직임은 보이지 않고 있다. 그렇기 때문에 세계 모든 국가들의 미래 해군력도 현재의 미국 해군력의 구성 범위를 크게 벗어나지 않을 것으로 보인다. 그리고 [표 6.1] 2013년 주요 국가들의 국방비 지출 규모를 보더라도, 미국의 해군력을 압도하는 규모의 새로운 해군이 등장할 것으로 보이지 않는다. 다만 각국의 국방 과학기술 수준에 따라 새로 건조하는 함정의 스텔스 기능을 보강하고, 탑재 무장과 장비들의 대지 공격 능력과 지휘, 통제, 통신, 정보 능력을 보완하는 정도로 부분적인 현대화가 추진될 것이다.

미래의 세계 해군력의 모습은 단연 세계 최강의 해군력을 운용하고 있으면서, 가장 많은 국방비를 소모하고 있는 현재의 미국 해군의 전력 규모와 발전 추세를 살펴봄으로써 예측할 수 있다. 현 시점에서 예측 가능한 미래의 바다를 살펴볼 때, 미래의 바다에는 미국 해군의 대형 항공모함 전투단과 이지스 구축함들이 여전히 주도권을 갖고 활동할 것이다. 이 항공모함 전투단들이 해상 교통로와 주변 해역에 대한 해양 통제를 유지하면서 합동작전에 필요한 항공 자산을 제공하고, 분쟁 발생이 예상되는 연안 해역 주변에는 연안 전투함들이 해병대 상륙부대와 줌왈트급 대지 공격 구축함들의 연안 접근을 엄호하면서 연안 해역의 해양 통제 확보를 위한 초계작전을 수행하고 있는 모습을 예측해 볼 수 있다.

한편 탄도탄 탑재 잠수함은 제3국의 핵 분쟁 개입을 억제하기 위해, 공격 잠수함들은 우군 수상 부대에 대한 수중 위협을 차단하기 위해 각각 수중 초계작전을 수행하면서 필요한 대지작전을 수행하기 위한 화력 지원을 제공할 것이다. 줌왈트급 대지 공격 구축함은 합동 사령부의 명령에 따라 주요 전략 목표물에 대한 타격 임무를 수행하면서, 지상군의 요청에 따라 전술적인 화력 지원 임무를 수행할 것이다. 그리고 이지스 구축함은 우군 부대에 대한 고(高)고도 또는 저(低)고도 탄도탄 방어 임무와 대공전, 대잠전 방어 임무를 수행하는 형태의 전통적인 해상작전도 이루어질 것이다.

미국을 제외한 다른 국가들의 경우는 대부분 미국의 해군 함정 체계를 모방하거나, 그에 대응하는 함정 체계를 운용하면서 각각의 국가 이익에 따라 서로 연합을 구성하거나, 또는 분쟁 해역에서의 현장 해양 통제 능력을 확보하여 자국의 영향력을 확대시키기 위한 노력을 기울일 것이다. 현재 세계 각국의 해군력 규모와 국방비 사용 현황을 고려하면, 당분간 미국의 해양력을 능가하는 해양 세력은 등장하지 않을 것으로 보인다. 즉 미국의 해양력은 이른바 슈퍼파워로서의 위상을 그대로 유지할 것으로 전망된다.

그러나 바다에서의 크고 작은 분쟁은 끊이지 않을 것이다. 미국 중심의 국제질서 속에서도 자유민주주의 연합 세력과 그에 해당되지 않는 국가들 간의 해군력 경쟁은 물론이고, 서로 인접해 있거나 해양에서의 국가 이익이 서로 충돌하고 있는 국가들 간의 이익 다툼은 계속될 것이기 때문이다. 과거의 역사가 말해 주듯이, 이 같은 경쟁에서 해양력의 우위를 차지하는 국가는 언제나 주변 해역을 통제할 것이고, 그 결과로 확보한 해양 이용의 자유를 활용함으로써 국가 간의 분쟁에서 승리를 차지할 것이다. 그리고 궁극적으로 그 국가는 부흥할수 있을 것이다.

강한 해군력을 바탕으로 하여 갖춰진 강한 해양력은 국가 부흥을 보증하는 수단이다. 이는 과거의 역사에서 증명된 것처럼 현재에도 그리고 미래에도 변하지 않는 진리가 될 것이다.

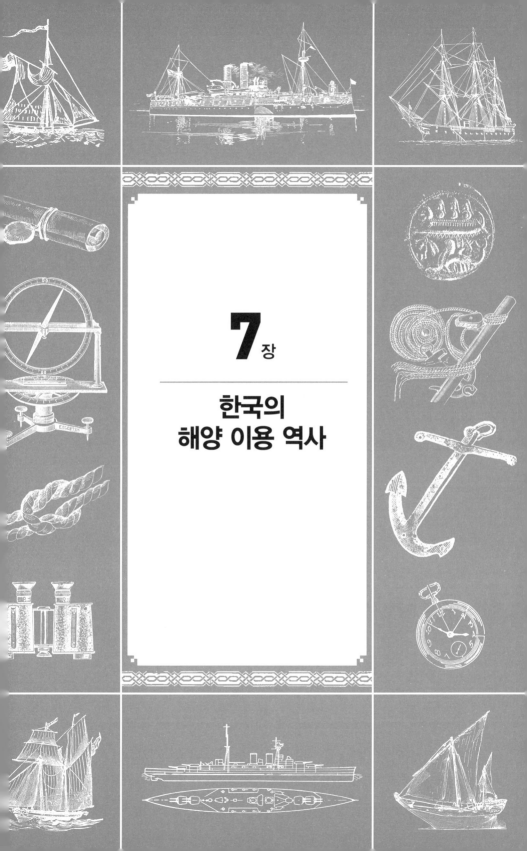

7장

한국의
해양 이용 역사

우리 국토는 지형상 삼면이 바다로 둘러싸여 있고 한 면만이 대륙에 접해 있으며, 남북의 길이가 수천 킬로미터에 달하는 전형적인 반도 국가이다. 동해, 남해, 서해 삼면에 걸쳐 8,693킬로미터의 해안선을 가지고 있으며, 도서의 해안까지를 합하면 해안선의 길이는 더욱 길어진다. 국토 면적에 비해 해안선의 길이가 무척 긴 국가인 것이다. 이처럼 우리나라는 해양 국가로서 주변 바다를 통제하며 번영을 구가할 수 있는 지리적 여건을 갖추고 있다.

01

한국인의
해양사상

한반도는 아시아 대륙의 동쪽 끝 부분에 위치하고 있다. 흔히 한반도는 동양의 발칸반도라고 불리기도 한다. 제1차 세계대전 때 유럽의 열강들이 발칸반도를 차지하기 위해 각축했던 것을 빗대어 표현한 것으로 생각된다. 특히 근세에 이르기까지 열강의 세력들이 이곳 한반도에서 각축을 벌였기 때문에 그런 표현으로 불리게 되었을 것이다. 하지만 무엇보다 한반도가 고대와 중세, 근세를 거쳐 현대에 이르기까지 동양에서 대륙과 일본 열도와의 교량적인 위치를 점유하며 정치적 · 군사적 · 문화적인 요충지를 이루고 있다는 이유가 더 클 것이다.[330]

그림 7.1 **한반도의 주변 환경**[331]

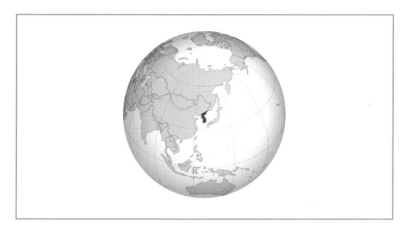

한반도 주변을 살펴보면 동쪽으로는 일본 열도가 있고, 서쪽으로는 서해를 사이에 두고 중국 대륙을 바라보고 있다. 우리나라는 일찍이 서해를 통해 중국과 오랜 교류를 해 왔으며, 남쪽으로는 남해를 통해 쓰시마 섬과 규슈를 거쳐 일본과 교류해 왔다. 좀 더 구체적으로 살펴보면, 서남쪽으로는 제주도와 남부의 섬들을 거쳐 중국 연안으로 가는 항로가 형성되어 있어서 항해 기술이 열악한 고대에도 오랜 세월 남방 민족들과의 교통이 있었다고 전해진다. 고고학적인 유물을 통해 볼 때도 선사시대부터 이미 산둥반도나 요동반도 지방과 한반도의 서해안 사이에 연안 교통이 있었으리라는 추정이 가능하다. 따라서 선사시대 이후에도 지리적으로 가까운 일본과 중국과의 활발한 해상 교류가 있었음은 충분히 짐작할 만하다.

중국과 한반도와의 관계가 처음 역사로 등장한 것은 중국 민족의 한반도 침공 통로로서 바다를 이용했다는 것이다. 기원전 109년에 한 나라 무제가 위만(衛滿) 조선을 공격하면서 대규모의 수군을 동원한 것이 아시아의 역사에 기록되어 있다.[332] 또한 고대에 서·남해의 해상 교통이 활발했다는 것은 《위지(魏志)》의 〈한전(韓傳)〉에 기록된 "배를 타고 왕래하며 한(韓)나라에서 물건을 사고판다"라는 기록에서 확인된다. 낙동강 유역의 변진(弁辰)에서 철을 산출하여 한(韓), 예(濊), 왜(倭)가 모여 철을 무역했던 것이다. 철은 중국에서 돈으로 사용하듯이 했으며, 이 철을 낙랑(樂浪)과 대방(帶方)의 두 곳에 공급했다고 기록하고 있다. 이런 기록들을 볼 때, 당시 한반도 남부와 다도해를 중심으로 하여 고대 지중해의 페니키아처럼 활발한 해상 무역이 행해진 것으로 미루어 짐작할 수 있다.[333]

선사시대부터 역사시대 초기에 이르기까지 우리의 해양 활동을 종합해 보면, 우리의 선조들은 매우 활발한 해상 활동을 해 왔음을 추정할 수 있다. 그 시기에 이를 증명할 수 있는 직접적인 자료가 없는 것이 안타깝지만, 한반도가 대륙과 일본을 잇는 해상 통로로서의 요충지에 위치한 지형적인 이점을 최대한 활용하여 바다의 경제적인 측면에서의 활용에 적극적이었던 것으로 추정된다.

아쉬운 점은 우리 선조들이 바다를 바라보는 시각이 좀 더 진취적이지 못했다는 것이다. 페니키아인들이 지중해를 장악하고 대서양에까지 진출하면서 해상 교역을 확장하고, 국가의 부를 더욱 확대할 수 있었던 것은 일찍이 해상 교통을 보호하기 위해 해군력의 필요성을 실감하고 해군을 건설하고 발전시킴으로써 가능했던 것이다. 우리 선조들은 한반도의 주변 해역을 통제하여 우리의 영향력을 확대해 나가기 위한 해군력의 발전보다는 경제적 이익의 확보에 더 중점을 두었다. 그렇기 때문에 주변 국가들의 해상을 통한 침공을 방어하기에 급급할 수밖에 없었을 것이다. 만일 우리 선조들이 주변의 해역 통제를 위한 해군력 확보에 주력했다면, 우리의 자랑스러운 역사 자료가 더욱 풍부해졌을 것이다. 그리고 우리의 해양사를 살펴보기 위해 외국의 해양사를 통해 간접적으로 우리의 해양 활동을 추정해야 하는 일은 거의 없었을 것이다.

다행스럽게도 신라가 통일을 이룬 후 장보고(張寶高) 대사(大使)가 우리 역사에 등장하여, 한반도 주변 해역을 통제하며 국력을 신장시키고 우리의 위세를 주변에 떨친 적이 있다. 장보고 대사의 활약과 함께 고려시대에 들어 해양력 강화를 위한 노력이 개시되었고, 우리의 우수한 조선 기술을 활용할 수 있는 기회를 가졌다. 그러나 국가 지도자들의 바다를 보는 시각이 여전히 수세적이며 진취적이지 못한 점은 조선시대에까지 이어졌다. 바다를 거쳐 온 일본의 침입을 바다에서 저지하지 못하여 전국이 전쟁에 휩싸이는 임진왜란을 겪게 되었기 때문이다. 그러나 조선 수군의 지도자 이순신(李舜臣) 제독의 탁월한 전략과 활약으로 일본은 목적을 달성하지 못했고 결국 철수하고 말았다.

두 차례 왜적의 침입이 있었음에도 조선의 국가 지도자들은 해양력의 육성이 국가 생존은 물론 국가 발전의 근본임을 깨닫지 못했다. 임진왜란 이후 구한말(舊韓末 : 조선 말기에서 대한제국까지의 시기)에 이르

그림 7.2 세계의 함선과 우리나라 함선의 발전 모습 비교

는 동안 세계의 해양력은 범선 시대를 거쳐 철선 시대로 나아가면서 전 세계적인 해양력 경쟁에 관심을 갖고 있었으나, 우리 수군은 노선 시대의 전선인 목선을 전투함으로 그대로 유지하면서 바다를 지켜온 것이다.

해양력을 사용하여 세계로 뻗어 나가기는커녕 오히려 우리나라가 현대식 군함으로 무장한 열강들의 해양력 투사 대상이 되어 버렸다. 한반도를 차지하려는 열강들이 우리나라 주변의 바다에서 해양력 경쟁을 하는 동안, 우리는 이를 지켜보고만 있을 수밖에 없었다. 이런

주변 환경 변화에 대해 아무런 역할을 하지 못한 우리 수군은 어느 날 역사에서 사라지고, 결국 바다를 건너온 일본에게 우리의 국권을 빼앗기는 우를 범하고 말았다.

우리는 해양력이 우리나라 역사의 부침에 어떠한 역할을 했는지 살펴보고, 글로벌화를 꾀하고 있는 우리나라의 앞날에 교훈으로 삼아야 한다. 선각자 최남선 선생의 다음 말은 가슴에 깊이 새겨 두어야 할 것이다.

누가 한국을 구원할 것이냐?
한국을 바다의 나라로 일으키는 자가 그일 것이다.
어떻게 한국을 구원할 것이냐?
한국을 바다에 서는 나라로 고쳐 만들기가 그것일 것이다.

이 정신을 고취하여 이 사업을 실천함이야말로
가장 근본적이고 또 영원의 건국 과업임을 우리는 확신해야 한다.
경제의 보고, 교통의 중심, 문화 수입의 첩경, 물자 교류의 대로,
또는 국가 발전의 원천, 국민 훈련의 도장인 이 바다를 내놓고
더 큰 기대를 어디다 부칠 것이냐?

우리는 모름지기 바다를 외워 두었기 때문에
잃어버린 모든 것을 붙잡음으로써 찾고 또 그것을 지켜야 한다.
진실로 인도하기를 옳게 할 것 같으면

일찍 바다 위에서 유능유위(有能有爲)한 많은 증거를 보인

우리 국민은 지금 이후에 있어서도

반드시 이 장단에 큰 춤을 추어서

다 함께 구국의 대원을 이룰 것이다.

- 1954. 10. 1 육당(六堂) 최남선(崔南善)[334]

02

통일신라시대
장보고 대사의 해양 경영

　신라는 삼국을 통일한 후 당나라 군대를 한반도에서 몰아내기 위한 노력을 기울였다. 신라 수군의 경우도 당나라 수군을 도처에서 격파하여 패퇴시켰다. 문무(文武)대왕은 왕위에 오른 지 16년 되던 해, 즉 676년에 당나라 군사들을 반도에서 완전히 몰아냈다. 문무대왕은 특히 해양 방비에 관심이 높았다. 문무대왕 18년인 678년에 선박 사무를 담당하는 선부(船府)를 별도로 설치할 정도로 해양 방위에 관심을 기울였다.

　《삼국사기(三國史記)》에 의하면, 문무대왕이 죽은 뒤 그가 유언으로 남긴 대로 화장을 하고, 그 유골을 앞바다 암초 위에 간직해 두었다.

그림 7.3 **경상북도 경주시 해상에 위치한 대왕암**(문무대왕 수중릉)[335]

그곳은 이후 '대왕암'이라 명명하여, 지금도 동해안 감은사(感恩寺) 앞에 공원으로 자리하고 있다.[336] 죽어서도 용이 되어 호국의 신으로 바다를 지키겠다는 의지를 보인 것이다.

신라는 지형 특성상 왜구의 침입에 많은 대비를 한 것으로 보인다. 신라 중기에는 왜국을 대상으로 동해 방비에 가장 부심했던 시기였다. 성덕왕(聖德王) 21년인 722년에는 경주 동남 지역의 모화군(毛火郡)에 관문을 구축하여 일본 왜구의 침공에 대비했으며, 토함산의 석굴암 본존도 왜구를 격퇴하기 위해 안치된 것이라는 주장이 있다. 또한 신라의 화랑도가 강원도, 경상도의 동해안 일대에서 단체로 순례 훈련을 실시한 것도 실제적인 해상 방어와 관련된 훈련을 한 것임을 《삼국유사(三國遺事)》에서 찾아볼 수 있다.[337]

그림 7.4 **장보고 대사의 청해진 모형**[338]

　문무대왕이 완전히 신라를 통일한 뒤 약 100년 동안은 왕권이 가장 확립되었던 시기였다. 일본과의 교류도 활발했다. 삼국 간 무역도 성행했다. 그러나 신라 하대로 규정되는 선덕왕 이후부터 왕권 및 귀족의 독점 정치로 인해 민생 문제가 대두되고, 중앙 전권의 사치와 부패로 인해 경제적 파탄이 발생하면서 중앙정권이 붕괴에 직면하게 되었다. 그로 말미암아 해상 방비도 소홀해질 수밖에 없었는데, 당나라의 해적들이 수시로 신라의 해안에 침입하여 양민을 공격하거나 납치하는 일이 빈번했다.

　장보고는 통일신라 후기 완도에서 태어났다고 알려져 있다. 그는

그림 7.5 **장보고의 무역선 모형**[339]

당나라의 서주(徐州)로 건너가, 그곳에서 승마와 창술에 특출한 재주를 보이며 군인으로 출사하여 무령군 중소장(武寧軍中小將)의 직책을 받게 되었다. 흥덕왕(興德王) 3년인 828년 초, 신라로 돌아온 장보고는 왕에게 신라인들이 해적들에게 납치되어 노예로 팔리는 참상을 전하며 완도에 군사 거점을 세워줄 것을 청했다. 마침내 왕의 승인을 얻어 1만여 명의 군대를 확보한 장보고는 완도에 청해진(淸海鎭)을 세우고, 대사(大使)가 되었다.

장보고의 활약으로 827~835년 이후로 해상에서 신라 노예를 매매하는 일이 사라졌다고 《삼국사기》는 기록하고 있다.[340] 장보고는 병사들을 훈련시켜 주변 해역을 통제하고 해적들을 소탕하며, 한·중·일

삼각 무역을 주도했다. 장보고의 이 같은 해양 활동으로 신라의 부를 축적하고, 나아가 신라의 국위를 드높일 수 있었다.

장보고는 해적 토벌에 그치지 않고, 서·남해 해상권을 장악하여 당과 일본뿐만 아니라 남방, 서역 여러 나라와의 무역으로 많은 이익을 거두었으며 아울러 큰 세력을 이루었다. 신라인들이 상당수 이주한 산둥 성에 신라인들이 법화원(法華院)을 건립하려 하자, 장보고는 이를 적극 지원했다. 또한 그는 신라인 출신의 노예들을 사들이거나 주인에게서 되돌려 받아 석방시켰다. 장보고의 적극적인 지원으로 법화원은 상주하는 승려가 30여 명 이상이 되었으며, 연간 500석을 추수할 정도의 장전(莊田)도 가지고 있었다. 법화원은 이 지역 신라인의 정신적인 중심지로 성장했고, 법회를 열 때마다 200~400명까지 인파가 몰려들었다.

법화원은 골품제(骨品制)와 같은 기존의 신분제도에 구애됨이 없이 유능한 인재들을 널리 받아들였고, 신분을 따지지 않고 실력에 따라 대우하여 그들이 능력을 적극 발휘할 수 있게 했다.

이처럼 장보고는 빈민들을 규합하고, 새로운 활동무대를 찾아 모여든 인재들을 포용했다. 그리고 8세기 이래 왕성했던 신라인의 해상 활동 능력을 적극 활용하고, 그것들을 묶어 조직화했다.

한반도 서남쪽 끝자락에 위치한 섬 완도를 근거로 삼은 청해진 대사 장보고가 신라의 역사를 바꾸는 원동력이 된 것에 우리는 주목할 필요가 있다.[341] 그 근원은 두말할 것 없이 해상 통제를 장악하여 당나라와 신라, 일본의 무역과 교통을 지배한 데 있었다.[342]

안타깝게도 장보고는 신분상의 문제가 원인이 되어 암살되었고, 그로 인해 청해진이 제거되었다. 장보고가 신라 역사에 등장한 것은 불과 20년도 채 안 된다. 하지만 그가 신라의 부를 축적시키고 국위를 제고시킬 수 있었던 것은 해양력을 강화하여 바다를 통제했기에 가능한 일이었다.

신라는 장보고가 죽고 청해진이 폐쇄된 후, 정권의 힘이 미약해지면서 후삼국시대를 거쳐 새로운 해양 세력으로 등장한 고려에게 한반도의 지배를 넘기게 된다.

03

고려시대의
해양력

고려의 태조 왕건(王建)은 그의 등장 배경에 많은 해상 활동 경력을 가지고 있다. 왕건은 수군 장수로서 궁예를 도왔으나, 나중에는 궁예의 서·남해를 공략하여 후백제의 해상 통제를 빼앗고 금성(錦城 : 지금의 나주)과 진도(珍島) 일대를 확보했다.

왕건의 활약을 발판으로 후백제가 후삼국 분쟁에서 승리했지만 궁예의 부장(部將)이었던 왕건은 903년에 수군을 이끌고 후백제의 금성을 빼앗았다. 909년에는 왕건이 수군을 이끌고 견훤에 맞서 그가 오월(嗚越)에 보내는 사신의 배를 사로잡아 개선했다. 또한 그해 왕건은 군사 2,500명으로 후백제의 진도와 고이도(皐夷島)를 빼앗았다. 왕건은 이듬해 견훤이 나주를 위협하자, 다시 나주 포구에서 견훤의 수군을 무찔렀다. 이것은 고려가 개창되기 이전의 왕건의 해상 군사 활동인 동시에, 고려 초기의 수군 활동과 밀접한 관계가 있다.[343]

왕건은 건국 후에도 직접 해군 총관(摠管) 역을 맡아 고려의 기틀을 다졌다. 고려는 신라 말기의 무역을 이어받아 초기부터 해상 무역을 활발하게 전개했다. 왕건이 고려를 세운 것은 장보고가 쌓아 올린 해양 경영의 위업을 이어받았다고 할 수 있다. 이는 장보고가 죽고 그의 해상 왕국이 무너진 지 70년도 채 안 된 때였다. 왕건은 나라를 부강하게 하려면 바다를 이용할 수 있어야 하며 해상 무역을 통해 이익을 얻어야 한다는 장보고의 해양 사상을 물려받았을 것이다. 그는 이 해양 중시 사상을 바탕으로 해상 무역을 적극 장려했다.[344]

그림 7.6 **고려의 대외 무역**[345]

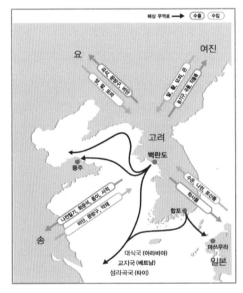

고려가 새로운 왕조로서 기틀을 다지기 위해 행한 여러 노력 중의 하나가 수군을 강화하는 일이었다. 왕건이 특히 서·남해의 공략으로 후백제를 견제하는 데 큰 성과를 얻었기 때문에, 이에 기초를 둔 수군이 그 전통을 잃지 않고 국가 방어와 군사적인 수송 및 보급에 중대한 사명을 부여한 것은 당연한 일이다.[346] 고려 수군의 중요한 임무 중의 하나는 해안 경비였다. 특히 고려와 송나라 사이에 무역선이 많았던 서해안에서의 관선 호송, 밀무역선과 외국 간첩 등의 감시에도 각별한 노력을 기울였다.[347]

당시 수군 제도가 확립되지 못했지만, 해적의 침입이 잦거나 해상 경비를 필요로 한 곳에는 선병도부서(船兵都部署)가 설치되었다. 선병도부서는 일종의 수군 부대로서 해적의 배를 무찔렀다거나, 나포했다거나, 해적을 사로잡았다거나, 그들의 목을 베었다거나, 표류민을 돌려보냈다는 등의 기록이 전해지고 있다. 이것을 보면 선병도부서의 임무는 해상 방어와 경비를 담당했음을 알 수 있고, 병력의 주축은 수군이었음이 분명하다. 선병도부서는 동계(東界)의 진명(鎭溟 : 지금의 함경남도 문천)과 원흥(元興 : 지금의 함경남도 정평)에 있었고, 북계(北界)의 통주(通州 : 지금의 평안북도 선천)와 압강(鴨江 : 지금의 압록강)에 있었으며, 남해 지방에는 동·남해에 선병도부서가 있었다. 고려 전기에 동해안 지역에 자주 침입한 동여진의 해적을 동계의 선병도부서 수군이 쳐부수어 많은 공을 세웠고, 북계의 선병도부서 수군은 거란 등 외적이 압록강 등을 도하할 때 큰 타격을 주었던 것으로 보인다.[348]

고려시대의 수군이 해안 방어만 했던 것은 아니었다. 비록 수군이 중심이 되었던 것은 아니지만, 여진 정벌군의 일부로서 고려 수군이 활약하기도 했다. 고려의 의지로 진행된 것은 아니었고 태풍의 내습 때문에 실패로 끝이 난 여·몽 연합군의 일본 정벌에도 고려의 수군이 동원된 바 있다. 예종(睿宗) 재위 기간, 윤관(尹瓘)의 여진 정벌 때에는 동계의 선병도부서 수군 2,600명이 활약했다. 또 1275년 몽골과 함께 일본을 정벌할 때 고려 군사 5,300명, 병선 900척[349]의 병력으로 이 원정을 지원하기 위해 참전했다. 1281년 제2차 일본 정벌 때도 몽골의 요구로 병선 900척, 초공(梢工 : 고려시대 세곡稅穀의 운송을 담당하던 조운선漕運船의 키잡이) 및 수수(水手 : 고려시대 세곡을 운송하던 배에서 일하던 선원) 1만 5,000명, 정군(正軍) 1만 명, 군량 11만 석을 출정시켰다.[350] 하지만 원정 기간 중 뜻하지 않은 태풍의 내습으로 두 차례의 일본 정벌은 모두 실패로 끝나고 말았다.

그러나 두 차례의 침입을 받은 일본 막부도 경제 파탄이 일어나 막부가 붕괴되는 원인이 되었다. 그로 말미암아 일본 사회에 심각한 불안정이 초래됨으로써 해안 지역의 일본 백성은 해적으로 변해 국외로 나갈 수밖에 없었다. 이들이 바로 왜구이며, 그로 말미암아 고려 말기의 피해가 더욱 심각했다.[351] 고려 말기에 왜구는 우리 해안 지대는 물론 내륙 지대까지 약탈과 살인, 방화를 자행했다. 이들 왜구에 대해 나세(羅世)와 최무선(崔茂宣)[352]은 전함을 이끌고 진포(鎭浦 : 지금의 금강 입구)에 이르러 왜선 500여 척을 격파했다. 또한 수군 양성을 주장하던 정지(鄭地)는 해도원수(海道元帥)가 되어 진포, 군산도 등에서 왜선을 쳐부수었고, 관음포(觀音浦 : 지금의 경상남도 남해)에 이르러 왜선을 크게 격파했다. 박위(朴葳)[353]는 병선 100척으로 왜구의 소굴인 쓰시마 섬을 정벌해 왜선 300척을 불사르는 등의 큰 전과를 거두었다. 이 같은 기록을 보면 고려 말기에 수군 활동이 매우 활발했음을 알 수 있다.

고려 말 왜구의 침입에 대비해 재건된 수군은 해안 지역의 각 포(浦)에 복무하던 병종으로, 기선군(騎船軍) 또는 선군(船軍)으로 불렸다. 조선 세종(世宗) 때에 수군은 군액(軍額), 병선(兵船), 각포설진(各浦設鎭) 등의 규모와 편제로 보아 일단 제도적으로 정비되었다. 수군은 육군인 정병(正兵)과 더불어 양인(良人)층의 주된 의무 병종이었다. 성종(成宗) 6년인 1475년의 통계에 의하면, 총 병력 14만 8,849명 중 수군이 4만 8,800명, 정병이 7만 2,109명이었다.[354]

역설적이기는 하나 왜구는 고려시대의 일본 원정의 반작용으로 창궐하게 되었지만, 조선 수군을 육성하는 중요한 요인이 되었다. 그러나 왜구 창궐이 심하여 내륙의 각 지방에까지 피해가 파급되고, 국토의 피폐 정도가 극심하여 정지, 박위 장군과 같은 일부 인사의 노력으로는 이를 해결할 수 없었다.

바다로의 진출에 적극적이지 못했던 과거 한반도의 국가 지도자들에게 어쩌면 이 같은 사태는 당연한 귀결일 수도 있다. 그들의 관심 밖에 있었던 해양력의 열세가 누적되어 온 결과인 것이다. 우리의 해양력이 주변 해역도 통제하지 못할 정도로 취약했던 것이다.[355]

04

임진왜란을 승리로 이끈
이순신 장군의
거북선과 판옥선

"삼면이 바다로 둘러싸인 한반도에 살아온 우리는 예로부터 해상 활동을 활발히 전개하여 배 만들기에 능숙했다. 신라의 장보고 대사, 고려의 최무선 도감, 조선의 이순신 장군 등이 바다에서 활약한 우리 역사에는 원나라와 연합해 일본 원정에 출정할 때 만든 튼튼하기 그지없는 고려식 군선, 임진왜란 때 종횡무진 활약한 판옥선과 거북선 등 훌륭한 배들이 많이 등장했다. 그런 유구한 전통이 오늘날 되살아나 우리가 지금 세계 제1위의 조선 강국이 된 것이다"라고 주장하는 학자가 있다.[356]

조선시대의 수군이 운용하던 함선들은 노를 주 추진 동력으로 사

그림 7.7 **이순신 장군**[357]

용한 노선들이었지만, 조선의 독특한 건조 방식에 의해 건조된 군함
으로 매우 우수한 선박들이었다. 1560년에 등장한 판옥선은 그 이름
에서 추측할 수 있듯이, 저판(底板) 위에 소나무 판자를 끼워 맞추듯
이 쌓아 올려서 만든 배이다. 가룡(駕龍 : 멍에목 또는 횡량橫梁)이라 불리
는 나무 봉으로 판자들이 벗어나지 않도록 끼워 잡아주고 있어서 물
에 오래 있을수록 소나무 판자들이 물에 불어서 자연스럽게 서로 밀
착되는 구조를 가지고 있다. 소나무가 가지고 있는 목재 자체의 강도
와 나무못의 작용에 의해 조선의 배, 즉 한선들은 고유의 높은 구조적
강도를 확보할 수 있었다. 그 때문에 당시에 만들어진 우리의 각종 총

그림 7.8 **판옥선의 단면 구조와 서양 목선과의 비교**[358]

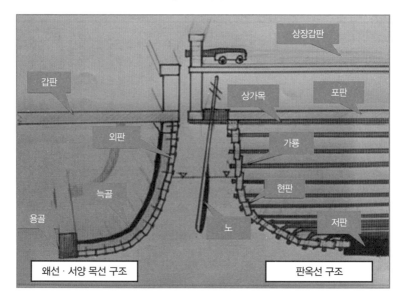

통들을 판옥선에 탑재하여 전투를 수행할 수 있었다.

　일본의 조선 기술은 서양의 조선 기술과 비슷했다. 당시 왜선들의 경우는 현대의 철선 건조 방법과 같이 용골(龍骨, Keel) 위에 늑골(肋骨, Frame)을 붙이고, 그 바깥에 비교적 무른 재질의 삼나무 판자를 못질하여 붙여 나가는 구조로 만든 배였다. 이런 배는 모양이 날렵하고 속력이 빠른 장점이 있으나, 시간이 지날수록 소나무에 비해 무른 삼나무 판자와 쇠못 사이에 마찰이 생겨 못 구멍이 커지고 헐거워지게 되므로 구조적으로 조선의 판옥선에 비해 취약했다. 판옥선은 구조적 강도가 높아 여러 가지 종류의 화포를 탑재하고 전투할 수 있었던 것

그림 7.9 **조선의 판옥선**[359]

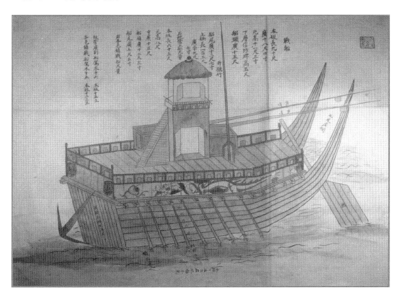

에 비해, 왜선들의 배는 구조적인 강도 문제로 화포를 탑재할 수가 없었다. 조선 수군의 판옥선들은 화포를 탑재하고 당시의 주요 전투 상대인 왜선들을 멀리서부터 공격하고, 가까이에 접근해서는 활로 적을 제압하는 전투 방식을 취했다. 화포를 탑재하지 못하는 왜선들은 가능한 재빠르게 조선 수군의 함선에 접근하여, 그들의 주 무기인 조총으로 조선의 수군을 살상하거나, 조선 함선에 옮겨 타고 칼로서 근접 전투를 벌여 조선 함선을 제압하는 방법밖에는 없었을 것이다.

이와 같은 왜선들의 전투 방식에 대응하기 위해 임진왜란 직전인 1592년에 만들어진 것이 바로 거북선이다. 거북선은 우리 조선 기술

그림 7.10 전쟁기념관에 전시된 거북선 모형[360]

의 우수성을 보여주는 매우 가치 있는 무기 체계이다. 거북선은 판옥선의 구조 위에 덮개를 씌운 것이다. 10~15센티미터의 두께로 덮개를 씌워, 적의 조총 공격으로부터 갑판 위의 전투원을 보호하고, 덮개 위에는 쇠못을 박아 적이 옮겨 타지 못하도록 했다.

구조적인 방호력을 바탕으로 거북선은 적의 보딩 공격 위험에 제한받지 않고 적진에 접근하여 탑재된 천자포(天字砲), 지자포(地字砲), 현자포(玄字砲), 황자포(黃字砲) 등의 우세한 화력으로 적을 제압했다. 거북선은 항상 함대의 선봉이 되어 적진에 과감히 뛰어드는 돌격선 역할을 했으며, 적을 교란함으로써 해전을 유리하게 이끄는 원동력이 되었다.

이순신 장군은 판옥선과 거북선의 이 같은 장점을 활용하여 국부적이기는 하나 조선의 남해에 대한 해양 통제를 확보하고 왜군의 거침없는 해상 교통로 이용을 저지하는 데 성공했다. 수적으로 열세인 조선 수군의 취약점을 무기 체계의 우수성으로 극복하고, 전장의 특수성과 익숙함을 최대한 활용하여 일본의 수군은 분산시키고, 조선의 수군은 집중할 수 있도록 했다.

한산해전의 예를 들면, 왜선을 견내량(見乃梁)이라는 좁은 협수로를 빠져나오도록 유인하여, 종대 진형으로 접근할 수밖에 없도록 함으로써 한꺼번에 다수의 적선이 전투에 투입할 수 없도록 했다. 한편 우군은 적이 빠져나오는 넓은 해역에서 횡대 진형인 학익진을 형성하여, 일시적으로 많은 수의 함선으로 포위할 수 있도록 함으로써 전투 국면에서 언제나 수적 우세가 유지되도록 했다. 적을 항구 밖으로 유인해 낸 옥포해전, 수로가 좁고 물살이 빠른 지역을 전략적으로 활용한 명량해전 등에서처럼 이순신 장군은 우군에게 유리한 전투 지역을 선택하여 왜군과 전투를 벌이는 특정 시간, 특정 지역에서는 언제나 전력의 우세를 달성하도록 지휘했다. 그 결과 23번의 전투를 치르는 동안 단 한 번도 패하지 않고 승리하는 경이적인 기록을 세웠다.

이 승리들을 통해 조선 수군은 왜군의 해상 교통로를 완벽하게 차단함으로써 바다를 이용한 군수 지원과 병력 보충을 제한하고, 지상에서 왜군의 계속적인 승리에도 불구하고 결국 조선에서 왜군이 철수할 수밖에 없는 환경을 조성했다. 만일 이순신 장군이 작전을 책임

그림 7.11 **조선 수군의 배진도**(다수의 거북선과 판옥선이 보인다)³⁶¹

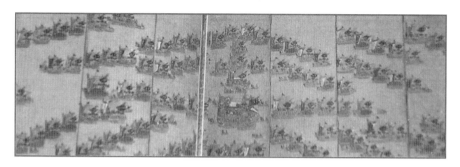

지고 있던 경상도와 전라도 남해안에 대한 해상 통제에 실패하고, 적의 해상 교통로 차단을 성공시키지 못했다면, 남해에서 서해로 이어지는 해상 통로를 왜군이 자유롭게 이용할 수 있었을 것이다. 그로 인해 전쟁의 양상과 결과는 완전히 달라졌을 것이다. 또한 바다를 통한 수송 지원으로 왜군의 진출 속도는 훨씬 더 빨라졌을 것이며, 곡창 지대인 호남 지역을 쉽게 장악하여 그들의 군수 지원에 활용함으로써, 그 결과 조선군에게 훨씬 더 큰 타격을 입혔을 것이다.

안타까운 것은 이처럼 우수했던 우리의 조선(造船) 기술과 해양 방어 태세가 주변의 변화에 부응하지 못하고 제자리걸음을 했다는 것이다. 조선 후기에 들어 거북선의 크기가 커지고 그 수도 최대 20여 척으로 늘어났으나,³⁶² 조선의 수군은 판옥선과 거북선으로 구성된 목선 중심의 해상 방어 체제에 머무르고 있었으며, 그 이상의 새로운 함선 건조와 무기 체계 개발이 이루어지지 않았다.

한편 세계의 바다는 대항해 시대로 시작된 범선 시대와 식민지 확대의 시대인 철선 시대로의 전환이 이루어졌다. 실제로 조선 말기에 우리 주변의 바다가 열강들의 현대식 군함의 각축장이 되어 버리기도 했다. 그럼에도 불구하고 우리는 '바다를 잊은 민족'이라 불릴 만큼 바다의 변화에 무관심했다. 세계적인 해양의 변화에 아무런 대비를 하지 않음으로써, 결국 우리는 바다를 거쳐 온 해양 세력의 힘에 굴복할 수밖에 없었던 치욕의 역사를 갖게 되었다.

05

구한말 주권 상실과
해양력의 부재[363]

　임진왜란이 끝나면서 조선에서는 여러 제도들이 정비되었다. 수군
의 제도도 변했다. 임진왜란 전과 후를 비교하면 전체 수군 함선의 수
는 크게 변하지 않았으나 함선의 구성 면에서 차이가 나타났다. 전
체 함선의 수는 임진왜란 전 731척에서 임진왜란 후 보조선을 합하
여 762척으로 증가했으나, 전투함 격인 대·중·소맹선(猛船)은 그 수
가 크게 감소했다. 거북선의 수는 25척을 유지했지만 전선, 방선, 병
선 등을 합한 전투함 수는 350여 척으로 임진왜란 전에 비해 절반 정
도로 감소했다. 그러나 이들 전선의 구성을 보면, 서양 함선들이 범선
시대와 철선 시대를 거쳐 현대식 군함을 운용할 때까지도 나무 재질

표 7.1 **조선시대 임진년 이후 수영별 수군 함선 배치 상황**[364]

수영별	전투함선			귀선 (龜船)	사후선 (伺候船)	기타	계
	전선(戰船)	방선(防船)	병선(兵船)				
경기 수영	4	11	9	1	16	17	58
경상 우수영	42		44	11	107	2	206
경상 좌수영	12		16	3	34		65
전라 우수영	33	14	37	5	72	3	164
전라 좌수영	20	2	23	2	47	1	95
충청 우수영	4	1	18	3	42		68
황해 수영	13	8	13		2	39	75
평안 수영		6	5		11	9	31
계	128	42	165	25	331	71	762

의 판옥선과 거북선을 중심으로 하는 노선 시대의 함선 체제를 벗어
나지 못했음을 알 수 있다.

　임진왜란 이후 고종 말년에 모든 해군 진영이 없어질 때까지 운용
한 수군 함선의 배치 상황을 표로 나타내면 위와 같다.

　조선 수군에게 가상의 적은 언제나 일본의 왜구였으므로 경상도와
전라도 해안을 중시하여 수군 병력과 전선을 배치했다. 조선은 이런
해상 방위 목표에 맞추어 수군 병력 2만 4,400명을 해상 방어 요지인
160여 곳에 배치했다.

　당시 위정자들 사이에서는 해상 방위에 대한 논의가 종종 구체적으
로 다루어지기도 했다. 이를테면 숙종 26년인 1710년 10월에 이조판

서 최석항(崔錫恒)은 해상 방위의 중요성을 말하면서 "강화도는 서울의 목구멍 같은 곳이니 증수(增修)함이 필요하다"라고 역설했다. 교동과 영종은 강화도의 순치(脣齒 : 입술과 이처럼 이해관계가 밀접한 둘 사이를 비유적으로 이르는 말)이니 병력을 증강 배치하고, 남양과 인천 등은 해변지대이므로 해상 방어를 소홀히 하지 않을 것을 주장했던 것이다.

이에 관해 이이명(李頤命)[365]은 해양(海洋 : 바다의 오랑캐)의 우려를 제거하기 위해 해상 방어에 유의할 것을 다음과 같이 강조하고 있다. "강화도는 강과 바다의 목구멍에 위치해 있으므로 고려 때부터 큰 관방(關防)으로 삼았던 것을 볼 수 있다. 하물며 지금은 해양의 염려가 있으니 버려둘 수는 없다."[366]

조정에서는 이런 해상 방어에 관한 논의가 조선 말기까지 계속되었다. 그러나 이는 어디까지나 서울을 방어하기 위한 육상 방비의 논의였지, 외적의 침입을 해상에서 방어하기 위한 논의는 아니었다. 누구도 서양의 함선이 현대화되어 가고 있는 것에 대해 문제를 제기하거나, 이에 대한 대비를 위해 수군의 체질을 바꿔야 한다는 논의를 하지 않았다. 바다의 오랑캐, 즉 서양인의 침입을 우려하며 걱정만 하는 것이 전부였다.

1700년대 말부터 유럽의 함선들이 한반도 주변 해역을 지나며 종종 우리 주민이나 관헌들과 조우하는 일이 발생했다. 물론 이런 사실은 조정에 보고되었고, 조정에서는 군신 간에 이에 대한 대책을 강구하는 논의가 있었다. 프랑스 신부 살해 사건과 관련하여 프랑스의 함선이 충청도 외연도에 들러, 우리 주민과 관리를 만나 정부에 항의 문서를 보냈을 때에도 마찬가지였다. 당시 프랑스의 무력이나 그들의 태도에서 나타난 의도에 대해 취해야 할 국방 사항에 대해서는 전혀 대책을 세우지 못했다. 이는 근대 우리의 위정자들이 일반적으로 해외 사정에 무지함을 드러낸 것이었다.

1866년 프랑스의 조선 침략은 나폴레옹 3세의 식민지 확대 정책과 아시아에 대한 가톨릭 포교 정책이 결부되어 발생한 제국주의 침략 전쟁이었다.[367] 고종 3년인 1866년 병인년, 천주교도 학살 사건인 병인사옥(丙寅邪獄) 때 프랑스인 선교사들이 잡혀 살해되었다. 이때 생존한 프랑스 신부 펠릭스 리델(Félix Clair Ridel)은 탈출하여 프랑스 극동함대 사령관인 피에르 로즈(Pierre-Gustave Roze) 제독에게 이 사실을 알리게 된다. 로즈 제독은 청나라와 조선에 협박을 가하고 군함 3척으로 원정 함대를 편성하여 9월 20일 남양만에 도착했다. 강화성의 상황을 정찰한 뒤, 2척의 군함을 이끌고 한강을 거슬러 올라가 서울성 외곽의 양화진을 지나 서강에까지 진출했다가 철수했다. 1차 원정에서 한강을 조사하여 수로지를 만든 로즈 제독은 2차 원정에는 전함 3척 외에, 포함 2척, 초계함 2척 등 7척을 이끌고 같은 해 10월 13일 인천 앞바다에 도착했다. 로즈 제독은 청나라를 출발할 때 청나라 정부와 청나라 주재 각국 공사에게 프랑스 군함의 조선 원정 목적을 설명하며 한강 봉쇄를 선언했다.[368]

로즈 제독은 물치도(勿淄島 : 현재의 작약도芍藥島)[369]를 근거지로 하고, 10월 14일 한강의 수심을 고려하여 포함과 초계함만을 이끌고 강화 해협을 거슬러 올라간 후, 갑곶진에 상륙하여 부근 고지를 점령했다.

그림 7.12 **병인양요 때 프랑스 군함의 강화도 공격 상상도**[370]

10월 16일부터 시작된 프랑스군의 강화성 총공격으로 이 성은 하루 만에 함락되었다.

　프랑스군의 공격에 대응하여 조선 정부에서는 양화진, 통진, 부평, 제물포 등의 요충지와 문수산성, 정족산성의 수비를 강화하고, 이에 대한 복수의 의미로 다수의 천주교 관련자들을 살해했다. 조선 정부에서는 추가 진격에 대비하여 연안 방어에 힘쓰는 한편, 별무사(別武士)를 프랑스 진영에 보내 강화를 요청하고, 청나라 정부에 조정을 요청했으나 효과가 없었다.

　프랑스군의 일부가 남하하여 정족산성을 공격했으나, 11월 9일 순무중군(巡撫中軍) 양헌수(梁憲洙)의 방어가 성공하여 프랑스군은 사상자 30여 명을 내고 후퇴하기 시작했다. 프랑스군은 강화성 관아를 불지르고 귀중한 문화재를 약탈하며, 11월 18일 근거지인 물치도를 떠나 중국으로 돌아감으로써 첫 번째 양이(洋夷)의 침공인 '병인양요(丙寅洋擾)'는 끝이 났다. 겨우 군함 7척으로 바다를 통해 온 침공을 바다에서 막지 못해 다수의 인명 손실을 입고 문화재를 약탈당한 수모를 임진왜란에 이어 또다시 겪게 된 것이다.

미국인과 조선의 바다를 통한 최초의 접촉은 1866년 5월 난파선 서프라이즈 선원들과의 접촉이었다. 철산(鐵山)에 표류한 미국 선원들을 그들이 원하는 대로 육로를 통해 베이징으로 보냈다. 같은 해 7월 초에는 미국의 이양선 1척이 대동강을 거슬러 올라가 송산리 앞바다에 정박했다. 황주목사 정대식(丁大植)이 확인하니, 중국의 산둥 성에서 평양에 교역을 하러 온 미국의 민간 상선이었다. 이 배가 바로 제너럴 셔먼(General Sherman)호였다. 평안도 관찰사는 부하 이현익(李玄益) 등을 보내 퇴거를 요구했으나, 미국 선박은 이현익을 붙잡고 상류로 거슬러 올라가며 총포를 난사하고 위협하여 주민 7명이 죽고 5명이 부상을 당했다. 이에 관찰사는 이양선에 화공을 가했고, 전투 중 좌초된 채로 탄약이 소진된 이 선박을 공격하여 불태우고 승조원들을 살해했다.

이에 미국은 수차례에 걸쳐 함정을 파견하여 사건의 진상을 파악하고 생존자를 돌려받으려 했으나 뜻대로 되지 않았다. 미국의 주청 공사 프레더릭 로우(Frederick Low)와 아시아 함대 사령관 로즈 제독은

이 기회를 이용하여 압박함으로써 조선을 개방시키려고 했다. 1858
년 미국 해군의 매튜 페리 제독이 4척의 소함대를 이끌고 일본을 위
협함으로써 일본의 개항을 이끌었던 것을 사례로 삼았을 것이다.

존 로저스(John Rodgers) 제독 휘하의 미국 해군은 기함 콜로라도에
승선하여 군함 5척, 대포 80여 문, 병력 1,230명으로 구성된 조선 원
정 함대를 이끌고 1871년 신미년 4월 10일 조선으로 향했다. 이 함대
는 5월 21일 아산만을 거쳐 5월 26일 물치도에 이르러 이곳을 근거
지로 정했다. 미국의 원정 함대 육전대 450명은 초지진의 남방으로
강화도에 상륙했다. 그리고 6월 10일에는 초지진을, 11일에는 덕진
진을 함락시켰다. 조선은 어재연(魚在淵) 장군을 포함하여 전사자 53
명, 부상자가 24명에 달했고, 미국 해군은 전사자 3명, 부상자 9명이
었다. 미군은 부상자 치료 등을 위해 다수의 약탈 물품을 가지고 다시
물치도로 돌아가서 무력시위를 계속했다.

이에 흥선대원군(興宣大院君)은 천주교도들에 대한 박해를 더 가하
는 한편, 외환을 일소할 시위책으로 척사비(斥邪碑)를 국내 각지에 세
우게 했다. 조선 정부의 이런 쇄국 양이 조치를 본 미국의 로즈 제독
은 더 이상의 무력시위는 효과가 없을 것으로 판단하고 7월 3일 조선
에서 철수했다. 이것이 바로 '신미양요(辛未洋擾)'이다.[371]

한편 일본 군함 운요(雲揚)호는 고종 12년인 1875년 9월 12일에 일
본의 나가사키 항을 떠나 조선 연안에 들어왔다. 그들은 조선의 동·
남해안을 측량하고, 서해안을 따라 북상하면서 청국에 이르는 수로를
측량하라는 임무를 띠고 왔다. 하지만 이것은 표면상의 임무일 뿐 조

그림 7.13 **신미양요에 참가한 미국 해군의 1,370톤급 USS 모노카시**(USS Monocacy)**의 모습**[372]

선의 문호를 개방하여, 그들이 가지고 있던 조선 침략 야욕을 시험해 보고자 한 것이었다. 1873년에 흥선대원군이 물러나고 고종이 친정을 하게 되면서 조선에 개국의 분위기가 일어났다. 일본은 조선과의 수교를 좀 더 신속하게 하기 위한 방법으로 포함 외교를 시도하게 되었다. 그 첫 번째 사건이 '운요호 사건'이다. 일본은 영국에서 수입한 근대식 군함인 운요호를 조선에 보냈다.[373]

운요호에 탑재했던 소형 보트와 강화도의 초지진 포대와의 포격 교환이 있은 후, 운요호가 직접 강화도에 접근하여 초지진 포대와 포격전을 계속했다. 운요호에서는 그 보복으로 정산도와 영종도를 공격하여 민가와 성을 불태우고 돌아갔다. 후일 일본은 이 사건의 책임을 조선에 묻고 강제로 수교하기에 이른다. 이 사건은 일본 제국주의에 의한 조선 침략의 단초가 되었다. 1905년 일본은 조선을 협박하여 을사조약(乙巳條約)을 맺고, 조선의 외교권을 강탈했다. 조선을 식민지화한 것이다.

을사조약을 맺은 지 불과 10여 년 전인 1858년에 일본은 미국 해군 페리 제독의 군함의 무력시위에 굴복하고 개항을 했었다. 일본은 해양력 투사 위협의 효과를 재빠르게 인식했고, 자기들도 같은 방법으로 조선에 위협을 가함으로써 결국 해군력의 힘을 이용하여 조선을 자국의 식민지로 만든 것이다.

우리나라는 반도 국가이므로 섬나라인 일본에 비해 해양 사상 측면에서 차이가 있을 수 없다. 그러나 바다에서 벌어지는 사건을 해석하고 받아들이는 자세에서 큰 차이를 보였다. 그 차이가 한 나라는 아시아의 패권 국가로, 한 나라는 식민지로 전락하게 한 것이다. 일본의 에도 막부는 페리 제독의 해군 함정들이 도쿄 만(灣)에서 무력시위하며 입항하는 장면을 보면서, 일본의 앞날에 해양력이 어떠한 역할을 하게 될 것인가를 깨닫게 되었을 것이다. 한편 조선의 관리들은 이 이양선들을 어떻게 몰아낼 것인가만을 생각했다. 일본의 국가 지도자들이 깨달은 바다는 국가 번영의 통로였고, 조선의 국가 지도자들이 생각했던 바다는 외적들의 침공 통로일 뿐 국가 생존에 방해가 되는 요소였다.

구한말 외국 군함들의 한반도에 대한 일련의 침략 행위와 일본의 위협에 굴복하여 결국 우리의 국권을 일본에 내준 사건들을 종합해 보면, 그 원인은 명확하다. 이는 300년 전 왜군이 바다를 건너와 한반도를 유린했던 임진왜란의 교훈과 경고를 무시해 버린 조선 정부에게 역사가 내린 채찍과 다름없다. 세계의 역사는 바다가 만들어간다는 사실을 이해하지 못한 우리들에게 다시 한 번 경고를 내린 것이다. 그 대가는 우리 민족에게 너무도 큰 고통과 상처를 주었고, 그 상처는 아직 아물지 않고 있다.

06

대한민국 해군의 창설[374]

1945년 조국 해방과 함께 중국으로부터 귀국한 우리 민족의 선각자 손원일(孫元一) 제독은 우리 바다를 지킬 해군 창설을 준비한다. 당시 한반도는 미군의 군정이 계속되는 시기였고, 아직 대한민국 정부가 수립되지 않았기 때문에 '해방병단'과 같은 임시 조직을 만들어 해군 창설을 준비하고 있었다. 이후 1948년 대한민국 정부 수립과 함께 드디어 대한민국의 정식 해군을 창설하게 된다.

손원일은 우리 바다를 우리 손으로 지킨다는 뜻을 함께한 사람들을 모아 1945년 8월 21일 대한민국 해군 건설의 초석이 된 '해사대(海事隊)'를 결성했다. 그 후 해사대는 미국 군정청의 협조를 받아 해양 경

찰의 의미가 담긴 해안 경비대의 기능을 수행하는 부대로서 '해방병
단(海防兵團)'[375]을 1945년 11월 11일 11시[376]에 창설한다. 당시 총인원
70명으로 창설된 해방병단은 손원일을 단장으로 하여 진해에서 업무
를 시작했다.

1948년 11월 14일 공표된 국방법령 28호에 따라, 1946년 1월 14
일 해방병단은 국방사령부 산하 조직으로 인정받게 되었고, 해방병단
의 단원들에게 계급과 군번이 부여되었다. 손원일에게는 참령(參領 :
오늘날 소령급에 해당된다)의 계급과 군번 '80001'이 부여되었다. 창설 초
기에는 구한말의 계급제도를 본받았으나, 곧이어 국방사령부와 통일
하여 오늘날까지 사용하는 계급 체계인 '위관(尉官)', '영관(領官)', '장
성(將星)' 등의 계급을 사용하게 된다.

이후 미소공동위원회의 소련 측 항의에 따라, 1946년 6월 15일 국

그림 7.14 **손원일 제독**[377]**과 충무공정**(艇) **명명식 장면**[378]

그림 7.15 미군으로부터 인수받은 상륙정 LCI와 소해정 YMS[379]

방사령부를 국내경비부로 바꾸면서 해방병단의 이름이 조선해안경
비대로 바뀌었다. 그리고 조선해방병단 총사령부가 조선해안경비대
총사령부로 바뀌면서 손원일은 총사령관이 되었다.

　손원일은 부족한 인재의 보충을 위해 1946년 1월 17일 진해에 해
군사관학교의 전신인 '해군병학교'를 창설한다. 1기생은 10 대 1의
경쟁을 뚫고 90명이 선발되었다. 구한말 고종 황제가 강화도 갑곶진
에 설치했던 통제영학당(統制營學堂)[380]이 설치된 지 52년 만의 일이었
다. 1946년 6월 15일 해방병단의 명칭 변경과 함께, 해군병학교도 해
안경비사관학교로 개칭되었다.

　해안경비대가 발족되었지만 당시 군함이라고 할 만한 배는 아직 한
척도 없었다. 일본군이 쓰다가 두고 간 100톤급 이하의 디젤선 2척,
증기선 3척, 상륙주정(上陸舟艇, Landing Craft) 몇 척과 잡역선이 전부였
다. 이에 손원일 사령관은 미국 군정청에 요청을 거듭하여 상륙정인
LCI, 소해정인 YMS, JMS 등을 인수받았다.

1947년 8월 30일을 기해 조선해안경비대는 그동안 미군 7함대가 맡아 왔던 위도 38도선 이남의 해상 경비 임무를 맡았다. 조선해안경비대는 소해정을 주축으로 불법 조업 어선 규제, 밀수선 단속, 조난 선박 구조 등 해상 경비 활동을 활발하게 수행했다. 특히 1945년 9월 2일 선포된 맥아더 라인(MacArthur Line)[381]을 침범하는 일본 어선을 저지하는 것이 해상 경비 활동 가운데 중요한 임무였다.[382]

1948년 8월 15일 선포된 대한민국 정부 수립에 따라 조선해안경비대도 9월 1일부로 대한민국 국군에 편입되었다. 그리고 9월 4일 해군으로 명칭이 바뀌었으며, 손원일 제독은 해군 총사령관에 임명되었다. 정부가 수립된 1948년 8월 15일을 기준으로, 우리 해군이 보유하고 있던 함정은 조함창(造艦廠)에서 건조한 충무공정 1척, 미국 해군과 일본 해군이 사용하던 함정을 인수한 LCI[383] 6척, YMS 16척, JMS 10척, YO 1척 등 모두 34척이었으며, 여기에 소형 주정 71척을 포함하면 모두 105척, 톤수는 1만 3,000톤이었다.[384] 그러나 이 함정 중에 전투함은 한 척도 없었고 상륙정, 소해정 등을 경비함으로 운용하고 있는 실정이었다. 이 함정들은 40밀리미터 이하의 소구경 포는 무장하고 있었다.

정식으로 해군이 창설되기는 했지만, 해군이 원하는 3인치 구경 이상의 함포를 탑재한 전투함을 구입하거나 건조하는 것은 현실적으로 어려웠다. 이에 미국 군사고문단과 대사관을 통해 전투함 지원을 요청했다. 그러나 미국의 정책은 "전투함을 외국에 양도하거나 팔지 않는다"는 입장이었기 때문에, 사실상 한국 해군은 미국으로부터 전투

그림 7.16 **해군 장병들의 성금으로 구매한 백두산함**[385]

함 양도를 기대할 수 없었다. 손원일 제독은 국내에서 함정 선체를 건조하고, 외국에서 함포와 레이더 등을 구입하여 장착하기로 했다. 하지만 이에 필요한 자금을 확보하는 것이 문제였다. 손원일 제독은 과거 일본이 해방 헌금(海防獻金)을 모아서 군함을 건조한 것에 착안하여 자금을 모으기로 결정했다. 그는 현 시점에서 재원 마련을 위한 방법은 오로지 모금운동뿐이라고 생각했다.[386] 손 제독은 1949년 6월 1일 자신을 위원장으로 하는 '함정건조기금 갹출위원회'를 구성하고 모금운동에 들어갔다. 해군 장병들도 기금 모금에 적극적이었다. 적은 봉급이었지만 장교들은 봉급의 10퍼센트, 병조장은 7퍼센트, 하사관과 수병은 5퍼센트를 매월 함정건조기금으로 내어 놓았다. 해군 부인회에서도 바자회를 열어 기금에 보탰다. 나중에 이 모금운동은 국민들에게까지 확산되었다. 모금운동이 시작된 지 불과 4개월 만에 목표로 정한 1만 5,000달러를 모을 수 있었다.

그동안 해군본부에서는 함정 건조 계획을 심층 검토했으나, 해군 조함창에서 건조하는 것이 외국에서 구매하는 것보다 예산이 더 소요된다고 판단하여 당초의 계획을 바꿔 외국에서 구매하기로 했다. 이에 손원일 제독은 함정 구매 계획을 대통령에게 보고했다. 그 자리에서 대통령은 4만 5,000달러를 내어 주었다. 이렇게 모두 6만 달러를 이용하여 손원일 제독은 함정 구매를 시도했다. 우선 주미 대사를 통해 PC선 1척을 1만 8,000달러에 구매하기로 했다. 이 배는 무장이 제거된 과거의 미 해군 초계함으로, 미국의 해양대학교 실습선이었다. 무장용의 3인치 함포와 탄약은 귀국 항해 중에 하와이에 들러 탑재하기로 했다. 승조원들의 희생적인 노력으로 정비를 마친 이 함은 1949년 12월 26일 '백두산함'으로 명명되었다. 공교롭게도 미군들이 사용할 당시 그 배의 원래 영문 이름인 '화이트 헤드(White Head)'와 같은 의미의 '백두(白頭)'라는 이름을 갖게 된 것이다.

이렇게 한국 해군의 첫 번째 전투함이 탄생했다. 함포 확보가 지연되는 어려움이 있었지만 함포 설치를 마치고 함포탄 100발을 구입한 백두산함은 1950년 3월 20일 하와이를 출항하여 약 한 달 만인 4월 10일 진해항에 도착했다. 이는 6.25전쟁이 발발하기 바로 두 달 전이었다.

손원일 제독은 백두산함에 추가하여 같은 함형의 PC선 3척을 각각 1만 2,000달러에 구매했다. 이 함정들의 정비를 마친 손 제독은 3척의 한국 해군 전투함 중에서 한 척에 타고 1950년 6월 16일 샌프란시스코를 출항했다. 그의 지휘로 귀국 항해를 시작한 것이다. 먼저 도착한 백두산함은 6.25전쟁이 발발하자마자, 대한해협에서 최초의 해전을 치르며 승리를 거두었다. 부산항에 침투하려는 북한의 무장공비 수송선을 발견하고 백두산함이 격침시킨 것이다. 해군 장병들의 성금과 해군 부인들의 정성으로 만들어진 대한민국 최초의 전투함이 대한민국 해군 승리의 역사를 시작한 것이다.

07

백두산함의 대한해협 해전 승리의 의미

1950년 6월 25일 북한이 전면 남침을 감행하던 당시, 한국 해군의 병력은 해병대 1,241명을 포함하여 총 6,956명이었다. 함정 세력은 소해정이 주축인 경비함 28척, 수송선 2척, 유조선 1척, 연안 경비정 2척으로 총 33척이었다. 당시 해군의 주요 육상 기지로는 진해 통제부를 비롯하여 인천, 군산, 목포, 부산, 포항, 묵호 경비부가 있었다. 경비함은 인천의 제1정대(艇隊)에 소해정 7척, 부산의 제2정대에 소해정 7척, 목포의 제3정대에 소해정 6척, 진해의 훈련정대에 백두산함과 소해정 3척, 여수에 소해정 및 LCI 1척 등 4척이 배치되어 있었다. 6.25전쟁이 발발하기 직전에 우리 해군은 5월 30일의 총선거를 계기로 평소보다 경비를 다소 강화하고 있었으나, 북한의 전면 남침에 대비한 경계 태세는 갖추고 있지 않았다.[388]

　한편 북한은 북한 주둔 소련군 사령부의 통제 아래 1946년 원산에서 북한 해군의 전신인 '수상보안대'를 창설했다. 수상보안대는 동해 수상보안대와 서해 수상보안대로 편성되었다. 각 수상보안대는 각각 1개 대대 병력으로 동해의 속초, 장전 등과 서해의 여러 항구와 도서에 지대(支隊)를 분산 배치했다. 북한도 1948년 2월 8일 조선인민군을 정식으로 창설했고, 1949년 8월 28일에 해안경비대가 내무성 관할에서 민족보위성(民族保衛省)으로 이관되면서 인민군 해군으로 호칭하게 되었다.

　6.25전쟁 발발 직전에 북한 해군은 총 병력 1만 6,200여 명이었던 것으로 추정된다. 당시 북한 해군의 함정은 경비함 30여 척, 보조선 80여 척으로 구성되어 있었는데, 이는 한국 해군과 비슷한 수준의 전력이었다. 특히 북한은 소련으로부터 함정을 도입하여 운용하고 있었다. 그중에서 60피트 길이의 알루미늄 선체인 어뢰정 4척이 포함되어 있었는데, 이 4척이 사실상 북한 해군의 주력 함정이었다.[389]

　1950년 4월 10일 백두산함은 진해에 입항했다. 입항 다음날부터 백두산함 전체에 대한 도색 작업과 정비를 마치고, 6월 초순부터 전국적으로 항구 방문에 나섰다. 미국에서 함정 구매 업무를 진행하고 있던 손원일 참모총장의 지시에 따른 것이었다.[390] 이제 막 도입된 함정으로 국내의 주요 항구에 대한 항로 숙달 훈련의 목적도 있었으나, 국민과 장병들의 성금으로 마련한 우리 최초의 전투함을 국민들에게 보여줘야 한다는 생각에서였다. 백두산함은 국내의 중요한 항구 방문을 마치고, 6월 24일 자정쯤에 진해항에 복귀했다.

6.25전쟁이 발발한 6월 25일 아침, 당시 백두산함 장병들은 오랜만의 휴일을 가족들과 함께 즐기고 있었다. 12시경에 진해 통제부 사령관으로부터 백두산함에 대한 비상소집과 긴급 출동 명령이 하달되었다. 동해안에 북한 함정들이 상륙작전을 하고 있으니 현장으로 이동하여 북한 함정을 격퇴시키라는 것이었다.

1950년 6월 25일 새벽 4시를 기해 북한은 지상군의 전면 남침과 함께 해상을 통해서도 침공해 왔다. 북한 해군의 상륙 선단이 25일 3시 30분에 옥계를 비롯하여 삼척, 강릉 등을 목표로 아군의 배후에 게릴라 부대를 상륙시킨 것이다. 금진과 옥계 방면에 적 병력이 1,000톤급의 무장 수송선과 어뢰정 4척의 지원을 받으며 발동선 30여 척에 타고 상륙했고, 삼척에 약 800명이 경비정 2척과 발동선 20척으로 상륙한 것이다. 또한 부산 부근의 해상에서도 약 600명의 병력이 1,000톤급 무장 수송선에 승선하여 부산 부근의 남해안에 상륙하기 위해 남하하고 있었다.

전쟁을 일으킨 북한은 미군이 개입할 여건을 주지 않기 위해 조기에 전쟁을 종결하려 했다. 이를 위해 대규모 특수전 부대의 후방 침투를 시도했다. 조선족으로 편성된 중공군 166사단을 인민군 근위 6사단으로 재편하여, 이 부대를 한반도 서·남해 항구들을 점령하는 등의 한국군 후방 교란작전에 운영했다. 인민군 문화사령관 김일 중장은 6월 23일, 24일에 길원팔 해군 육전대 사령관과 오진우 육군 766 특전

그림 7.18 **6.25전쟁 당시 미군이 입수한 북한군 포스터**(부산과 진해를 공격하자는 내용이 들어 있다)[391]

대장에게 "부산에 돌입하라"는 명령을 시달했다고 한다. 부산 부근에서 남하 중이던 이 무장 수송선에 승선했던 무장 병력은 부산을 목표로 투입된 부대원들의 일부일 것으로 추정된다.[392]

이에 백두산함은 AMS-512정과 편대를 형성하여 동해를 향해 출항했다. 부산 인근 해상을 항해 중인 백두산함은 20시 12분에 동북방으로 거리 약 7마일의 수평선에서 검은 연기를 발견했다. 백두산함은 즉시 이 선박을 추적했다. 당시 이 선박은 부산 동북방 약 30마일에서 속력 10노트로 남쪽을 향해 항해하고 있었다. 백두산함은 국제

348

신호 절차에 따라 국적과 선명 등을 계속하여 질문했으나 반응이 없자 정지 신호를 보냈다. 그리고 백두산함은 이 수상한 선박에 100미터까지 가까이 접근했다. 조명등을 비춰 보니, 이 선박은 국기와 선명 표시가 없고, 뒤쪽에 중기관총 2정이 설치되어 있었으며, 북한군 해군 복장의 수병을 비롯한 군인 다수가 승선하고 있었다. 적선임을 확인한 함장은 해군 본부에 이 사실을 보고했고, 26일 0시 10분에 "적선을 격침하라"는 명령이 하달되었다. 이에 3인치 주포로 사격이 개시되었고, 적선도 57밀리미터 포와 중기관총으로 대응 사격을 하며 포격전이 전개되었다. 백두산함의 포격으로 선수가 크게 부서진 적선은 1시 10분에 좌현으로 기울면서 침몰하기 시작했다. 적선은 침몰하면서도 57밀리미터 포와 중기관총을 난사하여, 백두산함의 조타실에 포탄이 관통하면서 아군 2명이 전사하고 2명이 부상하는 피해를 입었다.[393]

북한 지상군의 전면 남침과 동시에 감행된 북한 해군의 해상 침공은 북한 지상군의 남하를 촉진하고 한국 육군의 배후를 차단하여, 후방을 혼란시키기 위한 전형적인 사례라고 볼 수 있다. 대한해협 해전에서 북한군이 수장되지 않고 그들이 목표한 대로 부산항에 대한 침투를 성공했더라면 개전 초기에 아군과 국민 전체에 끼치는 혼란은 더욱 심각했을 것이다. 특히 부산항은 다량의 군수 물자와 다수의 증원군을 수송하는 대형 선박이 입항할 수 있는 남한 유일의 항구였고, 당시에는 거의 무방비 상태였기 때문에 부산 지역에 상륙을 기도하는 적 게릴라 600명을 수장시켰다는 것은 매우 중요한 의미를 갖는다. 또한 대한해협 해전은 그동안 훈련만 거듭하던 대한민국 해군이 우리 성금으로 구매한 함정을 동원하여 최초로 성공시킨 단독 해군 작전이었다는 점에서도 높이 평가된다.[394]

전쟁이 종료된 후 여러 사람들이 이 해전에 대해 분석, 평가했다. 그 중 에드워드 마롤다(Edward J. Marolda)[395]는 "부산은 한반도에서 유엔군의 최후 보루가 되었으며, 또한 증원 병력과 물자의 도입 항이 되었다. 백두산함의 승리는 그것을 가능하게 한 것으로 매우 중요했었다"라며 부산항을 지킨 백두산함의 승리를 높이 평가했다.[396]

백두산함은 적선의 침몰을 확인한 후, 최초의 명령대로 동해의 적 상륙을 차단하기 위해 이동했다. 하지만 북한군 상륙 현장에 도착했을 때에는 이미 적은 상륙을 완료하고 난 후였다. 대한해협 해전을 시작으로 백두산함을 비롯한 대한민국 해군은 37도 위도선 이남 해역에 대한 해상작전 책임을 맡게 되었다. 적의 해상 침투를 차단하기 위한 동·서·남해 해상 봉쇄작전, 낙동강 교두보 방어 지원을 위한 통영 상륙작전, 인천 상륙작전의 전초전인 덕적도, 영흥도 상륙작전, 소해작전, 동·서해안 철수작전, 제2차 인천 상륙작전, 도서 확보작전 등에서 성공적인 작전을 수행하며 전쟁 경험을 쌓고, 이를 토대로 한층 성숙한 해군으로 성장하게 되었다.

전쟁 기간 중 미국 해군의 항공모함 16척을 중심으로 유엔 해군은 한반도 주변 해역에 대한 완벽한 해양 통제를 확보했다. 이를 바탕으로 우리 해군은 지상군의 열세를 보완하고 병력과 물자를 신속하게 수송함으로써 유엔군의 전쟁 지속 능력 유지에 지대한 공헌을 하게

그림 7.19 **6.25전쟁 발발 직후 선발대로 한국에 도착하고 있는 미군과 장비**[397]

된다. 한국에 도착한 유엔군 병력 7명 중에 6명이 해상으로 수송되었으며, 5,400만 톤의 화물과 2,200만 톤의 유류가 함선으로 우리나라에 수송되었다.[398] 그러나 6.25전쟁 전 기간에 걸쳐 유엔군의 해양 통제가 단 한 번도 도전을 받지 않았기 때문에 해군력의 역할과 해양 통제의 가치가 과소평가되거나 간과될 수 있다는 우려가 있다.[399] 이 같은 우려를 불식시키고 대한민국을 해양 강국으로 만들기 위해서는 국민들의 해양 사상 고취가 필수적이다. 또한 이는 해양 관련 지도자들의 몫이라고 생각한다.

08

대한민국 해군의 성장 역사

1953년 7월 27일 정전협정의 조인으로 6.25전쟁이 종식될 당시, 우리 해군은 약 1만 4,000명의 병력, 59척의 전투함을 보유하고 있었다. 정부와 함께 부산으로 이동했던 해군본부는 서울로 돌아와 조직을 보완했으며, 한국 함대를 창설하고 함대 조직과 해상 전력을 보완했다. 또한 해군대학과 교육단을 창설하고 조함창, 보급창, 의무단, 해군병원 등을 창설하여 지원 부대 기능도 보강했다.

1954년 제9기 해사생도부터는 순항 훈련을 시작하여 해군 장교의 자질 향상과 군사 외교를 통한 대한민국 해군의 위용을 전 세계에 알리는 기회로 활용했다. 1955년 3월부터는 유엔군으로부터 평시의 해상작전 지휘권을 인수받아, 한국 해역 방어작전을 독자적으로 수행하게 되었다.[400] 1953년 10월 조인된 한미 상호방위조약, 1955년의 미국 해군 선박 대여에 관한 한미협정에 따라 미국 해군의 구형 함정들을 대여 형태로 지원받아 운용했다. 주로 제2차 세계대전에서 미국 해군이 운용했던 구형 함정들인 구축함(DD), 호위 구축함(DE), 고속 수송함(APD), 경비함(PCEC), 상륙함(LST, LSM) 등을 인수하여 우리 해군의 주력함으로 운용했다.

1966년 3월, 우리 해군은 정부의 베트남 파병 결정에 따라 베트남에 백구부대를 파견했다. 백구부대는 적들로부터의 기습 위협, 낙후된 항만 시설 등의 악조건에도 불구하고 총 항정 28만 4,992마일의 해상 수송 462회를 성공적으로 완수하여 공산주의로부터 자유 월남을 지키기 위한 전쟁 수행에 필요한 군수 물자 56만 2,011톤을 수송했다.[401]

한국 해군은 미국 해군의 구형 함정을 인수받아 우리 손으로 정비하여 재취역시키는 형태의 해군력 건설을 계속 진행했다. 한편 1972년 11월 18일에는 우리 해군 기술진에 의해 최초로 건조된 고속정 '학생호'의 명명식을 가졌다. 학생호는 전국 800만 학생과 20만 교직자들의 애국 방위성금으로 건조된 최초의 국산 고속정이었다. 공교롭게도 한국 해군의 최초 전투함인 백두산함과 최초의 국내 건조 고속정인 학생호가 모두 장병들과 국민들의 성금으로 만들어져 우리 해군의 자주적인 전력 건설의 시작을 국민 모두가 참여하는 형태를 취하게 되었다. 해군력 건설에 국민들이 참여하는 것은 해군에 대한 국

그림 7.20 **성금과 우리 기술로 최초로 건조된 '학생호' 인수식 장면**[402]

민들의 호응을 말해 주는 척도라고 볼 수 있다. 역사적으로 국민들의 해양 사상과 공감대가 해양력 건설에 가장 중요한 요소였던 점을 고려하면, 해양 강국을 지향하고 있는 대한민국의 앞날은 밝다 하겠다.

한편 미국의 리처드 닉슨(Richard Nixon) 대통령은 1969년 7월 25일 괌에서 그의 새로운 대(對) 아시아 정책인 닉슨 독트린(Nixon Doctrine)을 발표하고, 1970년 2월 이를 세계에 선포했다. 그 내용의 핵심은 "미국은 우방 및 동맹국들에 대한 조약상 의무는 지키고, 동맹국이나 미국 및 기타 전체의 안보에 절대 필요한 국가에 대한 핵보유국 위협에 대해서는 미국이 핵우산을 제공한다. 그러나 핵 공격 이외의 공격에 대해서는 당사국이 그 1차적인 방위 책임을 져야 하고,

미국은 군사 및 경제 원조만 제공하며 군사적 개입을 줄인다"는 것이었다.[403] 즉 미국은 아시아에서의 침략 전쟁에 개입하지 않겠다는 것이었다. 이에 주한 미 육군 7사단 철수와 2사단 후방 배치 등의 주한 미군 철수와 감축이 시작되었다.

이를 계기로 한국의 자주적인 전력 증강 계획이 시작되었으며, 한국 해군도 1975년 1월 율곡단을 편성하여 해군 전력 증강 사업을 본격적으로 추진하게 되었다. 1974년부터 추진된 율곡 사업을 통해 우리 해군은 고속정, 유도탄 고속함, 호위함, 초계함, 기뢰 탐색함, 군수 지원함, 상륙함, 잠수함 등을 국내 조선소에서 건조했고, 해상작전 헬기, 해상 초계기 등을 계속적으로 도입했다. 1986년 2월 1일에는 그동안 한국 함대와 5개의 해역 사령부 체제로 운영해 오던 해상작전 부대를 해군작전 사령부, 제1함대, 제2함대, 제3함대 체제로 개편했다.

1974년부터 추진해 온 자주국방을 위한 전력 증강 사업으로 고속정, 유도탄 고속함 같은 한국형 고속 전투함이 건조되어 북한 해군의 다수 고속정 전력에 대응할 수 있는 연안 작전 능력이 한층 강화되었다. 1981년에는 최초의 국산 전투함인 호위함을 우리 손으로 설계, 건조하여 취역시킴으로써 국산 전투함 시대를 열었다. 1970~1980년대에 미국 해군으로부터 도입하여 운용 중이던 노후한 구형 구축함의 대체 전력을 확보하게 된 것이다.

또한 1992년 최초의 잠수함인 장보고함을 도입한 이후 잠수함의 국내 양산 체제를 갖추었으며, 1995년에는 신형 해상 초계기인 P-3C가 도입되었다.[404]

그림 7.21 **한국 해군 최초의 이지스 구축함 세종대왕함**[405]

1998년 이후에는 3,000톤급 구축함인 KDX-I형 광개토대왕함, 4,000톤급 구축함인 KDX-II형 충무공 이순신함 등의 한국형 구축함을 실전 배치했다. 그리고 2007년부터는 1만 4,000톤급 대형 수송함인 독도함에 이어, 이지스 전투 체계를 탑재한 7,000톤급 KDX-III형 구축함 세종대왕함을 건조하여 작전 배치했다.

한국 해군은 해군력 건설이 본격적으로 시작되면서부터 슬로건으로 삼고 있는 '대양 해군 건설' 노력을 지속하고 있다. 입체적이고 균형 잡힌 해군력을 건설하여 바다에서 우리에게 가해질 수 있는 도발 위협을 억제하고, 전쟁이 발발하면 승리를 보장할 수 있는 능력을 갖

그림 7.22 한국 해군의 상륙 수송함 독도함[406]

그림 7.22 한국 해군의 상륙 수송함 독도함[406]

추어 나가고 있다.

한국 해군의 함정은 모두 국내 조선소에서 건조되고 있다. 잠수함 중에서 1차로 도입된 장보고함을 제외하고는, 한국 해군 함정은 모두 우리 기술진에 의해 건조된 국산 함정들이다. 함정에 탑재하고 있는 주요 무기 체계와 장비 또한 소수의 경우를 제외하고는 모두 국내 기술진에 의해 만들어진 국산 장비들이다. 세계 최고 수준의 국내 과학 기술이 반영된 국산 함정과 첨단 무기 체계를 운용하고 있는 한국 해군은 질적으로 세계의 어느 나라 해군에도 뒤떨어지지 않는 해군임을 보여주고 있다. 환태평양 훈련 등 다국적 연합 훈련과 아덴(Aden)만 등에서 연합작전에 참가하는 한국 해군은 세계의 함정들과 어깨를 나란히 하며 우리의 작전 능력을 과시하고 있다. 이는 세계 최고 수준의 조선 산업과 최고 수준의 과학기술이 만들어낸 결과이며, 그동안 해군의 지도자들이 노력한 인재 양성의 결과이다.

한국 해군은 100여 년 전 목선인 판옥선으로 현대식 군함들에 대응했던 구한말의 수군들과는 전혀 다른 환경에서 성장하고 있다. 한국의 조선 산업은 세계 수위를 유지하고 있고, 한국 경제의 바다에 대한 의존도도 점차 커지고 있다. 우리 산업의 대부분은 바다를 통해 오가고 있는 수출입에 의존하고 있다. 우리 국민들의 바다를 바라보는 시각도 점차 바뀌고 있다. 바다가 더 이상 위험스러운 외적의 침입 통로가 아니라 대한민국의 국력을 전 세계로 투사하는 진출로인 것을 깨닫고 있다. 국민들의 바다에 대한 관심도가 커질수록 대한민국 해군의 성장은 더 힘을 얻을 것이다.

09

미래 대한민국
해군의 모습

한국 해군이 어떤 모습으로 성장해야 하는가에 대해서는 논란의 여지가 있어 왔다. 한편에서는 강력한 기동함대 전력을 확보하여 북한 해군에 대해서는 도발 억제 수단으로서, 그리고 억제가 실패한 유사시에는 기동작전 세력으로 전방 해역에 대한 전력 증강 또는 북한 지역에 대한 공세작전 등을 수행하고, 동시에 주변국 해군의 위협에 능히 대응할 수 있도록 해야 한다는 '기동함대 확보론'이 제기되었다.

또 한편에서는 주변국 위협에 비해 북한의 위협이 더 급박하고, 주변국에 대해 전력을 갖추는 데에는 시간과 재원이 더 많이 필요하기 때문에, 북한 해군에 대응할 수 있는 정도의 소형함 위주로 연안작전 해군력을 갖추면 된다는 '연안 방어 해군론'이 제기되었다. 이러한 논의가 오랫동안 한국의 해군력 건설에 영향을 끼쳐 왔다.

세계 해양의 역사에도 한 국가의 해군력을 설계하는 과정에서 이같은 해군력 규모의 논란은 항상 대두되어 왔다. 미국, 영국과 같은 강력한 해양 국가를 제외하고 대부분의 국가들에서 이런 논란이 있었다. 특히 19세기 말 프랑스에서 제기되었던 청년학파의 어뢰정 중심의 해군력 건설 논란이 그 대표적인 예이다. 매우 많은 건조비용이 소요되는 전함을 건조하는 대신에, 값이 싸고 전함 격침에 매우 효과적이고 경제적이라 판단한 고속 어뢰정과 장갑 순양함을 건조하여 주요 거점에 배치하면 소형 함대로 영국의 상선 통항을 방해하면서 전함을 무력화할 수 있다는 논리가 제기되었다. 이는 해군력 건설을 위한 재정 확보에 어려움을 겪고 있던 프랑스 정부에게 설득력 있는 논리로 받아들여지면서 프랑스는 전함 건조 대신에 어뢰정을 주축으로 하는 해군력을 건설하게 된다.[407]

그러나 해군력을 설계하면서 어느 한 측면만을 강조하다 보면, 그와 전혀 다른 상황에 처했을 때 대응할 수 없는 우를 범하게 되는 경우가 있다. 해군력에서 전함에 대한 대응만을 지나치게 강조한 프랑스가 그 우를 범한 것이다. 즉 영국이 어뢰정을 공격하는 구축함을 새롭게 건조하고 전함을 고속화함으로써, 프랑스의 어뢰정 함대는 쓸모없는 전력이 되어 버린 것이다. 그 결과가 국가 흥망에 어떤 결과를 낳게 했는가는 양차 세계대전에서 프랑스가 처했던 상황과 전후의 프랑스가 보여주었던 국가 위상에서 쉽게 알 수 있다.

그림 7.23 **전함에 대한 어뢰정의 공격 장면. 19세기 말 프랑스가 채택했던 어뢰정 운용 구상**[408]

한편 한국 해군이 주변 강대국들 사이에서 균형추의 역할을 수행하도록 발전해야 한다는 주장도 있다. 이 같은 '균형추론'을 주장하는 사람들마다 의견의 차이는 있으나, 공통된 의견은 주변 국가들의 중앙적인 위치에 있는 한국 해군이 주변 국가들 중 어느 한 국가의 해군과 연합했을 때 다른 국가들의 해군력보다 강해질 수 있도록 함으로써 주변 국가들이 우리나라를 넘보지 못하도록 한다는 것이다. 예를 들어 3과 4의 힘을 가진 주변국 해군이 있을 때 2의 힘만 한국 해군이 갖는다면, 2와 3의 힘으로 연합하면 4의 힘을 가진 국가에 우세한 힘을 발휘할 수 있다는 논리이다. 이는 단순한 숫자의 비교로 본다면 맞는 논리이다. 그러나 국제 관계에서는 그런 단순한 논리가 성공할 확률이 높지 않다는 것은 역사가 증명하고 있다. 세계 역사에 영향을 미친 바다의 사건들 중에서 연합이 성공한 경우는 힘이 적은 국가들끼리의 연합이 아니라 힘이 강한 국가들끼리 연합했을 경우였다. 힘이 약한 국가들끼리 연합하여 강한 국가와 대결한 경우는 대부분이 실패했다. 레판토 해전에서 오스만 터키에 승리한 기독교 연합 해군은 강력한 스페인 해군을 중심으로 강력한 해양 국가들이 연합을 형성함으로써 승리를 차지할 수 있었다. 반면에 트라팔가르에서 패배한 프랑스와 스페인 연합 함대는 양국 각각의 전력이 영국 해군에 미치지 못했던 전력이었다. 양측이 합한 전력은 수적 규모 면에서 영국 해군에 우세한 전력이었음에도, 연합 전력이 갖는 다양한 문제점이 원인의 하나로 작용하여 영국의 넬슨 제독에게 참패를 당하고 말았다.

또한 연합이 성공한다고 하더라도 승리의 결실은 연합 전력 중에서도 강한 국가가 차지한다는 사실도 교훈으로 삼아야 한다. 레판토 해전 승리 후 해전을 주도했던 스페인 해군의 위상이 상승하면서 그 후 스페인이 세계 최강국으로 성장했지만, 연합에 참여한 다른 국가들은 별다른 이름을 나타내지 못하고 사라진 역사가 이를 증명한다. 한국 해군의 미래 설계에는 이 같은 교훈 역시 반영되어야 할 것이다.

해군력의 구성과 규모를 어떻게 유지하는가는 국가 위상에 직접적인 영향을 미친다. 과거 제2차 세계대전을 앞두고 취한 영국의 조치를 예로 들어 보자. 이는 현대사에서 한 국가가 해군력 건설에 소홀히 함으로써 국가 위상에 큰 변화를 가져왔던 대표적인 사례이기 때문

그림 7.24 **미국(왼쪽)과 영국(오른쪽)의 항공모함**[409]

이다. 1920년대 영국 정부에 노동당이 활동하면서 해군력 건설 예산이 대폭 감축되었다.[410] 그로 인해 영국은 해군력 증강에 몇 년 동안의 공백기가 생겼다. 불과 수년 동안의 길지 않은 공백이었음에도 불구하고 해군력 예산의 감축으로 영국의 해군력은 미국의 해군력에 추월당하고, 세계 최강 해군의 위상을 미국 해군에게 내주게 되었다. 뿐만 아니라 "영국 국기가 펄럭이는 곳에 해가 지는 적이 없다"고 하던 세계 초일류 국가로서의 영국의 위상도 결국 미국에 넘겨주게 되었다. 이처럼 해군력을 어떻게 발전시킬 것인가는 바다에서의 문제만이 아니라 국가 흥망의 문제와 직결된다.

한국의 해양 전략가 강영오 예비역 제독은 "우리의 주변국들의 해군력을 견제하고, 북한 해군을 통제하기 위해서는 대양작전 전력과

그림 7.25 현대 해군력의 상징인 항공모함 기동부대[411]

연안작전 전력이 균형을 이루는 함대를 건설해야 한다"라며, 이른바 '균형 함대론'을 주장한다. 그가 주장하는 균형 함대의 규모는 20여 척의 헬기 탑재 구축함, 그리고 이지스 구축함으로 구성된 3개의 수상 전투전대, 2개 이상의 항공모함 전투 및 강습 전대(Carrier Battle, Strike Group), 수척의 핵 추진 잠수함, 유도탄 호위함과 유도탄 고속함으로 구성된 20여 개의 연안 방어전대 등이다.[412]

　미래의 해군력을 설계하는 데에는 여러 가지 서로 다른 의견이 있을 수 있다. 그러나 미래 해군력의 규모를 설계하는 데에는 간과해서는 안 되는 것이 있다. 과거부터 세계사의 흐름을 결정한 것은 언제나 해양력의 우세 여부였다는 것이다. 현대에 있어서도 주요 해양국들의 해군력 규모와 국가의 위상을 보더라도 그 사실은 변하지 않고 있다.

분명한 것은 한국이 우리의 주변 해역을 통제하고, 나아가 세계 일류의 해양 강국으로 발돋움하기 위해서는 해군력이 그에 합당한 규모와 모습이 되어 국가의 힘을 뒷받침할 수 있어야 한다는 것이다. 영국 해군을 능가하는 세계 최고의 강한 해양력을 갖춰야 한다고 생각했던 나폴레옹 시대의 프랑스와 세계대전 전의 독일의 사례를 교훈으로 삼아야 한다. 당시 두 국가는 영국 해군력을 앞지르는 해군력을 건설하고자 시도했으나 성공하지 못함으로써 해양력의 우세를 영국 해군이 계속 행사하도록 할 수밖에 없었다. 이에 두 국가 모두 영국의 대륙 봉쇄를 뚫지 못했고, 결국 세계를 제패하려던 계획을 이루지 못했던 역사의 가르침을 간과해서는 안 될 것이다.

노선 시대부터 범선 시대에 이르는 기간 동안 다른 국가에 비해 우세한 해군력은 그 자체로 국가의 번영에 직접적인 영향을 미쳤다. 현대에 들어서는 대부분의 경우 국가가 위기에 처하거나, 또는 세계적으로 큰 규모의 사건에 휘말릴 경우 해군력이 항상 그 위기를 극복하는 데 핵심적인 역할을 수행하고 있다. 뿐만 아니라 해군력은 그 위기를 극복해 가는 과정에서 오히려 국가의 위상을 한층 더 높이도록 하는 역할을 수행했다. 대항해 시대의 바다를 지배했던 스페인과 네덜란드, 영국의 해군력이 그러했고, 세계대전을 거치는 동안 미국의 국가 위상을 세계 초일류 국가로 향상시킨 미국의 해군력 역시 마찬가지였다.

우리는 미국이 초일류 국가가 되었기 때문에 최강의 해군력으로 발

그림 7.26 **세계사의 흐름을 바꾼 트라팔가르 해전[413]과 미드웨이 해전[414]**

전된 것이 아니고, 최강의 해군력을 구축해 놓았기 때문에 최강의 국가로 발전할 기회를 놓치지 않았던 것을 기억해야 한다. 영국과 미국 같은 세계적인 해양 국가들도 그에 합당한 규모의 해군력을 건설하는 데에 수많은 장애와 어려움이 있었다. 그러나 미국과 영국의 국가 지도자는 그 장애를 극복하고 세계 최강의 해군력을 건설했다. 그 결과 해군력은 이들 국가의 지도자들로 하여금 자국이 세계를 제패하는 데 가장 핵심적인 수단으로 활용될 수 있는 기회를 제공했다.

한국의 국력이 나날이 발전하고 있다. 특히 우리나라는 조선 분야에서 세계 최고의 위치를 차지하고 있다. 한국이 세계무대에서 많은 분야의 선두를 차지하고 있는 이때, 해양 강국으로 한 차원 더 도약할 수 있는 적기가 아닐까? 대한민국 해군의 미래 모습은 한국을 세계 최강의 국가로 발전시키려는 국가 지도자의 등장 여부와 그를 뒷받침할 수 있는 해양 사상으로 무장된 국민의식의 고양 여부에 달려 있다.

10

세계 해양력의 역사가
우리에게 주는 교훈

　인류는 지구상의 모든 대륙을 연결시켜 주는 통로로 바다를 오랫동안 이용해 왔다. 그렇기 때문에 바다에서 일어난 사건들의 결과는 인류에게 광범위한 영향을 미쳐 왔다. 바다에서 일어난 주요 사건들과 그 사건이 발생한 즈음의 세계를 살펴보면, 어떤 사건은 그 자체로 세계의 앞날을 결정하기도 했다. 한편 어떤 사건은 그 사건에 의해 새로운 세계사의 흐름이 만들어지게 되었고, 그 사건을 주도한 국가에 의해 세계의 앞날이 결정되는 역사가 반복되어 왔다. 이처럼 바다에서의 주요 사건들과 세계 역사 흐름과의 상관관계를 비교해 보면, 다음과 같은 교훈을 이끌어낼 수 있다.

첫째, 세계사의 흐름은 해양력에 의해 결정되었다. 따라서 세계의 역사를 주도하려는 국가는 강력한 해양 국가이어야 한다. 해양력은 지구상 대부분의 국가 간 분쟁을 승리로 이끌고 있으며, 승리한 국가가 세계의 패권을 차지하고 그 국가가 융성해지는 데 결정적인 역할을 수행해 왔다. 세계의 역사를 바꿀 수 있을 정도로 영향을 주는 바다의 사건에서 그 결과를 결정하는 요인은 대부분의 사건에서 해군력의 우세 여부였다.

페르시아 전쟁에서 아테네의 해군력, 포에니 전쟁에서 로마의 해군력, 오스만 터키의 해군력, 대항해 시대를 지배한 스페인의 해군력, 네덜란드·프랑스·스페인 등 대륙 국가들과의 오랜 해양력 경쟁을 승리로 끝낸 영국의 해군력, 청일전쟁과 러일전쟁을 승리로 이끈 일본의 해군력, 제1차 세계대전에서 영국의 해군력, 제2차 세계대전에서 미국의 해군력은 우세한 해군력을 가진 나라가 세계를 제패한다는 마한 제독의 이론을 입증시켜 주었다.

2차 대전이 종결된 후에도 크고 작은 지역 분쟁들이 계속되었다. 그러나 6.25전쟁, 포클랜드 분쟁, 걸프전쟁에서와 같이 현대전에서도 우세한 해군력을 가진 측의 국가가 언제나 당시의 분쟁 상황을 유리하게 이끌어갈 수 있었다. 그들 국가의 해군력은 자국에 유리한 방향으로 분쟁 상황을 종결짓고, 전쟁에서 승리하거나 세계의 역사를 바꾸려는 시도를 저지하며, 국제 관계 구도를 그들이 원하는 대로 회복시키는 역할을 수행했다.

둘째, 세계의 역사를 주도해 온 국가의 해양력과 그 중심 요소인 해

그림 7.27 영국의 엘리자베스 1세와 미국의 시어도어 루스벨트 대통령[415]

군력의 강화는 오로지 국가 지도자의 의지에 의해서만 가능했다. 세계의 역사를 주도하기 위해서는 국가 지도자의 해군력 육성에 대한 강한 의지가 필요하다. 국가 지도자의 바다를 바라보는 시각과 해양 이용 의지에 따라 국가 해군력의 수준이 결정되었고, 나아가 해군력이 그 국가와 세계의 역사를 결정했다. 해군력에 국가의 사활이 걸려 있다고 판단하고, 해군력의 건설에 국가의 총력을 기울였던 아테네의 테미스토클레스(Themistocles), 로마의 클라우디우스(Claudius), 스페인의 이사벨 여왕과 펠리페 2세, 영국의 엘리자베스 여왕, 미국의 시어도어 루스벨트 대통령은 당시 자신의 국가를 세계 최고의 국가로 만들며 세계의 역사를 주도했다.

반면에 세계사의 흐름을 주도할 수 있는 기회를 놓쳐 버린 지도자들도 있었다. 명나라의 세계 해양 제패 기회를 놓친 홍희제(洪熙帝), 영국과의 해전을 승리하고도 해군력의 부족으로 항복할 수밖에 없었던 17세기 말 네덜란드의 지도자들이 대표적인 예이다.

　해군력을 강화하려는 지도자의 의지가 있었음에도 해군력을 절대 우위의 수준까지 이르게 하지 못한 지도자들도 있었다. 영국의 해군력을 앞지르려 했던 1차 대전의 빌헬름 2세, 2차 대전의 히틀러가 그러했다. 그 원인은 해군력 건설에 투입할 재원의 부족에서 비롯되었다고는 하나, 좀 더 자세하게 살펴보면 그들의 마음속에 굳게 자리 잡은 해양 경시 사상이 더 큰 원인이었다. 예컨대 똑같이 세계적인 공황에 시달리던 미국 루스벨트 대통령의 경우는 전체 국가 예산의 20퍼센트를 해군력 건설에 투입할 정도였던 것과 비교된다. 그 결과 미국은 해군력의 훌륭한 역할 수행을 바탕으로 2차 대전을 승리로 이끌며 세계 최고의 국가로 성장했다. 반면에 시종 수세적이며 소극적인 해군력 운용이 불가피했던 독일은 결국 전쟁에서 패하고 말았다는 점을 우리는 역사에서 배웠다. 영국의 경우도 그러했다. 1차 대전 이후 영국에서는 정부의 변화에 따라 사회 분야에 대한 재정 소요를 이유로 해군력 건설에 대한 투자를 대폭 감소시켰다. 그 결과가 어떠했는가는 현재의 영국과 미국의 국력을 비교해 보면 명확하게 알 수 있다.

　세계사의 흐름은 항상 또 다른 바다의 사건에 의해 새롭게 바뀌었다. 대부분의 경우 국운이 융성해진 국가를 물려받은 그 다음 지도자들의 해양에 대한 열정은 오래 지속되지 않았다. 바다의 역사에는 언제나 부침(浮沈)이 있어 왔다. 그 때문에 세계의 역사에도 항상 변화가

그림 7.28 **넬슨 제독과 이순신 제독**[416]

발생했다. 한 국가를 강력한 해양 국가로 만드는 것은 국가 지도자의 몫이나, 그 해양력을 얼마나 지속시키는가는 그 나라 국민들의 몫이다. 마한 제독은 국민성의 정도가 이를 결정한다고 했다. 비교적 오랜 기간 동안 세계의 바다를 제패해 왔던 영국과 미국의 국민들이 그런 해양 지향적인 특성을 지닌 사람들이었다. 지속적으로 강한 해양력을 유지시켜 온 그들의 새로운 국가 지도자들도 그 국민 중의 한 사람이었기 때문이다.

셋째, 세계의 역사를 결정한 바다의 사건에서 해군력을 현장에서 운용하는 해군 지도자들의 자질 역시 바다에서의 사건 결과를 결정하는 중요한 요인이 되었다. 따라서 앞으로 바다에서 벌어질 사건들을 주도적으로 이끌고, 미래의 해양 강국 대한민국의 바다를 이끌어갈 인재 양성에 힘써야 한다. 트라팔가르 해전에서 새로운 전술을 구사하여 프랑스 연합 함대를 격멸시킨 넬슨 제독, 쓰시마 해전에서 'T자'형 전술을 구사하여 러시아의 대(大)함대를 격멸한 도고 제독, 그리고 우리의 영웅 이순신 제독 등은 완벽한 해양력 우세가 확보되지 못한 상황에서도 주어진 전투력 발휘를 극대화할 수 있도록 준비했다. 그리고 당시의 상황에 맞는 최적의 전술을 구사하여 해군력 우세에 합당한 상황을 만들어내고, 결국 그 바다의 사건을 승리로 이끌어낸 해군의 지도자들이다.

한국의 경우 삼면이 바다이고, 북으로는 아시아 대륙과 분리된 섬나라와 같은 특성을 가지고 있으며, 국토 면적에 비해 매우 긴 해안선을 가지고 있다. 하지만 해양에 대한 의존도가 무척 큰 국가이면서도, 우리나라가 세계 역사를 주도할 만큼의 강한 해양력을 육성했던 국가 지도자를 아직 만나지 못했다. 다행스럽게도 몇몇 탁월한 해양 분야의 지도자들이 우리 역사에 등장하여 잠시나마 우리의 국력을 주변에 확장하거나, 국가 위기를 극복해 나갔던 적이 있었다. 장보고 대사와 이순신 제독이 그 대표적인 예이다.

그러나 우리 민족은 임진왜란을 겪으면서 바다가 우리에게 준 교훈과 경고를 무시했다. 그 후로 오랫동안 바다를 잊었던 우리 민족은 잊을 수 없는 치욕의 역사를 겪어야 했다. 바다를 거쳐 한반도에 가해 왔던 국권 침탈의 위협을 이겨내지 못하고 36년 동안 우리의 국호를 사용하지 못했던 역사를 겪게 된 것이다.

이후 대한민국의 독립과 함께 한국 해군의 새로운 역사가 시작되

그림 7.29 **아덴 만 입구에서 선박 호송 임무를 수행 중인 청해부대**[417]

었다. 손원일 제독을 비롯한 해군의 선각자들이 새로운 해군을 만들기 시작했다. 국민들의 성원 속에서 오늘의 한국 해군은 세계 해군들과 어깨를 나란히 할 정도로 강한 군으로 발전했다. 그러나 우리 주변 국가들의 해군들은 질적·양적으로 모두 세계 최고 수준의 강한 전력을 유지하고 있다. 한국 해군이 그들을 상대로 주변 해역을 완벽하게 통제하고, 우리나라의 의지대로 우리의 힘을 주변에 투사하는 데에는 아직 역부족인 것이 사실이다. 하지만 우리 해군은 더 이상 목선에 노를 젓던 판옥선으로 현대식 군함에 대응하던 구한말의 수군이 아니다. 또한 국민들은 더 이상 바다를 잊어버린 민족이 아님을 보여주고 있다. 바다에 관심을 갖기 시작한 우리 국민들은 바다에서 새로운 사건들을 만들고 있다. 세계 조선 수주 1위를 차지한 것이 한 예이다. 과거 우리의 조선 기술이 주변국 함선을 압도하는 최고의 함선을 만들었듯이, 이제 한국의 모든 군함은 우리 손으로 만들어내고 있다. 현재 한국 군함에 탑재되어 있는 무기 체계와 장비들의 많은 부분이 우리 첨단 과학기술의 산물이다.

함정의 수적 규모 면에서는 여전히 주변국들의 해군력에 뒤처진다고 할 수 있지만, 질적인 면에서는 한국의 해군 함정은 주변국들 어느 함정에도 뒤떨어지지 않는다. 한국의 첨단 과학기술이 집약된 세계적인 수준의 함정을 강인하고 훈련이 잘된 한국 해군 장병들이 훌륭하게 운용하고 있다. 이 함정들은 우리 주변 해역은 물론 오대양 육대주를 누비며 대한민국의 위상을 드높이고 있다.

한국 경제의 바다에 대한 의존도가 점점 확대되고 있다. 한국 경제의 대부분을 차지하는 수출입 물동량의 99퍼센트가 바다를 통해 수송되고 있을 정도다. 최근 일부 해양인과 관료들의 잘못된 역할 수행으로 세월호 참사를 겪었지만, 우리 국민들의 바다에 대한 인식도 새롭게 바뀌고 있다. 이제는 한국 해군을 세계 제1의 강력한 해군으로 발전시키고, 대한민국을 해양 강국으로 만들어 나갈 국가 지도자가 등장하기를 기다리면 된다.

미주

1. 국토교통부 웹사이트, "바다의 형태", 2013. 3. 13(인용), http://kids.mltm.go.kr/USR/ WPGE0201/m_34322/DTLjsphttp(2014년 현재 이 웹사이트의 주소는 http://kids.molit.go.kr로 바뀌었음).

2. 콜린 그레이(Colin S. Gray), 임인수·정호섭 공역,《역사를 전환시킨 해양력(The Leverage of Seapower)》, 한국해양전략연구소 학술총서 6, 1998년, pp. 190~192.

3. 해양과학기술원 블로그, "바다를 배우다", 2013. 2. 26(인용), http://blog.kiost.ac/90154 591493.

4. Food and Agriculture Organization of UN,《The State of World Fisheries and Aquaculture 2012》, 일본어판, p. 2.

5. 축산물 품질평가원 자료, 2013. 3. 26(인용), http://kin.naver.com/qna/detail.nhn?d1id=8& dirId=8020605&docId=147551090&qb=MjAxMCDrhYQg64+87KeA6rOg6riwIOyGjOu 5hOufiQ==&enc=utf8&section=kin&rank=2&search_sort=0&spq=1&pid=RR/0qU5Y 7vsssvtOJtossssssR-381722&sid=UU-zonJvLCsAAGGLY6A.

6. 한국해양수산개발원, "2012 해운통계요람", 2013. 3. 27(인용), http://www.kmi.re.kr/kmi/ kr/analysis/analysis04/index020102.jsp#dataTit02.

7. 대우조선해양, "조선: 컨테이너선", 2013. 3. 26(인용), http://www.dsme.co.kr/pub/ business/business0104.do#none.

8. 〈위키피디아〉, "Manganese Nodule", 2013. 6. 9(인용), http://en.wikipedia.org/wiki/ Manganese_nodule.

9. 해피캠퍼스, "바다의 무한한 가치, 해양 산업의 현황, 바다 여건과 해양 산업의 발전 여건, 21 세기 해양 산업의 발전 방향에 관한 심층 분석", 2013. 3. 26(인용), http://mybox.happycam pus.com/ctrl2/3708514/?agent_type=naver.

10. 한국환경산업기술원, 환경뉴스, 2013. 3. 26(인용), http://www.konetic.or.kr/?p_ name=env_news&query=view&sub_page=ALL&unique_num=68966.

11. 해피캠퍼스, 앞의 자료(미주 9번), p. 1.

12. 제프리 틸(Geofrrey Till), 배형수 역,《21세기 해양력(Sea Power)》, 한국해양전략연구소 학술 총서 60, 2011년, p. 49.

13. 위의 책 p. 66.

14. 〈위키피디아〉, "Maritime history", 2013. 5. 17(인용), http://en.wikipedia.org/wiki/ Maritime_history 참조.

15. 위의 자료 참조, http://en.wikipedia.org/wiki/Maritime_history#mediaviewer/ File:Dugout_canoe_manner_boats_de_bry.jpg.

16. 〈위키피디아〉, "Ancient maritime history", 2013. 5. 17(인용), http://en.wikipedia.org/ wiki/Ancient_maritime_history 참조.

17. 위의 자료 참조, 노의 배치가 3단으로 되어 있다. http://en.wikipedia.org/wiki/Ancient_

maritime_history#mediaviewer/File:AthenianWarship400BC.png.

18. 페니키아의 동전을 살펴보면, 노선 위에 무장한 병력들이 타고 있는 모양을 볼 수 있다. 페니키아인들의 무역로는 〈위키피디아〉, "Phoenicia", http://en.wikipedia.org/wiki/Phoenicia 참조. 동전 사진은 http://pharology.eu/PhoenicianTraders.html 참조.

19. 〈위키피디아〉, "Phoenicia", 2013. 3. 13(인용), http://en.wikipedia.org/wiki/Phoenicia 참조.

20. 〈위키피디아〉, "Wars of Delian League", 2013. 3. 13(인용), http://en.wikipedia.org/wiki/Battle_of_Salamis_in_Cyprus_(450_BC)#Battles_of_Salamis-in-Cyprus.

21. 방위사업청, "오늘의 군함이 있기까지 변화한 군함의 역사", 2013. 3. 27(인용), http://blog.naver.com/dapapr?Redirect=Log&logNo=110094067304.

22. 방위사업청, 위의 자료 참조.

23. 〈위키피디아〉, "Galley", 2013. 6. 9(인용), http://en.wikipedia.org/wiki/Galley.

24 1377년에 최무선(崔茂宣)이 화통도감이 되어 화약과 화포를 제조하는 데 성공했으며, 1380년에는 화포를 군선에 탑재했다. 〈네이버 지식백과〉, "군함",《한국민족문화대백과》, 한국학중앙연구원, 2013. 6. 17(인용), http://terms.naver.com/entry.nhn?docId=794467&cid=1598&categoryId=1598.

25. 방위사업청, "오늘의 군함이 있기까지 변화한 군함의 역사", 2013. 3. 27(인용), http://blog.naver.com/dapapr?Redirect=Log&logNo=110094067304.

26. 〈위키피디아〉, "Punic wars", 2013. 5. 6(인용), http://en.wikipedia.org/wiki/Punic_Wars.

27. 〈위키피디아〉, "Corvus", 2013. 6. 18(인용), http://en.wikipedia.org/wiki/Corvus_(boarding_device).

28. 〈위키피디아〉, "Punic Wars", http://en.wikipedia.org/wiki/Punic_Wars 참조.

29. 위의 자료 참조.

30. 윤석준,《해양 전략과 국가 발전》, 한국해양전략연구소, 2010년, p. 55.

31. 〈위키피디아〉, "The Roman Empire", 2013. 6. 24(인용), http://en.wikipedia.org/wiki/Roman_Empire.

32. 위의 자료 참조.

33. 노르웨이의 바이킹 박물관에 전시되어 있는 바이킹선 오세베르그호이다. 이 배는 1904년에 발굴되어 복원되었다. 〈위키피디아〉, "Viking ships", 2013. 6. 24(인용), http://en.wikipedia.org/wiki/Viking_ships#mediaviewer/File:Gokstadskipet1.jpg.

34. 〈위키피디아〉, "Vikings", 2013. 6. 24(인용), http://en.wikipedia.org/wiki/Viking#mediaviewer/File:WikingerKarte.jpg.

35. 김주식,《서구의 해양 기담집》, 연경문화사, 1995년(김주식,《서구의 해양 기담집: 해양 활동사 연구 논총 V》, 해군사관학교, 1996년 12월, pp. 31~32).

36. 김주식,《서구의 해양 기담집》, 연경문화사, 1995년(김주식,《서구의 해양 활동사 연

구 논총 V》, 해군사관학교, 1996년 12월, pp. 31~32).

37. 〈위키피디아〉, "Vikings", 2013. 6. 24(인용), http://en.wikipedia.org/wiki/Viking#media viewer/File:Viking_Expansion.svg.

38. 김주식, 위의 책, pp. 33~34.

39. 러시아의 서북부 지역에 위치한 자치구의 수도이다. 고대 노브고로드 지역은 발틱과 비잔틴 제국을 잇는 무역로의 중심이었다.

40. 김주식, 《서구의 해양 기담집》, 연경문화사, 1995년(김주식, 《서구의 해양 기담집: 해양 활동사 연 구 논총 V》, 해군사관학교, 1996년 12월, p. 37).

41. 1036년 바이킹의 후손이 세운 노르망디공국의 공작이다. 1066년 도버 해협을 건너 영국에 상륙하여, 당시의 영국 왕 해럴드 2세(Harold Ⅱ)를 물리치고 최초의 노르만계 왕이 되었다. 1066년부터 1087년까지 잉글랜드를 통치했다.

42. 김주식, 《서구의 해양 기담집》, 연경문화사, 1995년(김주식, 《서구의 해양 기담집: 해양 활동사 연 구 논총 V》, 해군사관학교, 1996년 12월, p. 37).

43. 김주식, 《서구의 해양 기담집》, 연경문화사, 1995년(김주식, 《서구의 해양 기담집: 해양 활동사 연 구 논총 V》, 해군사관학교, 1996년 12월, p. 56).

44. 당시 터키군이 사용한 장거리포는 재장전하는 데 걸리는 시간이 3시간이었다.

45. 〈위키피디아〉, "Fall of Constantinople", 2013. 3. 13(인용), http://en.wikipedia.org/ wiki/Fall_of_Constantinople#mediaviewer/File:Kusatma_Zonaro.jpg.

46. 〈위키피디아〉, "Fall of Constantinople", 2013. 3. 13(인용), http://en.wikipedia.org/ wiki/Fall_of_Constantinople 참조.

47. 위의 자료 참조. http://en.wikipedia.org/wiki/Fall_of_Constantinople#mediaviewer/ File:Siege_of_Constantinople_1453_map-fr.svg.

48. 이스탄불이란 명칭은 '이슬람교도가 많은 도시' 또는 '이슬람의 도시'를 뜻한다는 설이 있다.

49. 〈위키피디아〉, "Fall of Constantinople", 2013. 6. 18(인용), http://en.wikipedia.org/ wiki/Fall_of_Constantinople 참조.

50. 〈위키피디아〉, "Battle of Lepanto", 2013. 5. 6(인용), http://en.wikipedia.org/wiki/ Battle_of_Lepanto 참조.

51. 〈위키피디아〉, "Battle of Lepanto", http://en.wikipedia.org/wiki/Battle_of_ Lepanto#mediaviewer/File:Battaglia_Lepanto_in_Vaticano.jpg.

52. 〈위키피디아〉, "Battle of Lepanto", 2013. 5. 6(인용), http://en.wikipedia.org/wiki/ Battle_of_Lepanto 참조.

53. 〈위키피디아〉, "Galleass", 2013. 6. 25(인용), http://en.wikipedia.org/wiki/File:Anthony Roll-24_Antelope.jpg.

54. 윤석준, 《해양 전략과 국가 발전》, 한국해양전략연구소, 2010년, pp. 76~77.

55. 윤석준, 《해양 전략과 국가 발전》, 한국해양전략연구소, 2010년, pp. 56~57.

56. 〈위키피디아〉, "Phoenicia", 2013. 9. 19(인용), http://en.wikipedia.org/wiki/Phoenicia#mediaviewer/File:Griechischen_und_ph%C3%B6nizischen_Kolonien.jpg.

57. 로마는 주로 그리스 헬라 문명의 영향을 받았다. 한편 카르타고는 페니키아의 식민지에서 출발한 국가였다.

58. 〈위키피디아〉, "Byzantine Empire", http://en.wikipedia.org/wiki/Byzantine_Empire#mediaviewer/File:Roman_Empire_460_AD.png(위 그림), http://en.wikipedia.org/wiki/Byzantine_Empire#mediaviewer/File:Eastern_Mediterranean_1450.svg(아래 그림).

59. 〈위키피디아〉, "Age of discovery", 2014. 1. 5(인용), http://en.wikipedia.org/wiki/Age_of_Discovery 참조. 어떤 자료에서는 '대항해 시대(Age of Great Navigation)'라는 용어를 사용하지 않고, '지리상의 발견 시대(Age of discovery)'라는 용어를 쓰기도 한다.

60. 〈위키피디아〉, "Age of discovery", 2014. 1. 5(인용), http://en.wikipedia.org/wiki/Age_of_Discovery#mediaviewer/File:Explos.png.

61. 〈위키피디아〉, "Vasco da Gama", 2014. 6. 9(인용), http://en.wikipedia.org/wiki/Vasco_da_Gama#mediaviewer/File:Map_of_Portuguese_Carreira_da_India.gif.

62. 아프리카 서부 사하라 지역의 서해안에 돌출된 곳으로 남회귀선이 통과한다. 당시의 탐험가들은 보자도르 곶을 탐험의 한계선으로 여겼다고 한다.

63. 아프리카 서남 해안 지역의 항구로, 현재는 기니의 수도이다.

64. 〈위키피디아〉, "Battle of Diu", 2013. 3. 13(인용), http://en.wikipedia.org/wiki/Battle_of_Diu_(1509) 참조.

65. 인도 서해안 중부에 위치한 항구로, 뭄바이 남쪽 약 70킬로미터에 위치하고 있다.

66. 진흙 뭉치 안에 화약을 넣어 만든 초기의 수류탄이다. 포르투갈 함선은 대형이었기 때문에 보딩 전투를 하기 위해 접근한 이슬람 함선을 향해 위에서 아래로 쉽게 이 수류탄을 던져 공격할 수 있었다.

67. 〈위키피디아〉, "Battle of Diu", 2014. 4. 1(인용), http://en.wikipedia.org/wiki/Battle_of_Diu_(1509)#mediaviewer/File:Diu_Map.gif.

68. 〈위키백과〉, "크리스토퍼 콜럼버스", 2013. 3. 26(인용), http://ko.wikipedia.org/wiki/%ED%81%AC%EB%A6%AC%EC%8A%A4%ED%86%A0%ED%8D%BC_%EC%BD%9C%EB%9F%BC%EB%B2%84%EC%8A%A4 참조.

69. 〈위키피디아〉, "Christopher Columbus", 2013. 3. 26(인용), http://en.wikipedia.org/wiki/Christopher_Columbus#mediaviewer/File:Viajes_de_colon_en.svg.

70. 〈위키피디아〉, "Zheng He", 2013. 5. 20(인용), http://en.wikipedia.org/wiki/Zheng_He. http://en.wikipedia.org/wiki/Chinese_treasure_ship#mediaviewer/File:Nanjing_Treasure_Boat_-_P1070978JPG.

71. 윤석준,《해양 전략과 국가 발전》, 한국해양전략연구소, 2010년, pp. 64~65.

72. 〈위키피디아〉, "Zheng he", 2013. 3. 19(인용), http://en.wikipedia.org/wiki/Zheng_
He#mediaviewer/File:Zheng_He.png.

73. 〈위키백과〉, "정화(명나라)", 2014. 1. 7(인용), http://ko.wikipedia.orgwiki/%EC%A0%95%
ED%99%94_(%EB%AA%85%EB%82%98%EB%9D%BC) 참조.

74. 윤석준,《해양 전략과 국가 발전》, 한국해양전략연구소, 2010년, p. 83.

75. 위의 책, p. 90.

76. 위의 책, pp. 90~91.

77. 위의 책, pp. 95~96.

78. 범선 모형 사진의 출처 http://www.silentthundermodels.com/ship_models2/hms_
victory_1_70.html.

79. 〈위키피디아〉, "Sail Plan", http://en.wikipedia.org/wiki/Sail-plan#Types_of_ships 참
조.

80. 〈위키피디아〉, "Naval artillery", http://en.wikipedia.org/wiki/Naval_artillery_in_
the_Age_of_Sail#mediaviewer/File:Tir.jpg(아래 그림), http://www.stvincent.ac.uk/
heritage/1797/victory/guns.html(위 그림).

81. 〈위키피디아〉, "Battle of the Nile", "Naval boarding", http://en.wikipedia.org/
wiki/Battle_of_the_Nile(왼쪽 그림), http://en.wikipedia.org/wiki/Boarding_
(attack)#mediaviewer/File:Triton-Hasard-stitched.jpg(오른쪽 그림).

82. 1630~1880년에 영국 해군의 함선 구성 유형별 총톤수의 변화를 나타낸 표이다. 3층 갑판형
전열함이 주종을 이루며 증가하는 것을 볼 수 있다. http://en.wikipedia.org/wiki/Ships_
of_the_line#mediaviewer/File:Weight_Growth_of_RN_First_Rate_Line-of-Battle_
Ships_1630-1875.svg.

83. 적 함선에 불을 내어 손상을 입히기 위한 함선이다. 주로 소형 노후선을 이용했으며, 동서양
을 막론하고 많은 전투에서 화선이 동원되었다. 영국의 무적함대에 대한 칼레(Calais : 프랑스
북부의 도버 해협에 면한 항구 도시) 항 공격이 화선이 동원된 대표적인 전투의 예이다.

84. 〈위키피디아〉, "Ship of the Line", 2013. 6. 16(인용), http://en.wikipedia.org/wiki/
Ships_of_the_line 참조.

85. 클라크 레이놀즈(Clark G. Reynolds),《Navies in History》, P. 41. 윤석준,《해양 전략과 국가
발전》, 한국해양전략연구소, 2010년, pp. 99~100.

86. 〈위키백과〉, "아조레스제도", 2013. 6. 9(인용), http://ko.wikipedia.org/wiki/%EC%95%84
%EC%86%8C%EB%A5%B4%EC%8A%A4_%EC%A0%9C%EB%8F%84#mediaviewer/
%ED%8C%8C%EC%9D%BC:AzoresLocation.png.

87. 〈위키피디아〉, "Azores", 2014. 2. 8(인용), http://en.wikipedia.org/wiki/Azores#media
viewer/File:Locator_map_of_Azores_in_EU.svg.

88. 스페인 28척, 포르투갈 · 프랑스 연합 함대 60척이었다. 〈위키피디아〉, "battle of Ponta Delgada", 2013. 4. 16(인용), http://en.wikipedia.org/wiki/Battle_of_Ponta_Delgada 참조.

89. 네이버캐스트, "에스파냐 잉글랜드 전쟁", http://navercast.naver.com/contentsnhn?rid=257&contents_id=8766 참조.

90. 16세기에 멕시코나 페루 등 남 · 북아메리카 대륙을 정복한 스페인과 포르투갈의 탐험가를 말한다. 그들은 미개척지를 탐험하고 그곳을 무력으로 점령하여 식민지화했던 군인이자 탐험가들이다.

91. 탕민, 이화진 역, 《인류의 운명을 바꾼 역사의 순간들: 군사편(中外歷史軍事之談)》, 시그마북스, 2009년, p. 29.

92. 1497년 영국의 헨리 7세의 지원으로 캐나다를 비롯한 아메리카 대륙의 동해안 지역을 탐험했다.

93. 〈위키피디아〉, "Spanish treasure fleet", 2014. 2. 8(인용), http://en.wikipedia.org/wiki/Spanish_treasure_fleet#mediaviewer/File:Sevilla_XVI_cent.jpg.

94. 1579년 스페인령 네덜란드의 북부 지방이 스페인으로부터 독립하여 네덜란드 연합 주를 설립했다. 1648년에 스페인은 네덜란드의 독립을 인정했다.

95. 네이버캐스트, "에스파냐 잉글랜드 전쟁", http://navercast.naver.com/contentsnhn?rid=257&contents_id=8766 참조.

96. 13~15세기에 독일 북부 연안과 발트 해 연안의 여러 도시 사이에 이루어진 도시 연맹이다. 이 연맹은 해상 교통의 안전 보장, 공동 방호, 상권 확장 등을 주요 목적으로 이루어졌다.

97. 〈위키피디아〉, "Spanish Armada", 2013 5. 14(인용), http://en.wikipedia.org/wiki/Spanish_Armada#mediaviewer/File:Invincible_Armada.jpg.

98. 네덜란드 플랑드르 지방의 항구인 그라블린 인근에서 있었던 해전이다. 영국군은 포격전에, 스페인군은 보딩 전투에 역점을 두어 전투를 진행했으나, 결과적으로 영국군이 5척의 스페인 함선을 나포, 침몰시키고 다수의 함선에 피해를 입힌 해전으로 기록되고 있다. 〈위키피디아〉, "Spanish Armada", http://en.wikipedia.org/wiki/Spanish_Armada#mediaviewer/File:Senyeres-Invencible-Plymouth.jpg.

99. 스페인의 북부 지역과 프랑스의 남서쪽으로 이어지는 대서양의 넓은 만이다. 이곳은 북서풍과 거친 파도, 연중 수시로 나타나는 스콜 등으로 인해 항해에 어려움이 많은 해역으로 알려져 있다. 러일전쟁 당시 러시아 함대도 이곳에서 폭풍으로 많은 피해를 입었다.

100. 〈위키피디아〉, "Spanish Armada", 2014. 4. 1(인용), http://en.wikipedia.org/wiki/Spanish_Armada#mediaviewer/File:Routes_of_the_Spanish_Armada.gif.

101. 1494년 6월 7일 스페인과 포르투갈 간에 스페인의 토르데시야스에서 서명한 식민지 분할의 기준을 정한 조약이다. 아프리카 최서단으로부터 370레구아(legua : 옛날에 쓰인 거리의 단위이다. 1레구아는 약 5,572미터이므로, 370레구아는 약 2,061킬로미터이다) 서측의 자오선을 기준으로 동측은 포르투갈이, 서측은 스페인의 식민지로 한다는 내용이다. 〈위키피디아〉, "Treaty

of Tordesillas" 참조.

102. 윤석준,《해양 전략과 국가 발전》, 한국해양전략연구소, 2010년, p. 102.

103. 콜린 그레이, 임인수 · 정호섭 공역,《역사를 전환시킨 해양력》, 한국해양전략연구소 학술총서 6, 1998년, p. 236.

104. 〈위키백과〉, "영국-네덜란드 전쟁", http://ko.wikipedia.org/wiki/%EC%98%81%EA%B5%AD-%EB%84%A4%EB%8D%9C%EB%9E%80%EB%93%9C_%EC%A0%84%EC%9F%81. 〈위키피디아〉, "Anglo-Dutch Wars", http://en.wikipedia.org/wiki/Anglo-Dutch_Wars.《브리태니커 백과사전》온라인, "Anglo-Dutch Wars", http://global.britannica.com/EBchecked/topic/25010/Anglo-Dutch-Wars 참조.

105. 〈네이버 지식백과〉, "유럽의 새 강자, 영국과 프랑스", 2013. 5. 2(인용), http://terms.naver.com/entry.nhn?docId=1582707&cid=3427&categoryId=3427 참조.

106. 로버트 블레이크(Robert Blake) 제독이 지휘하는 영국 해군 함선들이 상선단을 호위하고 있던 네덜란드 해군에게 대함 경례를 요구하자, 네덜란드의 지휘관인 트롬프 제독이 이를 거부했고, 이에 영국 해군에서 경고사격을 가함으로써 교전에 이르게 되었다. 교전 결과 영국 해군이 2척의 네덜란드 상선을 나포했고, 트롬프 제독이 사과하면서 전투는 종료되었다. 그러나 영국 정부는 이를 계기로 네덜란드와의 전쟁을 선포했다.

107. 대함 경례란 항해 중에 만나는 선박끼리 서로 예를 표하는 것으로 고대로부터 행해지는 관습이었다. 영어 표기는 'Sail by Salute'이다. 초기에는 선원들이 가족들이 살고 있는 해안가를 가까이 항해하면서 인사를 나누었던 것에서 시작되었다고 한다. 통상적으로 민간 선박이 항해 중에 군함을 만나면 게양되어 있는 그 나라의 국기를 내렸다 올리는 것으로 예를 표한다.

108. 1652년 12월 1일 던지니스 곶 부근에서 있었던 해전으로, 영국 해군의 함선 5척이 나포되고 피해를 입었다. 이 해전의 패배로 영국 해군은 몇 가지 제도를 만들게 된다. 그 내용은 징집된 상선에 해군 장교를 선장으로 임명하고, 지휘 통제의 용이함을 위해 함대를 몇 개의 전대로 구분하여 운용하며, 항해 및 전투 지침서를 배포하는 것이었다.

109. 네덜란드 해군은 영국과의 1차 전쟁에서 패하자, 영국 해군과의 질적인 격차를 줄이기 위해 64척의 대형 군함을 건조했다. 〈위키피디아〉, "Anglo-Dutch Wars", http://en.wikipedia.org/wiki/Anglo-Dutch_Wars 참조.

110. 잉글랜드 섬 동쪽 끝에 위치한 로스토프트 근해에서 발생한 해전이다. 영국 함대의 선두 전대(戰隊) 함정들이 네덜란드 진형의 중앙에서 근접 전투를 펼치는 동안 네덜란드 함대의 진형이 앞뒤로 분할되었다. 기함끼리의 전투에서 네덜란드 기함이 탄약고 폭발로 손상을 입게 되자 사기가 크게 저하된 네덜란드 함대가 30여 척의 손실을 입고 패했다. 〈위키피디아〉, "Battle of Lowestoft", http://en.wikipedia.org/wiki/Battle_of_Lowestoft 참조.

111. 메드웨이(Medway) 전투에서 영국 해군의 기함이자 영국의 상징인 로열 찰스(Royal Charles)함이 나포되고, 다수의 영국 해군 함선이 불태워졌다. 〈위키피디아〉, "Raid on

the Medway", 2013. 5. 1(인용), http://en.wikipedia.org/wiki/Raid_on_the_Medway#
mediaviewer/File:MedwayRaidMap.png.

112. 1670년에 영국과 프랑스가 연합하여 네덜란드를 공격하기로 한 조약이다.

113. 도거뱅크 교전 결과 양측은 비슷한 사상자가 발생했고, 네덜란드의 홀란드함이 교전이 끝난
후 침몰되기도 했으나 네덜란드가 승리를 거두었다.

114. 네이버캐스트, "미국 독립전쟁", 2013. 5. 26(인용), http://navercast.naver.com/
contents.nhn?rid=257&contents_id=14745 참조.

115. 영국의 군인이자 탐험가이다. 아일랜드 반란을 진압한 공으로 기사 작위를 서임 받았다. 북
아메리카를 탐험하고, 플로리다 북부를 '버지니아'로 명명했다. 이곳에 식민지를 건설하려
했으나 정착에 실패했다.

116. Joseph Callo, 《John Paul Jones, America's first Sea Warrior》, Anapolis, US Naval
Institute Press, 2006, p. 20.

117. 위의 책 pp. 22~23.

118. 〈위키피디아〉, "Battle of the Chesapeake", 2013. 5. 26(인용), http://en.wikipedia.org/
wiki/Battle_of_Chesapeake#mediaviewer/File:BattleOfVirginiaCapes.jpg.

119. 그레이브스 제독은 전투가 진행되는 도중에 "기함을 기준으로 종렬진을 유지하라"는 신호
와, "각 함별로 적함에 접근하여 개별 전투를 시행하라"는 상반된 신호를 동시에 보냄으로
써 혼란을 야기했다. 제독의 의도는 전투가 진행되고 있던 전위 전대에는 개별 전투를, 아직
접근 기동이 필요한 후위 전대에게는 접근 기동을 하려는 것이었으나, 그의 의도가 제대로
전달되지 못하여 혼란을 겪게 되었다고 역사가들은 평가하고 있다. 〈위키피디아〉, "Battle
of the Chesapeake", 2013. 5. 26(인용), http://en.wikipedia.org/wiki/Battle_of_the_
Chesapeake 참조.

120. 위의 자료 참조.

121. 〈위키피디아〉, "Siege of Yorktown", http://en.wikipedia.org/wiki/Siege_of_
Yorktown#mediaviewer/File:Surrender_of_Lord_Cornwallis.jpg.

122. 〈위키백과〉, "요크타운 전투", 2013. 5. 27(인용), http://ko.wikipedia.org/wiki/%EC%9A
%94%ED%81%AC%ED%83%80%EC%9A%B4_%EC%A0%84%ED%88%AC 참조.

123. 위의 자료 참조.

124. 윤석준, 《해양 전략과 국가 발전》, 한국해양전략연구소, 2010년, p. 104.

125. 〈위키피디아〉, "Colonization", 2014. 3. 17(인용), http://commons.wikimedia.org/
wiki/File:Colonisation_1754.png.

126. 콜린 그레이, 임인수·정호섭 공역, 《역사를 전환시킨 해양력》, 한국해양전략연구소 학술총
서 6, 1998년, pp. 251~252.

127. HMS 빅토리함은 3,500톤급이며 길이 68미터, 100문형의 1급 전열함이다. 〈위키피디
아〉, "HMS Victory", http://en.wikipedia.org/wiki/HMS_Victory(왼쪽 그림), http://

en.wikipedia.org/wiki/HMS_Victory#mediaviewer/File:Victory_Portsmouth_um_1900.jpg(오른쪽 그림).

128. 콜린 그레이, 임인수·정호섭 공역,《역사를 전환시킨 해양력》, 한국해양전략연구소 학술총서 6, 1998년, p. 255.

129. 〈위키피디아〉, "Battle of Trafalgar", 2013. 5. 2(인용), http://en.wikipedia.org/wiki/Battle_of_Trafalgar#mediaviewer/File:Trafalgar_1200hr.svg(왼쪽 그림), http://en.wikipedia.org/wiki/Battle_of_Trafalgar#mediaviewer/File:Trafalgar1.jpg(오른쪽 그림).

130. 넬슨 제독은 프랑스 연합 함대를 돌파하여 후위를 먼저 포위하고, 차후에 전위를 공격하여 프랑스 함대가 전장을 이탈하지 못하도록 하려 했다. 〈위키피디아〉, "Battle of Trafalgar", 2013. 5. 2(인용), http://en.wikipedia.org/wiki/Battle_of_Trafalgar.

131. 스페인의 카디스(Cadiz) 시장 집무실 벽화를 촬영한 사진이다(출처는 스페인 대사관).

132. 실제로 영국의 기함 HMS 빅토리는 종렬진의 선두로 나서 적진 3분의 1 전방에 위치한 프랑스군의 기함 뷔상토르와 르두타블(Redoutable) 사이를 돌파했고, 그 결과 연합 함대의 전위 전대 3분의 1의 함정들이 전투에 참여하지 못했다. 연합 함대의 모든 피해 함정들은 후위 부대로 전투에 참여했던 함정들이었다.

133. 〈위키피디아〉, "Colonization", http://en.wikipedia.org/wiki/Colonization#mediaviewer/File:World_1898_empires_colonies_territory.png. 1900년대에 이르러 영국의 식민지가 대폭 확대되었음을 알 수 있다.

134. 〈위키백과〉, "트라팔가르 해전", 2013. 5. 2(인용), http://ko.wikipedia.org/wiki/%ED%8A%B8%EB%9D%BC%ED%8C%94%EA%B0%80%EB%A5%B4_%ED%95%B4%EC%A0%84 참조.

135. 〈위키피디아〉, "History of the French Navy", 2014. 1. 11(인용), http://en.wikipedia.org/wiki/History_of_the_French_Navy 참조.

136. 리처드 하딩(Richard Harding), 김현수 역,《해양력과 해전(1650~1830년)》, 한국해양전략연구소 학술총서 24, 2002년, pp. 476~479.

137. 〈위키피디아〉, "Franco-Prussian War", 2013. 6. 9(인용), http://en.wikipedia.org/wiki/Franco-Prussian_War#mediaviewer/File:FrenchFleet1870.jpg.

138. 그리스의 독립을 지원하는 영국, 프랑스, 러시아 연합 함대와 이에 맞서는 오스만 터키 함대가 1827년 10월에 펠로폰네서스 반도 남서 해안의 나바리노 만에서 벌인 범선 간의 마지막 해상 전투이다. 나바리노 해전에서 오스만 터키 함대는 전멸했다. 그 결과 이후 발생한 제4차 러시아·터키 전쟁에서 러시아의 승리를 용이하게 한 원인이 되어, 결국 그리스는 독립을 하게 된다. 〈위키피디아〉, "Battle of Navarino", http://en.wikipedia.org/wiki/Battle_of_Navarino 참조.

139. 크림전쟁 기간 중 영국과 프랑스 연합 함대가 발트 해 지역의 핀란드의 비아포리(Viapori)

요새를 공격할 당시를 말한다.

140. 1870년 프랑스와 프러시아(프로이센왕국) 간의 전쟁 당시, 프랑스 해군의 프러시아 해안 봉쇄에 동원되었던 함정들의 대부분이 증기선이었다.

141. 리처드 하딩(Richard Harding), 김현수 역, 《해양력과 해전(1650~1830년)》, 한국해양전략연구소 학술총서 24, 2002년, pp. 476~479.

142. 윤석준, 《해양 전략과 국가 발전》, 한국해양전략연구소, 2010년, pp. 136~138.

143. 〈위키피디아〉, "Napoleonic Wars", 2013. 9. 19(인용-), http://en.wikipedia.org/wiki/Napoleonic_Wars#mediaviewer/File:NapoleonicWars.png.

144. 당시 영국의 윌리엄 피트 수상이 내세운 "대륙의 국가들 중에서 영국에 대한 상륙 공격 등의 위협을 가할 수 있는 국가의 등장을 견제하면서, 동시에 해양력을 강화하는 전략" 개념이다. 강한 전력을 보유한 대륙 국가들끼리의 세력 균형을 유지할 수 있도록 프러시아와 동맹을 맺어 프랑스를 견제했다. 상대 국가들이 국력을 소진하도록 하면서, 한편으로는 강력한 함대를 건설하여 해외 식민지를 확장함으로써 대륙의 강대국을 대륙과 해양에서 동시에 압박시키는 전략 개념이었다. 윤석준, 《해양 전략과 국가 발전》, 한국해양전략연구소, 2010년, p. 111.

145. 〈위키피디아〉, "United Kingdom", 2013. 9. 20(인용-), http://en.wikipedia.org/wiki/United_Kingdom#mediaviewer/File:The_British_Empire.png.

146. 〈위키피디아〉, "Elizabeth I of England", http://en.wikipedia.org/wiki/Elizabeth_I_of_England#mediaviewer/File:Elizabeth_I_Rainbow_Portrait.jpg. 〈위키백과〉, "제1대 채텀 백작 윌리엄 피트", http://ko.wikipedia.org/wiki/%EC%9C%8C%EB%A6%AC%EC%97%84_%ED%94%BC%ED%8A%B8_(1708%EB%85%84)#mediaviewer/%ED%8C%8C%EC%9D%BC:Elderpitt.jpg.

147. 〈위키피디아〉, "Ironclad Warship", 2014. 1. 7(인용-), http://en.wikipedia.org/wiki/Ironclad_warship 참조.

148. 〈위키피디아〉, "HMS Warrior", 2013. 5. 8(인용-), http://en.wikipedia.org/wiki/HMS_Warrior_(1860)#mediaviewer/File:HMS_warriorjune20092.jpg.

149. 〈위키피디아〉, "Steamboat", http://en.wikipedia.org/wiki/Steam_boat#mediaviewer/File:SS_California_Poster_Sharpened.jpg(왼쪽 그림). 〈위키피디아〉, "French ship Napoléon (1850)", http://en.wikipedia.org/wiki/French_shipNapol%C3%A9on_(1850)#mediaviewer/File:TheNapoleonAtToulonIn1852ByLauvergne.jpg(오른쪽 그림).

150. 〈위키피디아〉, "Naval artillery" 및 "HMS Warrior", http://en.wikipedia.org/wiki/Naval_artillery#mediaviewer/File:2006-11-Lisbonne_041.jpg(범선용 전장식 함포). http://en.wikipedia.org/wiki/HMS_Warrior_(1860)#mediaviewer/File:RBL_7_inch_Armstrong_gun_HMS_Warrior_left_side.jpg(HMS 워리어에 탑재된 후장식 함포).

151. 〈위키피디아〉, "Dreadnought", 2013. 5. 6(인용-), http://en.wikipedia.org/wiki/Dread

nought#mediaviewer/File:SMS_Saint_Stephen.jpg(위 그림). http://de.wikipedia. org/wiki/Datei:HMS_Dreadnought_1906.jpg(아래 사진).

152. 헤이워드 하비가 고안한 갑철로, 철판의 앞면과 뒷면의 탄소 성분에 변화를 줌으로써 장 갑 능력을 향상시킨 것이다. 〈위키피디아〉, "Harvey Armor", http://en.wikipedia.org/ wiki/Harvey_armor 참조.

153. John B. Hattendorf, Robert S. Jordan, Robert J. O'Neill, 《Maritime strategy and the balance of power: Britain and America in the twentieth century》, New York, St. Martin's Press, 1989, pp. 83~94. 윤석준, 《해양 전략과 국가 발전》, 한국해양전략연구 소, 2010년, p. 154.

154. 윤석준, 《해양 전략과 국가 발전》, 한국해양전략연구소, 2010년, pp. 161~162 참조.

155. 〈네이버 지식백과〉, "건함 경쟁", 2013. 5. 14(인용), http://terms.naver.com/entry.nhn?ci d=812&docId=1004545&mobile&categoryId=1583 참조.

156. 〈위키피디아〉, "Anglo-German naval arms race", 2014. 1. 9(인용), http://en.wikipedia. org/wiki/Anglo-German_naval_arms_race 참조.

157. 해군력 증강 경쟁이 계속된 1905년 이후의 각국 전함의 건조 톤수는 지속적으로 증가하 고 있음을 보여준다. 군축 조약이라고 할 수 있는 1922년의 워싱턴 해군 조약 이후, 각국의 전함 건조가 급격하게 감소했음을 알 수 있다. 〈위키피디아〉, "Arms race", 2013. 5. 15(인 용), http://en.wikipedia.org/wiki/Anglo-German_naval_arms_race#mediaviewer/ File:Battleship_building_scatter_graph_1905_onwards.png.

158. 〈위키피디아〉, "Anglo-German Naval Arms race", http://en.wikipedia.org/wiki/ Anglo-German_naval_arms_race 참조.

159. 윤석준, 《해양 전략과 국가 발전》, 한국해양전략연구소, 2010년, pp. 166~168.

160. 박은봉, 《세계사 100장면》, 가람기획, 1992년, pp. 247~250.

161. 한국해양과학기술원, "선박이 지나가는 길, 수에즈 운하와 파나마 운하", 2013. 6. 26(인 용), http://blog.naver.com/kordipr?Redirect=Log&logNo=90153186826. 〈위키피 디아〉, "Suez Canal", http://en.wikipedia.org/wiki/Suez_Canal#mediaviewer/ File:SuezCanal-EO.JPG(수에즈 운하 위성사진). http://www.doopedia.co.krdoopedia/ master/master.do?_method=view&MAS_IDX=101013000764900(수에즈 운하 개통 전과 후의 항로의 변화).

162. 1865년 레오폴드 2세(재위 1865~1909년)가 벨기에 왕위를 계승했다. 그는 아프리카 지역의 탐험을 적극적으로 지원했으며, 1908년에는 콩고를 식민지화하는 데 성공했다. 〈네이버 지 식백과〉, "벨기에의 역사(벨기에 개황, 2010. 9, 외교부)", http://terms.naver.com/entry.nh n?docId=1524646&cid=820&categoryId=3272 참조.

163. 1867년 에도 막부가 천황에게 국가 통치권을 돌려준 사건이다.

164. 홋카이도(北海道)의 미야코(宮古) 항에서 에도 막부의 군함 11척과 메이지 정부의 군함 10척

이 교전하여 에도 막부의 군함 2척이 침몰하고 3척이 나포된 전투로, 메이지 정부군이 전쟁에 승리하는 계기가 된다. 〈위키피디아〉, "Battle of Hakodate", 2013. 6. 19(인용), http://en.wikipedia.org/wiki/Battle_of_Hakodate 참조.

165. 〈위키피디아〉, "Japanese ironclad Ryujo", http://en.wikipedia.org/wiki/Japanese_battleship_Ry%C5%ABj%C5%8D_(1864)#mediaviewer/File:Japanese_Ironclad_warship_Ryujo.jpg.

166. 〈위키백과〉, "일본제국 해군", 2013. 5. 14(인용), http://ko.wikipedia.org/wiki/%EC%9D%BC%EB%B3%B8_%EC%A0%9C%EA%B5%AD_%ED%95%B4%EA%B5%B0 참조.

167. 〈위키피디아〉, "Battle of Yalu river", 2013. 5. 15(인용), http://en.wikipedia.org/wiki/Battle_of_Yalu_River_(1894)(압록강 해전 양측 전력과 손실 비교). 〈위키피디아〉, "Japanese cruiser Matsushima", http://en.wikipedia.org/wiki/Japanese_cruiser_Matsushima#mediaviewer/File:Matsushima(Bertin).jpg.

168. 〈위키백과〉, "청일전쟁", 2013. 5. 14(인용), http://ko.wikipedia.org/wiki/%EC%B2%AD%EC%9D%BC_%EC%A0%84%EC%9F%81 참조.

169. 당시 미국의 해군성 장관인 힐러리 허버트(Hilary A. Herbert)는 일본의 해군 함정들이 침몰하지는 않았지만 손상이 매우 심각했기 때문에 청나라와 일본의 압록강 해전을 거의 비긴 전투라고 평가했다. 〈위키피디아〉, "Battle of Yalu river" http://en.wikipedia.org/wiki/Battle_of_Yalu_River_(1894) 참조.

170. 〈위키백과〉, "러일전쟁", 2014. 1. 9(인용), http://ko.wikipedia.org/wiki/%EB%9F%AC%EC%9D%BC_%EC%A0%84%EC%9F%81 참조.

171. 〈위키피디아〉, "Battle of Tsushima", 2013. 5. 20(인용), http://en.wikipedia.orgwiki/Battle_of_Tsushima. http://upload.wikimedia.org/wikipedia/en/c/c0/Port_Arthur_MTB_attack.jpg(일본의 뤼순 항 공격 상상도). 〈위키피디아〉, "Lüshunkou District", http:/en.wikipedia.org/wiki/L%C3%BCshunkou_District#mediaviewer/File:China_Liaoning_location_map.svg(뤼순 항 위치).

172. 〈위키백과〉, "러일전쟁", 2013. 5. 19(인용), http://ko.wikipedia.org/wiki/%EB%9F%AC%EC%9D%BC_%EC%A0%84%EC%9F%81 참조.

173. 러시아 로제스트벤스키 제독의 이동 항로와 러시아가 추가로 파견한 제3전대의 이동 항로를 나타낸 그림이다. 특히 제3전대의 항로를 살펴보면, 이때는 러시아와 영국의 협상이 전개된 이후의 상황으로 그 결과 수에즈 운하를 통과할 수 있었던 것임을 알 수 있다. 두 개의 전대는 러시아의 조차지였던 인도차이나반도의 캄란(Cam Ranh) 만에서 상봉하여 함께 이동했다. 〈위키피디아〉, "Battle of Tsushima", 2013. 5. 20(인용), http://en.wikipedia.org/wiki/Battle_of_Tsushima#mediaviewer/File:Battle_of_Japan_Sea_(Route_of_Baltic_Fleet)_NT.PNG.

174. 〈위키피디아〉, "Battle of Tsushima", 2013. 5. 20(인용), http://en.wikipedia.org/wiki/

Battle_of_Tsushima 참조.

175. 〈위키피디아〉, "Battle of Tsushima", http://en.wikipedia.org/wiki/Battle_of_ Tsushima(대한해협 해전 시 일본과 러시아의 전력 비교). 〈위키피디아〉, "Japanese battleship Mikasa", http://en.wikipedia.org/wiki/Japanese_battleship_Mikasa#mediaviewer/ File:Japanese_battleship_Mikasa.jpg(일본 기함 미카사).

176. 도고 제독이 취한 진형은 'T자'를 그리는 진형이다. 여러 개의 종렬 진형으로 접근하는 러시아 함대에 대해 일본군은 종대 대형으로 러시아군의 앞을 횡단하는 진형을 취했다. 이렇게 함으로써 일본 해군은 전방과 후방에 설치된 모든 포를 아군 함정의 간섭을 받지 않고 적 함정에 집중하여 사격할 수 있었다. 그러나 러시아군은 전방에 설치된 포밖에는 사용할 수 없었으며, 전방 아군 함정의 간섭 때문에 집중사격을 할 수 없었다. 도고 제독이 이런 진형을 채용할 수 있었던 것은 일본 해군이 러시아에 비해 우수한 기동성을 가지고 있었기 때문이다. 러시아의 기동이 취약했던 원인은 오랜 항해로 생긴 선저(船底) 부착 생물이 속력을 저하시켰으며, 무겁고 오래된 구식 전함 위주로 편성된 러시아 해군의 구성에서도 그 문제점을 찾을 수 있다. 〈위키피디아〉, "Crossing the T", http://en.wikipedia.org/wiki/ Crossing_the_T#mediaviewer/File:Crossing_the_T.gif(왼쪽 그림).

177. 〈위키피디아〉, "Battle of Tsushima", 2013. 5. 20(인용), http://en.wikipedia.org/wiki/ Battle_of_Tsushima#mediaviewer/File:Battle_of_Tsushima_(Chart_1-3)_J.PNG(일본 군의 T자 진형 형성을 위한 기동과 러시아군의 배신도).

178. 이 해전에서 러시아 함정들이 쉽게 침몰했던 원인에 대해서는 다음과 같은 분석도 있다. 당시 러시아 함정들은 장기 항해에 따른 연료 문제를 해결하기 위해 갑판 상에 매우 많은 석탄을 적재했다. 그런데 그것이 배의 무게를 비정상적으로 증가시킴으로써 흘수선(water line : 선체가 물에 잠기는 한계선) 주변의 장갑 강화 부분을 물속에 잠기게 했고, 그에 따라 포탄 명중에 의한 피해가 곧바로 선체에 구멍을 만들어 침수로 이어지게 된 것이 중요한 원인이었다는 분석도 있다.

179. 독일, 오스트리아, 헝가리 등 제1차 세계대전의 동맹국들로, 오스만 터키와 불가리아 등을 포함하기도 한다.

180. 〈위키백과〉, "러일전쟁", 2013. 5. 20(인용), http://ko.wikipedia.org/wiki/%EB%9F%AC %EC%9D%BC_%EC%A0%84%EC%9F%81 참조.

181. 《기네스북이 선정한 결정적 전투(The Guinness Book of Decisive Battle)》의 저자인 조프리 리건(Geoffrey Regan)의 주장이다. 〈위키피디아〉, "Battle of Tsushima", http:// en.wikipedia.org/wiki/Battle_of_Tsushima 참조.

182. 〈위키피디아〉, "World 1914 empires colonies territory", http://en.wikipedia.org/ wiki/File: World_1914_empires_colonies_territory.PNG.

183. 〈위키백과〉, "제1차 세계대전", 2013. 5. 21(인용), http://ko.wikipedia.org/wiki/%EC%A0 %9C1%EC%B0%A8_%EC%84%B8%EA%B3%84_%EB%8C%80%EC%A0%84 참조.

184. 영국, 프랑스, 러시아의 동맹 관계인 3국 협상은 독일에 대항하기 위해 성립되었다. 이들 3국과 독일을 중심으로 한 3국 동맹이 대립하면서 제1차 세계대전으로 발전했다.

185. 독일, 오스트리아, 이탈리아의 동맹인 3국 동맹은 프랑스에 대항하기 위해 1882년에 성립되었다.

186. 3C 정책은 캘커타(Calcutta), 카이로(Cairo), 케이프타운(Cape Town)을 잇는 지배권이며, 3B 정책은 베를린(Berlin), 비잔티움(Byzantium), 바그다드(Baghdad)를 잇는 지배권을 말한다.

187. 침몰한 독일의 블뤼허함은 영국 함정들의 집중 포격 대상이 되었던 독일 진형의 가장 후미 함이었다. 〈위키피디아〉, "Battle of Dogger Bank(1915)", http://en.wikipedia.org/wiki/Battle_of_Dogger_Bank_(1915)#mediaviewer/File:Battle_of_Dogger_Bank_(1915)_Map.png(도거뱅크 해전에서의 기동 개념도), http://en.wikipedia.org/wiki/Battle_of_Dogger_Bank_(1915)#mediaviewer/File:Bluecher_sinkend.jpg(침몰하는 독일 순양함 블뤼허).

188. 후퇴하는 독일 함대를 추적하는 과정에서 영국의 비티 제독은 순양함 전대에게 독일 함대의 후미를 공격하라는 신호를 보냈다. 그러나 순양함을 지휘하던 그의 부지휘관 고든 무어(Gordon Moore) 제독이 이 신호를 적의 손상된 순양함 블뤼허를 끝장내라는 신호로 해석하여 적 함대의 추적을 중지하게 됨으로써 독일 함대가 기지로 복귀할 기회를 주게 되었다.

189. 〈위키피디아〉, "Battle of Dogger Bank", 2013. 5. 21(인용), http://en.wikipedia.org/wiki/Battle_of_Dogger_Bank_(1915) 참조.

190. 〈위키피디아〉, "Battle of Jutland", 2013. 5. 21(인용), http://en.wikipedia.org/wiki/Battle_of_Jutland 참조.

191. 위의 자료 참조. http://en.wikipedia.org/wiki/Battle_of_Jutland#mediaviewer/File:Map_of_the_Battle_of_Jutland,_1916.svg.

192. 〈네이버 지식백과〉, "양대 해군력의 충돌", 2013. 6. 11(인용), http://terms.naver.com/entry.nhn?docId=800060&cid=811&categoryId=1574 참조.

193. 윤석준, 《해양 전략과 국가 발전》, 한국해양전략연구소, 2010년, p. 223.

194. 윤석준, 《해양 전략과 국가 발전》, 한국해양전략연구소, 2010년, pp. 223~225.

195. 〈위키피디아〉, "History of the aircraft carrier" 참조. http://en.wikipedia.org/wiki/French_seaplane_carrier_Foudre#mediaviewer/File:LeFoudre.jpg(푸드르함), http://en.wikipedia.org/wiki/File:USS_Langley_%28CV-1%29.jpg(USS 랭글리함 CV-1), http://en.wikipedia.org/wiki/HMS_Hermes_(95)#mediaviewer/File:HMS_Hermes_(95)_off_Yantai_China_c1931.jpeg(HMS 헤르메스함), http://en.wikipedia.org/wiki/File:USS_Saratoga_Enterprise_Hornet_San-Jacinto_701512.jpg(USS 새러토가함, 엔터프라이즈함 등).

196. 윤석준, 《해양 전략과 국가 발전》, 한국해양전략연구소, 2010년, pp. 225~226.

197. 윤석준,《해양 전략과 국가 발전》, 한국해양전략연구소, 2010년, pp. 227~228.

198. 위의 책 p. 231.

199. 위의 책 p. 236.

200. 백색함대는 16척의 초기 드레드노트(Pre-dreadnaught)급의 전함과 수척의 지원함으로 구성되었으며, 흰색으로 선체 외부를 도장했기 때문에 그런 별명을 갖게 되었다. 〈위키피디아〉, "Great White Fleet", 2013. 5. 21(인용), http://en.wikipedia.org/wiki/Great_White_Fleet#mediaviewer/File:Tr_great_white_fleet_from_photo_nh100349_USS_Connecticut_1907.jpg.

201. 윤석준,《해양 전략과 국가 발전》, 한국해양전략연구소, 2010년, pp. 236~238.

202. 1905년을 기준으로 미국 연방 예산은 5억 6,000만 달러, 해군 예산은 1억 달러였다. 윤석준, 위의 책 p. 195.

203. 〈위키피디아〉, "Great White Fleet", http://en.wikipedia.org/wiki/Great_White_Fleet#mediaviewer/File:Great_white_fleet_map.svg.

204. 윤석준,《해양 전략과 국가 발전》, 한국해양전략연구소, 2010년, p. 238.

205. 폴 케네디(Paul Kennedy), 김주식 역,《영국 해군 지배력의 역사(The Rise and Fall of British Naval Mastery)》, 한국해양전략연구소, 2010년, pp. 481~488.

206. 워싱턴 군축조약에서 미국과 영국이 동일한 수준의 해군력을 유지한다는 것에 동의한 점을 말한다.

207. 폴 케네디, 김주식 역,《영국 해군 지배력의 역사》, 한국해양전략연구소, 2010년, pp. 512~513.

208. 위의 책 p. 523.

209. 〈위키백과〉, "제2차 세계대전", 2014. 1. 11(인용), http://ko.wikipedia.org/wiki/%EC%A0%9C2%EC%B0%A8_%EC%84%B8%EA%B3%84_%EB%8C%80%EC%A0%84 참조.

210. 이정수,《제2차 세계대전 해전사》, 공옥출판사, 1999년, pp. 39~42.

211. 위의 책, pp. 39~42.

212. 위의 책, pp. 191~192.

213. 〈위키피디아〉, "Normandy Landings", 2013. 6. 11(인용), http://en.wikipedia.org/wiki/Normandy_landings#mediaviewer/File:Allied_Invasion_Force.jpg.

214. 〈위키피디아〉, "Normandy Landings", 2013. 6. 11(인용), http://en.wikipedia.org/wiki/Normandy_landings 참조.

215. 〈네이버 지식백과〉, "노르망디 상륙작전", 2013. 6. 11(인용), http://terms.naver.com/entry.nhn?cid=200000000&docId=1076883&mobile&categoryId=200000330.

216. 〈위키백과〉, "제2차 세계대전", http://ko.wikipedia.org/wiki/%EC%A0%9C%EC%B0%A8_%EC%84%B8%EA%B3%84_%EB%8C%80%EC%A0%84 참조.

217. 콜린 그레이, 임인수 · 정호섭 공역,《역사를 전환시킨 해양력》, 한국해양전략연구소 학술총

서 6, 1998년, p. 363.

218. Hew Strachan, 《European Armies and the conduct of War》, London, George Allen and Unwin, 1983, p. 176. 콜린 그레이, 임인수 · 정호섭 공역, 《역사를 전환시킨 해양력》, 한국해양전략연구소 학술총서 6, 1998년, p. 364.

219. 콜린 그레이, 임인수 · 정호섭 공역, 《역사를 전환시킨 해양력》, 한국해양전략연구소 학술총서 6, 1998년, p. 353.

220. 존 키건(John Keegan), 양정승 외 역, 《트라팔가르에서 미드웨이까지(The price of Admiralty)》, 해군대학, 2006년, pp. 291~293.

221. MO작전은 일본군이 오스트레일리아 지역을 위협하기 위한 항공 기지를 확보하기 위해 파푸아뉴기니의 포트모르즈비(Port Moresby)와 툴라기 섬을 점령하고, 나아가 길버트제도 남서쪽의 나우루(Nauru : 서태평양 중부의 나우루 섬에 있는 세계에서 가장 작은 공화국)와 오션 섬을 점령한다는 계획이었다. 당시 일본군은 모르즈비의 'M'과 오션의 'O'를 합쳐서 'MO작전'이라고 불렀다. 〈위키피디아〉, "Battle of the Coral Sea", http://en.wikipedia.org/wiki/Battle_of_the_Coral_Sea 참조.

222. 〈위키피디아〉, "Battle of the Coral Sea", http://en.wikipedia.org/wiki/Battle_of_the_Coral_Sea 참조.

223. 존 키건(John Keegan), 양정승 외 역, 《트라팔가르에서 미드웨이까지(The price of Admiralty)》, 해군대학, 2006년, pp. 298~299.

224. 〈위키피디아〉, "Battle of the Coral Sea", http://en.wikipedia.org/wiki/Battle_of_the_Coral_Sea#mediaviewer/File:Csani.gif.

225. 이정수, 《제2차 세계대전 해전사》, 공옥출판사, 1999년, pp. 151~165.

226. 이정수, 《제2차 세계대전 해전사》, 공옥출판사, 1999년, p. 166.

227. 〈위키피디아〉, "Battle of Midway", 2013. 6. 12(인용), http://en.wikipedia.org/wiki Battle_of_Midway 참조.

228. 이정수, 《제2차 세계대전 해전사》, 공옥출판사, 1999년, pp. 166~168.

229. 위의 책 pp. 168~169.

230. 위의 책 p. 173.

231. 〈위키피디아〉, "Battle of Midway", 2013. 6. 12(인용), http://en.wikipedia.org/wiki/Battle_of_Midway#mediaviewer/File:Midway_Atoll.jpg(왼쪽 사진). http://en.wikipedia.org/wiki/Battle_of_Midway#mediaviewer/File:Hiryu_burning.jpg(오른쪽 사진).

232. 이정수, 《제2차 세계대전 해전사》, 공옥출판사, 1999년, pp. 166~187.

233. 위의 책 p. 218.

234. 〈위키피디아〉, "Battle of Leyte gulf", 2103. 6. 12(인용), http://en.wikipedia.org/wiki/Battle_of_Leyte_Gulf#mediaviewer/File:Japanese_battleship_Musashi_cropped.jpg(일본 전함 무사시). http://en.wikipedia.org/wiki/Battle_of_Leyte_

Gulf#mediaviewer/File:Zuikaku_at_Cape_Engano.jpg(레이테 해전의 전투 장면).

235. 이정수,《제2차 세계대전 해전사》, 공옥출판사, 1999년, pp. 278~347.

236. 콜린 그레이, 임인수 · 정호섭 공역,《역사를 전환시킨 해양력》, 한국해양전략연구소 학술총 서 6, 1998년, p. 385.

237. Michael M. McCrea, Karen D. Smith, Alexander F. Parker,《The Offensive Navy since World War II: How Big and Why-A Brief Summary》, Alexandria VA, Center for Naval Analyses, July, 1989. 콜린 그레이, 임인수 · 정호섭 공역,《역사를 전환시킨 해 양력》, 한국해양전략연구소 학술총서 6, 1998년, p. 263.

238. 윤석준,《해양 전략과 국가 발전》, 한국해양전략연구소, 2010년, pp. 66~68, pp. 266~267.

239. 윤석준,《해양 전략과 국가 발전》, 한국해양전략연구소, 2010년, p. 271.

240. 조지 베어(George W. Baer), 김주식 역,《미국 해군 100년사(One Hundred Years of Sea Power: The U.S. Navy, 1890~1990)》, 한국해양전략연구소, 2005년, p. 207.

241. 윤석준,《해양 전략과 국가 발전》, 한국해양전략연구소, 2010년, p. 271.

242. 〈위키피디아〉, "Cold War(1953~1962)", 2013. 6. 14(인용), http://en.wikipedia.org/wiki/ Cold_War_(1953%E2%80%931962) 참조. http://en.wikipedia.org/wiki/Cold_War_ (1953%E2%80%931962)#mediaviewer/File:Cold_War_Map_1959.svg.

243. 윤석준,《해양 전략과 국가 발전》, 한국해양전략연구소, 2010년, p. 303.

244. James T. Westwood, "The Soviet Union and the South Sea Route", 〈Naval War College Review〉, January~February, 1982, pp. 64~63. 윤석준,《해양 전략과 국가 발 전》, 한국해양전략연구소, 2010년, p. 305.

245. 당시 미국의 국방비는 1980년에 1,328억 달러에서 1988년에 2,819억 달러로 증가되었다. 윤 석준,《해양 전략과 국가 발전》, 한국해양전략연구소, 2010년, p. 307.

246. Colin S. Gray, "Sea Power for Containment: The U.S. Navy in the Cold War", Keith Nelson, Elizabeth Jane Errington,《Navies and Global Defense: Theories and Strategy》, Greenwood Publishing Group, 1995, pp. 181~207. 윤석준,《해양 전 략과 국가 발전》, 한국해양전략연구소, 2010년, p. 311.

247. 〈위키피디아〉, "Aegis Ballistic Missile Defense System", 2013. 6. 13(인용), http:// en.wikipedia.org/wiki/Aegis_Ballistic_Missile_Defense_System#mediaviewer/ File:Standard_Missile_III_SM-3_RIM-161_test_launch_04017005.jpg.

248. 〈위키피디아〉, "Kongo class destroyer", 2013. 6. 13(인용), http://en.wikipedia.org/ wiki/Kongo_class_destroyer#mediaviewer/File:JDS_My%C5%8Dk%C5%8D_ (DDG-175).jpg.

249. 윤석준,《해양 전략과 국가 발전》, 한국해양전략연구소, 2010년, pp. 318~320.

250. 윤석준,《해양 전략과 국가 발전》, 한국해양전략연구소, 2010년, pp. 320~321.

251. 〈위키피디아〉, "People's Liberation Army Navy", 2013. 6. 14(인용), http:/en.wikipedia.

org/wiki/People%27s_Liberation_Army_Navy#mediaviewer/File:Geographic_Boundaries_of_the_First_and_Second_Island_Chains.png.

252. 〈Xinhua News Agency〉, "Focus on China's aircraft carrier 'Liaoning'", 2013. 4. 8, http://news.xinhuanet.com/english/photo/2013-04/08/c_132292175_2.htm(중국의 항공모함 랴오닝). 랴오닝은 구(舊)소련에서 폐처리한 바랴크함을 사들여 다시 항공모함으로 복구한 함이다. 배수 톤수 6만 5,000톤이며, 단거리 및 수직 이착륙기 16대를 탑재할 수 있다.

253. 〈네이버 지식백과〉, "스푸트니크 1호", 2013. 6. 16(인용), http://terms.naver.com/entry.nhn?docId=933128&cid=605&categoryId=605 참조.

254. 〈위키피디아〉, "USS Nautilus", 2013. 6. 16(인용), http://en.wikipedia.org/wiki/USS_Nautilus_(SSN-571) 참조.

255. 〈위키피디아〉, "Sputnik", "USS Nautilus", http://en.wikipedia.org/wiki/Sputnik_1#mediaviewer/File:Sputnik_asm.jpg(스푸트니크 1호 모형). http:/en.wikipedia.org/wiki/USS_Nautilus_(SSN-571)#mediaviewer/File:SS-571-Nautilus-trials.gif(핵 잠수함 노틸러스).

256. 합동참모본부, "무기 체계 소개: 잠수함의 역사", 2013. 6. 16(인용), http://www.jcs.mil.kr 참조.

257. 〈위키피디아〉, "USS George Washington", 2013. 6. 16(인용), http://en.wikipedia.org/wiki/USS_George_Washington_(SSBN-598)#mediaviewer/File:USS_George_Washington_(SSBN-598).jpg.

258. 〈위키피디아〉, "Submarine-launched ballistic missile", http://en.wikipedia.org/wiki/Submarine-launched_ballistic_missile#mediaviewer/File:Trident_missile_launch.jpg. 트라이던트는 폴라리스 유도탄의 후속형으로 개발되었다.

259. 〈위키피디아〉, "Typhoon-class submarine", http://en.wikipedia.org/wiki/Typhoon-class_submarine#mediaviewer/File:Typhoon_class_SSBN.svg.

260. 〈위키피디아〉, "Soviet Submarine K-19", 2013. 6. 16(인용), http://en.wikipedia.org/wiki/Soviet_submarine_K-19 참조.

261. 말콤 케이글(Malcolm W. Cagle), 프랭크 맨슨(Frank A. Manson), 신형식 역,《한국전쟁 해전사(The Sea War in Korea)》, 21세기군사연구소, 2000년, pp. 1~3.

262. Bernard Brodie,《A Guide to Naval Strategy》, Westport, Greenwood Press, 1977, p. 242.《한국 해전사》, 진해, 해군대학, 2000년, pp. 425~426.

263.《한국 해전사》, 진해, 해군대학, 2000년, p. 426.

264. 위의 책 pp. 244~247.

265. James A. Field,《History of United States Naval Operations: Korea》, U.S. Government Printing Office, 1962, p. 59.《한국 해전사》, 진해, 해군대학, 2000년, p. 249.

266. 《한국 해전사》, 진해, 해군대학, 2000년, p. 254.

267. 위의 책 p. 250.

268. James A. Field, 《History of United States Naval Operations: Korea》, U.S. Government Printing Office, 1962, p. 66.

269. 《한국 해전사》, 진해, 해군대학, 2000년, p. 258.

270. 〈위키피디아〉, http://en.wikipedia.org/wiki/USS_Badoeng_Strait_(CVE-116)#mediaviewer/File:Cve-116-b.jpg.

271. James A. Field, 《History of United States Naval Operations: Korea》, U.S. Government Printing Office, 1962, p. 71.

272. 《한국 해전사》, 진해, 해군대학, 2000년, p. 306.

273. 1st Cavalry division, 'Operation Chromite', 2013. 7. 29(인용), http://www.first-team.us/tableaux/chapt_04/chromite.html.

274. 해안 교두보가 완전하게 확보되고 상륙군의 통신망이 육상에 설치되어 지상군의 지휘 통제가 확보되기 이전까지의 모든 상륙작전 지휘권은 통상 상륙 기동부대 사령관인 해군 제독이 행사한다. 따라서 상륙군의 지휘권이 상륙군사령관에게 인계되었다는 것은 상륙작전이 실질적으로 종료되고, 후속 지상작전이 개시되었음을 의미한다.

275. 《한국 해전사》, 진해, 해군대학, 2000년, p. 316.

276. 위의 책 p. 317.

277. 말콤 케이글(Malcolm W. Cagle), 프랭크 맨슨(Frank A. Manson), 신형식 역, 《한국전쟁 해전사(The Sea War in Korea)》, 21세기군사연구소, 2000년, p. 131

278. 《한국 해전사》, 진해, 해군대학, 2000년, pp. 345~346.

279. 〈위키피디아〉, "Battle of Chosin Reservoir", 2013. 7. 29(인용), http://en.wikipediaorg/wiki/Battle_of_Chosin_Reservoir#mediaviewer/File:Chosin-Battle.gif(장진호 전투 개념도). http://en.wikipedia.org/wiki/Battle_of_Chosin_Reservoir#mediaviewer/File:Chosin-Retreat.gif(미국 해병1사단 기동로).

280. 《한국 해전사》, 진해, 해군대학, 2000년, p. 356.

281. 위의 책 p. 360.

282. 〈위키피디아〉, "Korean War", 2013. 7. 29(인용), http://en.wikipedia.org/wiki/Korean_War#mediaviewer/File:KoreanWarNavyGunfire.jpg.

283. 〈위키피디아〉, http://en.wikipedia.org/wiki/First_Battle_of_Naktong_Bulge#mediaviewer/File:Pusan_Perimeter.jpg.

284. 말콤 케이글(Malcolm W. Cagle), 프랭크 맨슨(Frank A. Manson), 신형식 역, 《한국전쟁 해전사(The Sea War in Korea)》, 21세기군사연구소, 2000년, pp. 573~574.

285. 〈네이버 지식백과〉, "쿠바 미사일 위기", 2013. 6. 16(인용), http://terms.naver.com/entry.nhn?cid=814&docId=729834& mobile&categoryId=1925 참조.

286. 윤석준,《해양 전략과 국가 발전》, 한국해양전략연구소, 2010년, pp. 331~332.

287. 〈위키피디아〉, "Cuban Missile Crisis", http://en.wikipedia.org/wiki/Cuban_missile_crisis#mediaviewer/File:P-2H_Neptune_over_Soviet_ship_Oct_1962.jpg.

288. 윤석준,《해양 전략과 국가 발전》, 한국해양전략연구소, 2010년, p. 332.

289. R. G. 그랜트(R. G. Grant), 조학제 역,《해전 3,000년(Battle at Sea: 3,000 Years of Naval Warfare)》, 해군본부, 2012년, p. 342.

290. Royal Navy, "The Falklands Conflict in 1982", 2013. 6. 19(인용), http://www.royalnavy.mod.uk/About-the-Royal-Navy/Organisation/Life-in-the-Royal-Navy/History/Battles/The-Falklands-Conflict-1982.

291. 〈위키피디아〉, "Falkland War", http://en.wikipedia.org/wiki/Falkland_war#mediaviewer/File:Falklands,_Campaign,_(Distances_to_bases)_1982.jpg.

292. 아르헨티나의 잠수함 2척이 이 수역에서 작전 중이었으나, 1척은 영국 헬기의 공격으로 침몰되었다. 그리고 1척은 영국 항공모함에 접근하여 어뢰 발사를 시도했으나 어뢰 유도 시스템 정비 실수로 발사된 어뢰가 정상 작동을 하지 못하여 아르헨티나의 잠수함은 전과를 올리지 못했다(1984년 독일 어뢰 제작사 인원과의 인터뷰에서 확인).

293. 〈네이버 지식백과〉, "영국의 자존심이 걸린 포클랜드 전쟁(영국사)", 2003. 11. 1, 미래엔, http://terms.naver.com/entry.nhn?docId=1003909&cid=811&categoryId=1577 참조.

294. 〈위키피디아〉, "HMS Sheffield(D80)", http://en.wikipedia.org/wiki/HMS_Sheffield_(D80)#mediaviewer/File:HMS_Sheffield_(D80).jpg.

295. 〈위키피디아〉, "Gulf War", 2013. 6. 19(인용), http://en.wikipedia.org/wiki/Gulf_War#mediaviewer/File:Missouri_missile_BGM-109_Tomahawk.JPG.

296. R. G. 그랜트, 조학제 역,《해전 3,000년》, 해군본부, 2012년, p. 347.

297. Defense media network, "Gulf war 20th: the war at sea", 2013. 8. 8(인용), http://www.defensemedianetwork.com/stories/gulf-war-20th-the-war-at-sea 참조.

298. Defense media network, "Gulf war 20th: the war at sea", 2013. 8. 8(인용), http://www.defensemedianetwork.com/stories/gulf-war-20th-the-war-at-sea 참조.

299. 〈위키피디아〉, "USS Saratoga(CV-60)", http://en.wikipedia.org/wiki/USS_Saratoga_(CV-60)#mediaviewer/File:USS_Saratoga_(CV-60)_moored_December_1985.jpg.

300. 쿠웨이트 시 주변의 해안 지역에 이라크군이 밀집하여 배치된 것은 다국적군의 상륙작전에 대비한 것이었다. 〈위키피디아〉, "Gulf War", 2013. 8. 9(인용), http://en.wikipedia.org/wiki/Gulf_War#mediaviewer/File:DesertStormMap_v2.svg.

301. R. G. 그랜트, 조학제 역,《해전 3,000년》, 해군본부, 2012년, p. 347.

302. 위의 책 p. 349.

303. 〈위키피디아〉, "Aircraft carrier", http://en.wikipedia.org/wiki/Aircraft_carrier#mediaviewer/File:Fleet_5_nations.jpg.

304. 〈위키피디아〉, "Ticonderoga-class cruiser", 2013. 6. 19, http://en.wikipedia.org/ wiki/Ticonderoga_class_cruiser#mediaviewer/File:USS_Lake_Champlain_ (CG-57).JPG(미국 해군의 이지스 순양함). 〈위키피디아〉, "Tomahawk(missile)", 2013. 6. 19, http://en.wikipedia.org/wiki/Tomahawk_(missile)#mediaviewer/File:USN_ Tactical_Tomahawk_launch.jpg(토마호크 유도탄).

305. 윤석준, 《해양 전략과 국가 발전》, 한국해양전략연구소, 2010년, pp. 427~431.

306. 구축함 3척 건조에 소요되는 비용은 약 120억 6,900만 달러(2015년 예산 기준)로, 5년 전의 미국 해군 반영 예산보다 약 20억 달러 증가했다. 〈USNI news〉, April 24, 2014 (인용), http://news.usni.org/2014/04/24/7475 참조.

307. 〈위키피디아〉, "Zumwalt class Destroyer", 2013. 8. 10(인용), http://en.wikipedia.org/ wiki/Zumwalt_class_destroyer 참조.

308. 〈위키피디아〉, "Zumwalt class Destroyer", 2013. 8. 10(인용), http://en.wikipedia.org/ wiki/Zumwalt_class_destroyer#mediaviewer/File:DD(X).png.

309. 〈위키피디아〉, "Zumwalt class Destroyer", 2013. 8. 10(인용), http://en.wikipedia.org/ wiki/Zumwalt_class_destroyer 참조.

310. 위의 자료 참조.

311. 〈위키피디아〉, "Zumwalt class Destroyer", http://en.wikipedia.org/wiki/Zumwalt_ class_destroyer#mediaviewer/File:Uss_Zumwalt.jpg.

312. 80기의 수직 발사대에는 각각 1기의 토마호크 유도탄, 또는 1기의 ASROC 대잠 로켓, 4기의 ESSM 대공 유도탄을 적재할 수 있다. 위의 자료 참조.

313. 유용원의 군사세계, "미국의 최신예 연안 전투함 프리덤함(LCS-1), 인디펜던스함(LCS-2)", 2013. 8. 10(인용), http://bemil.chosun.com/nbrd/bbs/view.html?b_bbs_ id=10091&num=90 참조.

314. 〈위키피디아〉, "USS Freedom", 2014. 4. 25, http://en.wikipedia.org/wiki/USS_ Freedom_(LCS-1)#mediaviewer/File:US_Navy_090928-N-7241L-232..._(cropped). jpg.

315. 〈위키피디아〉, "USS Independence", 2014. 4. 25, http://en.wikipedia.org/wiki/USS_ Independence_(LCS-2)#mediaviewer/File:USS_Independence_LCS-2_at_pierce_ (cropped).jpg.

316. 〈위키피디아〉, "USS Independence", 2014. 4. 25(인용), http://en.wikipedia.org/wiki/ USS_Independence_(LCS-2) 참조.

317. 〈위키피디아〉, "Gerald R. Ford class Aircraft Carrier", 2013. 8. 10(인용), http:// en.wikipedia.org/wiki/Gerald_R_Ford_class_aircraft_carrier 참조.

318. 〈위키피디아〉, "Gerald R. Ford class Aircraft Carrier", http://en.wikipedia.org/wiki/ Gerald_R_Ford_class_aircraft_carrier#mediaviewer/File:CVN-78_Artist_Image.

jpg.

319. 플라이트 III 계획에는 이지스함 안테나의 탄도탄 탐지 및 추적 능력을 확대할 수 있도록 직경을 3.7미터에서 4.2미터로 확대하고 디지털 빔 형성(Digital Beam forming) 능력을 갖추도록 할 계획이다.

320. 〈위키피디아〉, "Arleigh Burke-class destroyer", 2013. 8. 11(인용), http://en.wikipedia.org/wiki/Arleigh_Burke-class_destroyer 참조.

321. 〈위키피디아〉, "Arleigh Burke-class destroyer", http://en.wikipedia.org/wiki/Arleigh_Burke-class_destroyer#mediaviewer/File:USS_Arleigh_Burke_Mediterranean.jpg.

322. 〈위키피디아〉, "Railgun", http://en.m.wikipedia.org/wiki/File:Railgun-1.svg(레일건의 작동 원리), http://en.m.wikipedia.org/wiki/File:Railgun_usnavy_2008.jpg(미국 해군의 레일건 시험 장면).

323. 미국 해군에서 진행 중인 레일건의 개발 목표는 5.8킬로미터/초의 포구 속도에 사정거리 200nm(약 370킬로미터)이며, 정확도는 5미터 표적에 명중 가능하도록 하는 것이다. 〈위키피디아〉, "Railgun", 2013. 8. 13(인용), http://en.wikipedia.org/wiki/Railgun 참조.

324. 레이시언(Raytheon)사에서 100킬로와트급 FEL(Free-electron Laser, 자유전자레이저)을 개발 중이다. 미국 해군은 수 메가와트(1메가와트는 1와트의 100만 배이다)급의 레이저 무기를 만들 것으로 예상된다. 〈위키피디아〉, "Free-electron laser", 2013. 8. 13(인용), http://en.wikipedia.org/wiki/Free-electron_laser 참조.

325. 〈위키피디아〉, "Laser", http://en.wikipedia.org/wiki/Laser#mediaviewer/File:THEL-ACTD.jpg.

326. 〈위키피디아〉, "June École", 2013. 8. 15(인용), http://en.wikipedia.org/wiki/Jeune_%C3%89cole 참조.

327. 중국은 유인 위성을 운용할 정도의 우주 기술을 보유하고 있으면서도 소브르메니(Sovremenny)급 구축함을 러시아에서 구매해야 할 정도로 분야별 기술 격차가 크다.

328. 현재 시험 운용이 진행되고 있는 항공모함 1번함에 탑재할 항공기의 수적인 면에서, 그리고 호위 세력으로 운용될 구축함들의 무장 체계 면에서 보면 미국 해군의 항공모함 전투단에 대응할 수준이 되지 못한다. 이는 중국 해군의 대형 함정 건조 및 항공모함 운용 경험이 그리 길지 않은 것에서 비롯되었다고 볼 수 있다.

329. 〈위키피디아〉, "List of countries by military expenditures", http://en.wikipedia.org/wiki/Defense_spending_by_country.

330. 정진술, 이민웅, 신성재, 최영호 공편, 《한국해양사》, 신서원, 2008년, p. 53.

331. 〈위키피디아〉, "Korea", 2014. 3. 25, http://en.wikipedia.org/wiki/Korea, http://en.wikipedia.org/wiki/Korea#mediaviewer/File:Korea_(orthographic_projection).svg.

332. 정진술, 이민웅, 신성재, 최영호 공편,《한국해양사》, 신서원, 2008년, p. 65.

333. 위의 책 pp. 67~69.

334. 육당 최남선(1890년 4월 26일 서울 출생)은 사학자이자 문인이다. 잡지 〈소년(少年)〉을 창간하여, '해에게서 소년에게'를 발표했다. 한국 근대문학의 선구자로 꼽힌다.

335. 〈위키백과〉, "문무왕릉", http://ko.wikipedia.org/wiki/%EA%B2%BD%EC%A3%BC_%EB%AC%B8%EB%AC%B4%EB%8C%80%EC%99%95%EB%A6%89#mediaviewer/%ED%8C%8C%EC%9D%BC:Underwater_Tomb_of_King_Munmu.jpeg.

336. 정진술, 이민웅, 신성재, 최영호 공편,《한국해양사》, 신서원, 2008년, p. 55.

337. 정진술, 이민웅, 신성재, 최영호 공편,《한국해양사》, 신서원, 2008년, p. 127.

338. 〈위키피디아〉, "Cheonghaejin", http://en.wikipedia.org/wiki/Cheonghaejin#mediaviewer/File:Chunghaejin_02.jpg.

339. 서울에 위치한 '해군회관'에 전시되어 있는 장보고 대사의 무역선 모형이다(저자 사진).

340. 〈위키백과〉, "장보고", 2014. 1. 11(인용), http://ko.wikipedia.org/wiki/%EC%9E%A5%EB%B3%B4%EA%B3%A0 참조.

341. 〈위키백과〉, "장보고", 2014. 1. 11(인용), http://ko.wikipedia.org/wiki/%EC%9E%A5%EB%B3%B4%EA%B3%A0 참조.

342. 정진술, 이민웅, 신성재, 최영호 공편,《한국해양사》, 신서원, 2008년, p. 147.

343. 〈네이버 지식백과〉, "수군",《한국민족문화대백과》, 한국학중앙연구원, http://terms.naver.com/entry.nhn?docId=558722&cid=1591&categoryId=1591 참조.

344. 해피캠퍼스, "고려시대 해상 무역과 대외 경제 정책", 2013. 6. 24(인용), http://mybox.happycampus.com/panbizen/6491184 참조.

345. 한국역사연구회 자료(http://www.koreanhistory.org), Miecky의 고고학으로 본 세상, 2013. 6. 24(인용), http://blog.daum.net/mickywoo/7713279.

346. 정진술, 이민웅, 신성재, 최영호 공편,《한국해양사》, 신서원, 2008년, p. 164.

347. 위의 책 p. 173.

348. 〈네이버 지식백과〉, "수군",《한국민족문화대백과》, 한국학중앙연구원, http://terms.naver.com/entry.nhn?docId=558722&cid=1591&categoryId=1591 참조.

349. 몽골의 요구로 대·중·소선 각 300척씩을 모두 고려에서 준비했다. 강영오,《해양전략론》, 한국해양전략연구소, 1998년, p. 107.

350. 〈네이버 지식백과〉, "수군",《한국민족문화대백과》, 한국학중앙연구원, http://terms.naver.com/entry.nhn?docId=558722&cid=1591&categoryId=1591 참조.

351. 정진술, 이민웅, 신성재, 최영호 공편,《한국해양사》, 신서원, 2008년, p. 238.

352. 최무선은 1377년 우왕(禑王) 3년에 화통도감(火通都監) 설치를 건의하여 화약 제조를 촉진시켰다. 그에 의해 화약 제조가 시작됨으로써 차후 조선 수군의 함선에 화포를 탑재하게 되고, 임진왜란에서의 조선 수군 활약에 커다란 영향을 미쳤다. 위의 책 참조.

353. 최무선, 정지, 박위 장군 등 성공적인 해상 방어를 지휘했던 장수들은 그 이름이 현재 우리나라 해군의 잠수함의 명칭으로 되살아 있다.

354. 정진술, 이민웅, 신성재, 최영호 공편,《한국해양사》, 신서원, 2008년 참조.

355. 위의 책 참조.

356. 《우리 배의 역사》의 저자인 김재근 박사가 부산 영도에 위치한 '한국 근대 조선 발상 유적지' 기념비에 새긴 비문의 일부이다.

357. 제승당 관리사무소, http://jeseungdang.gsnd.net/jsp/sub01/01_03.jsp.

358. 김재근의 《우리 배의 역사》(1983년)에 수록된 자료를 참고하여 재작성했다. http://blog.naver.com/bnidaily88/20097126673 참고.

359. 〈위키백과〉, "판옥선", http://ko.wikipedia.org/wiki/%ED%8C%90%EC%98%A5%EC%84%A0#mediaviewer/%ED%8C%8C%EC%9D%BC:Panokseon.jpg.

360. 〈위키피디아〉, "Naval history of Korea", http://en.wikipedia.org/wiki/Naval_history_of_Korea#mediaviewer/File:Turtle_boat.jpg.

361. 〈위키피디아〉, "Japanese invasions of Korea(1592~1598)", 2013. 5. 14(인용). http://en.wikipedia.org/wiki/Japanese_invasions_of_Korea_(1592%E2%80%931598), http://en.wikipedia.org/wiki/Japanese_invasions_of_Korea_(1592%E2%80%931598)#mediaviewer/File:Su_Jo_Byung_Pung_Do.JPG.

362. 고종(高宗) 말기 수군의 모든 진이 없어질 당시 거북선(당시는 '귀선'이라 칭함)의 수는 모두 25척이었으며, 각 도의 수영별 배치는 경기 수영 1척, 경상 우수영 11척, 경상 좌수영 3척, 전라 우수영 5척, 전라 좌수영 2척, 충청 우수영 3척 등이었다. 황해 평안 수영에는 귀선이 배치되지 않았다. 정진술, 이민웅, 신성재, 최영호 공편,《한국해양사》, 신서원, 2008년, pp. 424~431.

363. 정진술, 이민웅, 신성재, 최영호 공편,《한국해양사》, 신서원, 2008년 참조.

364. 위의 책 pp. 430~437에서 발췌. 귀선은 거북선을 칭한다.

365. 조선시대의 문인으로 병조판서, 우의정, 좌의정을 지냈다.

366. 정진술, 이민웅, 신성재, 최영호 공편,《한국해양사》, 신서원, 2008년, pp. 438~439.

367. 장학근 편,《해양제국의 침략과 근대 조선의 해양 정책》, 김원모, "병인, 신미양요와 조선의 대응", 한국해양전략연구소 학술총서 16, 2000년, p. 27.

368. 위의 책 pp. 488~508.

369. 영종도 동쪽의 작은 섬으로, 지금의 작약도를 말한다.

370. 〈위키백과〉, "병인양요", http://ko.wikipedia.org/wiki/%EB%B3%91%EC%9D%B8%EC%96%91%EC%9A%94#mediaviewer/%ED%8C%8C%EC%9D%BC:FranceGanghwa.jpg.

371. 정진술, 이민웅, 신성재, 최영호 공편,《한국해양사》, 신서원, 2008년, pp. 514~517.

372. 〈위키백과〉, "신미양요", http://ko.wikipedia.org/wiki/%EC%8B%A0%EB%AF%

B8%EC%96%91%EC%9A%94#mediaviewer/%ED%8C%8C%EC%9D%BC:USS_
Monocacy_(1864).jpg.

373. 〈네이버 지식백과〉, "운요호 사건(雲楊號事件)", 2013. 6. 24(인용), http://terms.naver.com/
entry.nhn?cid=200000000&docId=1130802&mobile&categoryId=200000329 참조.

374. 오진근, 임성채 공저, 《손원일 제독(상)》, 한국해양전략연구소, 2006년 참조.

375. 해안 경비와 밀수 방지를 주 임무로 하는 미국 해안경비대와 같은 임무를 부여했기 때문에,
미국 군정청에서는 해방병단의 영어 이름을 'Coast Guard'라 칭했다.

376. 손원일 제독이 11월 11일을 해군 창설일로 삼은 까닭은 '11'을 한문으로 표기하면 '十一'로
표기되고, 이를 세로로 쓰면 '士(선비사)'자가 되기 때문에 해군은 신사여야 한다는 의미로
11월 11일로 택했다고 한다.

377. 대한민국 해군, '해군역사관', 2013. 6. 27(인용), http://www.navy.mil.kr/htmlweb1
/001006001002001.html.

378. 오진근, 임성채 공저, 《손원일 제독(상)》, 한국해양전략연구소, 2006년, p. 159. 〈네이버 지식
백과〉, "군함", http://terms.naver.com/entry.nhn?docId=794467&cid=1598&category
Id=1598(충무공정).

379. 〈위키피디아〉, "Landing Craft Infantry" 및 "YMS(USS Gull AMS-16)", 2013. 6. 26, http://
en.wikipedia.org/wiki/Landing_Craft_Infantry#mediaviewer/File:USS_LCI(L)-551.
jpg(LCI 사진). http://en.wikipedia.org/wiki/YMS-324#mediaviewer/File:Yms324.
png(YMS 사진).

380. 과거 통제영학당은 지금의 해군사관학교에 해당되는 교육기관이었다. 처음에는 영국에서
보내 온 민간인 영어 교사를 교관으로 하여 영어 교육을 실시했으나, 1894년부터는 영국 해
군 예비역 대위와 예비역 하사관이 군사학, 항해학, 포술학 등을 가르쳤다. 1894년 동학운동
과 청일전쟁 등으로 정세가 혼란해지자, 같은 해 7월 15일 수군제도가 폐지되면서 통제영학
당도 폐지되고 말았다. 오진근, 임성채 공저, 《손원일 제독(상)》, 한국해양전략연구소, 2006
년, p. 128.

381. 1945년 9월 미국 극동군 사령관 더글러스 맥아더가 일본 주변에 선포한 해역 경계선이다.
일본 연·근해 어선은 이 선을 벗어나 조업하지 못했다.

382. 오진근, 임성채 공저, 《손원일 제독(상)》, 한국해양전략연구소, 2006년, pp. 169~179.

383. LCI는 조선해안경비대에 인수된 후 경비작전에 유용하게 운용되었으며, 인수받은 6척 모
두 1949년 1월 함대 세력에서 제외되어 퇴역했다. 퇴역한 함정 중 일부는 식당으로 개조되
어 부산항에서 미군들의 식당으로 운영되었다. 후에 해병대 사령관의 고문으로 있었던 현봉
학이 이곳에서 결혼식을 한 것이 화제가 되기도 했다. 이 일이 계기가 되어 현재도 서울에는
'LCI'라는 이름의 예식장이 다수 운영되고 있기도 하다.

384. 오진근, 임성채 공저, 《손원일 제독(상)》, 한국해양전략연구소, 2006년, p. 181.

385. 대한민국 해군, '해군자료실(사진자료실)', 2013. 6. 26(인용), http://www.navy.mil.kr/

main/index/index.jsp?menuID=001.

386. 오진근, 임성채 공저,《손원일 제독(상)》, 한국해양전략연구소, 2006년, pp. 272~273.

387. 방위사업청 블로그 팔방미인, "우리 무기 이야기", 2013. 6. 26(인용·), http://blog.naver.com/dapapr?Redirect=Log&logNo=110070257860.

388.《한국 해전사》, 진해 해군인쇄창, 2000년, pp. 219~220.

389. 위의 책 pp. 220~222.

390. 오진근, 임성채 공저,《손원일 제독(상)》, 한국해양전략연구소, 2006년, p. 299.

391. 최영섭, "6.25전쟁의 발발과 대한해협 해전", KIMS 모닝포럼 강의안, 2013. 6. 20, p. 7.

392. 최영섭, "6.25전쟁의 발발과 대한해협 해전", KIMS 모닝포럼 강의안, 2013. 6. 20, p. 6.

393.《한국 해전사》, 진해 해군인쇄창, 2000년, pp. 224~231.

394. 위의 책 p. 232.

395. 해군 역사가이자, 미국 해군역사센터(U.S. Naval Historical Center)의 선임 연구원이다.《한국전쟁과 미국 해군(U.S. Navy in Korean War)》(2010년)의 저자이기도 하다.

396. 최영섭, "6.25전쟁의 발발과 대한해협 해전", KIMS 모닝포럼 강의안, 2013. 6. 20, p. 16.

397. 〈위키피디아〉, "History of the United States Merchant Marine", http://en.wikipedia.org/wiki/History_of_the_United_States_Merchant_Marine#mediaviewer/File:Korean-war-merchant-marine-load.jpg.

398. 말콤 케이글(Malcolm W. Cagle), 프랭크 맨슨(Frank A. Manson), 신형식 역,《한국전쟁 해전사(The Sea War in Korea)》, 21세기군사연구소, 2003년, p. 573.

399.《한국 해전사》, 진해 해군인쇄창, 2000년, pp. 425~427.

400. 대한민국 해군, 해군자료실, '해군 역사관(한국해군 69년사)', 2013. 7. 1(인용·), http://www.navy.mil.kr/program/gallery/detail.jsp?boardTypeID=32.

401. 위의 자료 참조.

402. 위의 자료 참조.

403. 〈위키백과〉, "닉슨 독트린", 2013. 7. 1(인용·), http://ko.wikipedia.org/wiki/%EB%8B%89%EC%8A%A8_%EB%8F%85%ED%8A%B8%EB%A6%B0 참조.

404. 대한민국 해군, 해군자료실, '해군 역사관(한국해군 69년사)', 2013. 7. 1(인용·), http://www.navy.mil.kr/program/gallery/detail.jsp?boardTypeID=32 참조.

405. 〈위키피디아〉, "Sejong the Great-class destroyer", http://en.wikipedia.org/wiki/Sejong_the_Great_class_destroyer#mediaviewer/File:ROKS_Sejong_the_Great_(DDG_991).jpg.

406. 대한민국 해군, 해군자료실, 2014. 3. 27(인용·), http://www.navy.mil.kr/htmlweb1/001006003001001.html.

407. 〈위키피디아〉, "Jeune École", 2013. 8. 7(인용·), http://en.wikipedia.org/wiki/Jeune_Ecole 참조.

408. 〈위키피디아〉, "Torpedo boat", http://en.wikipedia.org/wiki/Torpedo_boat 참조. http://en.wikipedia.org/wiki/Torpedo_boat#mediaviewer/File:Ataquechocrane. png.

409. 미국과 영국의 항공모함의 차이가 양국 해군력 규모의 차이를 말해 주고 있는 듯하다. 〈위키피디아〉, "USS John C. Stennis(CVN-74)", http://en.wikipedia.org/wiki/USS_John_C._Stennis_(CVN-74)#mediaviewer/File:USS_John_C._Stennis_(CVN-74)_%26_HMS_Illustrious_(R_06).jpg.

410. 1913~1914년 영국의 사회복지 예산은 4,150만 파운드였는데, 1933~1934년에는 2억 7,250만 파운드로 증가했다. 반면에 해군 예산은 1918~1919년 3억 5,600만 파운드에서 1922~1923년 1억 800만 파운드로 감소되었다.

411. 대한민국 해군, 해군자료실(사진자료실), http://www.flickr.com/photos/kormnd/collections/72157629647021310.

412. 강영오, "균형 해군 발전론", 〈STRATEGY 21〉 통권 제27호, 2011년, p. 258.

413. 〈위키피디아〉, "battle of Trafalgar", 2013. 8. 21(인용), http://en.wikipedia.org/wiki/Battle_of_Trafalgar#mediaviewer/File:Joseph_Mallord_William_Turner_027.jpg.

414. 〈위키피디아〉, "battle of Midway", 2013. 8. 21(인용), http://en.wikipedia.org/wiki/Battle_of_Midway#mediaviewer/File:USS_Yorktown_hit-740px.jpg.

415. 〈위키피디아〉, "Elizabeth I of England", 2013. 6. 20(인용), http://en.wikipedia.org/wiki/Elizabeth_1#mediaviewer/File:Darnley_stage_3.jpg. 〈위키피디아〉, "Theodore Roosevelt", 2013. 6. 20(인용), http://en.wikipedia.org/wiki/Theodore_Roosevelt#mediaviewer/File:T_Roosevelt.jpg.

416. 〈위키피디아〉, "Horatio Nelson", http://en.wikipedia.org/wiki/Horatio_Nelson,_1st_Viscount_Nelson#mediaviewer/File:HoratioNelson1.jpg, 〈네이버 지식백과〉, "이순신", 《한국민족문화대백과》, 한국학중앙연구원, http://terms.naver.com/entry.nhn?docId=542496&cid=1592&categoryId=1592.

417. 대한민국 해군, 해군자료실(사진자료실), '청해부대 활동상', 2014. 3. 27(인용), http://www.flickr.com/photos/kormnd/sets/72157631280319200.

세계를 뒤흔든
바다의 역사

1판 1쇄 인쇄 2014년 7월 25일
1판 1쇄 발행 2014년 7월 30일

편저 서양원

발행인 양원석
편집장 김순미
해외저작권 황지현, 지소연
제작 문태일, 김수진
영업마케팅 김경만, 정재만, 곽희은, 임충진, 김민수, 장현기, 임우열
　　　　　　송기현, 우지연, 정미진, 윤선미, 이선미, 최경민

펴낸 곳 ㈜알에이치코리아
주소 서울시 금천구 가산디지털2로 53, 20층(가산동, 한라시그마밸리)
편집문의 02-6443-8842 **구입문의** 02-6443-8838
홈페이지 http://rhk.co.kr
등록 2004년 1월 15일 제2-3726호

ISBN 978-89-255-5342-9　03900

RHK 는 랜덤하우스코리아의 새 이름입니다.